A Revolução da
BIOLOGIA
FEMININA

A Revolução da
BIOLOGIA FEMININA

BIOHACK PARA UMA VIDA SAUDÁVEL E VIBRANTE

Como ficar em forma sem esforço, sentir-se linda, ter mais energia e liberar seus superpoderes com biohacking

AGGIE LAL

TRADUÇÃO LUCIANA PADUA

COPYRIGHT © 2024 AGGIE LAL
COPYRIGHT © FARO EDITORIAL, 2024

Todos os direitos reservados.
Nenhuma parte deste livro pode ser reproduzida sob quaisquer meios existentes sem autorização por escrito do editor.

Diretor editorial **PEDRO ALMEIDA**
Coordenação editorial **CARLA SACRATO**
Assistente editorial **LETÍCIA CANEVER**
Tradução **LUCIANA PADUA**
Preparação **TUCA FARIA**
Revisão **ANA SANTOS e BARBARA PARENTE**
Imagens de capa e miolo **TRANSCENDENT PUBLISHING E JACOB RIGLIN**
Diagramação e adaptação de capa **VANESSA S. MARINE**

Dados Internacionais de Catalogação na Publicação (CIP)
Jéssica de Oliveira Molinari CRB-8/9852

Lal, Aggie
A revolução da biologia feminina: Biohack – A ciência do rejuvenescimento e vitalidade / Aggie Lal ; tradução de Luciana Padua. -- São Paulo : Faro Editorial, 2024.
256 p. : il.

ISBN 978-65-5957-687-6
Título original: Biohack Like a Woman

1. Saúde – Mulheres 2. Longevidade 3. Estilo de vida 4. Nutrição 5. Exercícios I. Título II. Padua, Luciana

24-4455   CDD 612.68

Índices para catálogo sistemático:
1. Saúde – Mulheres - Longevidade

1ª edição brasileira: 2024
Direitos de edição em língua portuguesa, para o Brasil, adquiridos por FARO EDITORIAL
Avenida Andrômeda, 885 - Sala 310
Alphaville — Barueri — SP — Brasil
CEP: 06473-000
www.faroeditorial.com.br

Para minhas irmãs de biohacking.

Quanto mais mulheres assumirem seu poder,
mais irmãs eu ganho para compartilhar
minhas aventuras.

Kiki, este é para você.

Ser uma Mulher

Aprendi a ser uma mulher
pelo modo como o mundo me criou.

Fique calada, ele dizia.
Então eu falava.

Seja fraca, ele sussurrava.
Então eu crescia.

Sente-se, ele dizia.
Então eu me levantava.

Quer dizer que ser uma
mulher é ser instruída a
não ser nada...

E se tornar tudo.

— Autoria desconhecida.

SUMÁRIO

Prefácio 13

Introdução 18

Adote a identidade de uma biohacker

Capítulo 1: O que é um biohacker? 22

O que é biohacking? 25

Uma mulher sobrecarregada não faz biohacking 27

Biohacking 30

Quem é Aggie Lal? (Uma dica: sou eu!) 34

Manifesto de uma biohacker 37

Foque no que você já é 38

Ame sua gordura 42

Fique amiga de sua gordura 46

Por que você está batalhando? 49

Diga adeus a dietas de fome 50

Diga olá aos níveis de biohacking 54

Quatro níveis para se tornar uma biohacker 55

Nível 1: Quando Comer

Capítulo 2: Coma na ordem certa 62

Glicose: Pegue seu bolo e coma-o 63

O que são picos de glicose e por que eu deveria me importar? 67

Os truques da glicose 70

Capítulo 3: Como fazer jejum como a rainha que você é 84

Dicas e truques de jejum 84

Nível 2: O que comer e o que não comer

Capítulo 4: Comendo no mundo real 98

Introdução ao Nível 2 99

Comendo ao estilo de Vida Biohacking 100

Seis preferências de estilo de vida de alimentação biohacking 101

Capítulo 5: O que não comer 124

Evite toxinas e antinutrientes 124

Faxina orgânica 137

Evite pessoas tóxicas 140

Nível 3: Acolha seu ciclo menstrual

Capítulo 6: A Força está com você 144

Sistema endócrino 145

Hierarquia hormonal 148

Os hormônios sexuais 149

Seu ciclo infradiano 155

Conheça seu ciclo 158

Fase 1: Fase Menstrual/Inverno Interno 160

Fase 2: Fase Folicular/Primavera Interna 164

Fase 3: Fase Ovulatória/Verão Interno 167

Fase 4: Fase Lútea/Outono Interno 170

Maneiras de equilibrar seus hormônios 174

Nível 4: Viva como uma biohacker

Capítulo 7: Treine como uma biohacker 180

Forte > Magra 180

Comece 184

O exercício perfeito do biohacking: treine de acordo com seu ciclo 190

Capítulo 8: Durma bem 198

Disruptores do sono 201

Medindo o sono 203

Ciclos do sono 204

Cronotipos do sono 206

Como usar o biohack em seu sono 207

Capítulo 9: Estresse 210

Como lidar com o estresse 213

Cure o estresse com um suspiro 214

Cure o estresse com... mais estresse 215

Coisas pequenas não são pequenas — são traumas 215

Sentimentos não expressos criam estresse 216

Sinta para curar 217

Cure o estresse sendo uma megera 218

Cure o estresse com raiva 219

Cure o estresse com perdão 221

Cure o estresse com amor (próprio) 225

Cure o estresse com a comunidade 226

Cure o estresse com respiração consciente 227

Cure o estresse com meditação 229

Cure o estresse com brincadeiras 230

Cure o estresse com prazer 232

Cure o estresse com o pensamento 234

Quando as coisas dão errado 235

Energia de personagem principal 236

Capítulo 10: E agora? 238

"Você estourou" 241

Agradecimentos 249

Sobre a autora 251

Referências bibliográficas 253

PREFÁCIO

Em 2011, comecei o movimento biohacking com um post em um blog e organizei o primeiro seminário em biohacking, que contou com apenas cem pessoas em um bar em São Francisco, nos Estados Unidos, e cerca de 80% eram homens. Um ano após aquele primeiro post, 60% dos biohackers eram mulheres. À medida que eu levava minha empresa, *Bulletproof*, a se tornar uma importante, nova e inovadora força na criação de alimentos saudáveis, as mulheres passavam a constituir as listas de clientes com muito mais frequência que os homens.

Em 2018, a Merriam-Webster adicionou "biohacking" à lista das novas palavras da língua inglesa. Eu a defini como *A arte e a ciência de mudar o ambiente a sua volta e dentro de você de modo que você tenha controle total de sua própria biologia.*

Desde então, tornou-se um movimento global, com biohackers em todos os países fazendo o que fosse preciso para obter a energia e o tipo de vida que desejam. E a verdade é que as mulheres em geral se adaptam ao biohacking com mais facilidade que os homens! Quando eu dividi essa observação com mulheres em minha vida, elas riram e disseram: *É porque nossos corpos mudam praticamente todo dia, e vocês, homens, só percebem que tem algo errado quando é o caso de uma fratura exposta.*

E aí está a questão: as mulheres podem ser melhores em perceber mudanças, mas elas precisam lidar com mais mudanças. É frustrante que a maioria dos estudos médicos até a última década frequentemente excluísse mulheres por causa desses tipos de mudanças. Então, os princípios de biohacking se aplicam a todos os seres humanos, e eu me esforço para incluir todos os estudos que consigo encontrar que são específicos para as mulheres, mas há falta de informação.

E é por isso que estou entusiasmado em apresentar Aggie e seu livro revolucionário, *A revolução da Biologia Feminina*, que lança luz sobre o biohacking para mulheres. Este livro não é apenas informativo; ele é um guia que empodera e é principalmente criado pensando nas mulheres.

O biohacking não deve ser intimidante. Aggie desmistifica isso fornecendo estratégias claras, práticas e alcançáveis. Essas estratégias não são apenas ideais teóricos; elas nascem de suas próprias experiências e da sabedoria coletiva da comunidade de biohacking. Em *A revolução da Biologia Feminina*, Aggie ensina as mulheres a se tornarem arquitetas da própria saúde, fornecendo a elas as ferramentas e o conhecimento para navegar com confiança pelo cenário do biohacking.

Na verdade, na maioria das vezes, o biohacking valida o conhecimento ancestral que em muitas ocasiões foi transmitido por nossas avós e pelas avós delas. Ele representa uma maneira baseada na ciência de nos reintegrar com nossa herança, na qual somos responsáveis por nossa própria saúde e pela saúde da comunidade a nosso redor, tanto de homens quanto de mulheres. É empolgante que agora tenhamos mais informações do que nunca; e nós temos uma capacidade muito maior de mudar o ambiente em nosso entorno para melhorar nossa energia, nosso humor e praticamente todos os aspectos de nossas vidas.

A incursão de Aggie no biohacking teve origem em seus próprios desafios de saúde e nas demandas de uma carreira que exigia viagens longas. Percebendo a necessidade de assumir o controle de sua biologia para uma qualidade de vida melhor, ela começou a explorar o mundo do biohacking. Sua jornada a levou a participar do meu Congresso de Biohacking, que agora reúne cerca de 3 mil seres humanos vibrantes para descobrir novas ideias de biohacking e aprender uns com os outros. Foi lá que conheci Aggie! Desde então, estive em seu podcast várias vezes, e ela no meu.

Ela vai fundo, passa horas incontáveis no *Upgrade Labs*, minha franquia de biohacking que está abrindo as portas em toda a América do Norte, e até mesmo mergulhando fundo em seu próprio cérebro em minha instalação de biohacking cerebral chamada *40 Years of Zen*. Ela documentou sua jornada lá de forma online e inspirou muitas mulheres a entender que suas partes psicológicas, emocionais e até espirituais são coisas que você pode mudar. Foi muito divertido passar um tempo com Aggie, pois ela escolheu usar o biohacking para evoluir rapidamente e se aprimorar de muitas maneiras.

Gosto da abordagem de Aggie porque ela oferece estratégias que são fáceis de começar e adaptáveis às necessidades individuais. Seu trabalho é particularmente pioneiro para as mulheres. A cultura de trabalhar excessivamente que me fez ter um esgotamento antes dos trinta anos é ainda mais nociva para as mulheres, que geralmente precisam de um foco maior na recuperação e no gerenciamento do estresse para sustentar sua biologia única. No entanto, um dos aspectos mais frustrantes do movimento de saúde e boa forma é que ele está incentivando todos a se esgotarem enquanto passam fome com dietas de baixa caloria. Como já chegou aos ouvidos dos biohackers veteranos, tanto homens quanto mulheres vão chegar a um ponto de exaustão total, mas as mulheres, em média, chegarão primeiro por causa das diferenças hormonais. Aggie está totalmente a par dessa realidade, e torna seguro e acessível focar na recuperação como uma atividade de desempenho e qualidade de vida. Eu adoro isso.

Se você entrasse em apenas um site direcionado a praticantes de biohacker, na certa teria a impressão de que o biohacking é dominado por homens, mas não é assim. Isso porque a parte mais importante do ambiente a seu redor (depois do ar e da água, talvez) é sua comunidade. E sua comunidade é composta por homens e mulheres. Quando uma mulher escolhe melhorar sua saúde e bem-estar, todos em torno dela se beneficiam. E vice-versa. Você pode ver isso na própria vida de Aggie, quando ela assumiu o controle de sua saúde e de sua energia e documentou tudo em suas plataformas de rede social.

O trabalho da Aggie em *A revolução da Biologia Feminina* aborda essa questão através da personalização de estratégias de biohacking para atender às necessidades fisiológicas e de estilo de vida únicas das mulheres. Ela oferece uma abordagem diferenciada e holística, que contrasta com esquemas tradicionais de boa forma e de saúde que muitas vezes pressionam os indivíduos até limites extremos. Aggie enfatiza a importância da recuperação, um princípio que sempre defendi no biohacking, embora a mensagem muitas vezes não seja captada até você ter um esgotamento. Quando você ler este livro, a mensagem de Aggie será captada!

Um aspecto significativo que Aggie põe em evidência são os desafios extras que as mulheres enfrentam em relação a toxinas. Estilos de vida convencionais expõem as mulheres a mais toxinas, principalmente por meio de produtos como maquiagem e cuidados com a pele. O profundo entendimento de Aggie sobre esses desafios únicos coloca as mulheres como parceiras iguais na jornada do biohacking. E as mulheres enfrentam mais pressão para seguir exatamente as dietas que criam estresse: aquelas sem calorias ou nutrientes suficientes.

A revolução da Biologia Feminina é mais do que um livro; é uma parte importante do crescimento do movimento de biohacking. Ele oferece às mulheres projetos práticos e alcançáveis, incorporando a capacidade de autoempoderamento e melhoria. Este livro é o primeiro desse tipo, criado especificamente com foco nas mulheres, e explora o universo belo e complexo do biohacking para mulheres por meio de pesquisas científicas sólidas e conselhos práticos.

O que destaca *A revolução da Biologia Feminina* é a abordagem equilibrada de Aggie ao biohacking. Ela se afasta dos extremos frequentemente vistos na saúde e boa forma tradicionais, e se concentra em um caminho sustentável e holístico. Esse equilíbrio entre estender os limites e priorizar a recuperação é crítico, especialmente para mulheres que conciliam múltiplos papéis no mundo acelerado de hoje. As ideias de Aggie oferecem uma maneira de alcançar o máximo de saúde sem comprometer outros aspectos da vida.

O impacto de Aggie vai além da saúde individual. Ao presentear as mulheres com o conhecimento e as ferramentas para o biohacking, ela está criando um efeito dominó que se estende às famílias, comunidades e até mesmo à sociedade como um todo. À medida que mais mulheres adotam o biohacking, elas se tornam modelos que inspiram outros a seu redor a priorizar sua saúde e seu bem-estar. Não há nada como ver uma pessoa feliz, saudável e vibrante literalmente pulando pela rua para tirar você de qualquer inércia básica movida a couve em que você possa estar presa.

A revolução da Biologia Feminina é mais do que um livro; é um chamado à ação. Ele convida as mulheres a se envolverem ativamente com sua saúde, a questionarem a sabedoria convencional e a explorarem novas possibilidades no bem-estar. O trabalho de Aggie é um testemunho do poder do biohacking em transformar vidas, e ele encoraja as mulheres a dar o primeiro passo nessa jornada de empoderamento.

Recomendo *A revolução da Biologia Feminina* com a crença de que este livro trará um marco significativo na comunidade de biohacking. O trabalho de Aggie é um farol de esperança e um guia para as mulheres, que as inspira a assumir o controle de sua saúde e desbloquear o potencial pleno. É uma honra defender a visão de Aggie, que se alinha tão de perto com a minha própria — tornar o biohacking uma ferramenta transformadora fácil e amplamente disponível para todos.

Com gratidão,

Dave Asprey,
CEO, Upgrade Labs, 40 Years of Zen e Danger Coffee.

INTRODUÇÃO

Imagine o seguinte: sou Aggie Lal, uma influenciadora de viagens conhecida por meus milhões de seguidores como Travel in Her Shoes. Apesar de passar 300 dias por ano tirando fotos nos locais mais maravilhosos (Bora Bora, Bali, Barcelona — você escolhe!), vivendo verdadeiramente um sonho, me dei conta, alguns anos atrás, que eu precisava fazer algumas mudanças sérias em meu estilo de vida vegano radical. Eu vinha tomando smoothies de couve e café com leite de aveia — todas as coisas que supostamente deveriam me deixar radiante, linda e saudável —, e eu me sentia exausta.

No começo, atribuí isso às viagens. Fusos horários podem bagunçar nosso sono e ciclo circadiano, então provavelmente era esse o problema, certo? Além do mais, todo o mundo está cansado. Todos nós acabamos engolindo algumas xícaras de café para atravessar o dia.

Então, veio o inchaço que dava a minha barriga a aparência de uma gravidez de seis meses — o que seria ótimo se eu estivesse, sabe, *realmente grávida de seis meses*. Mas eu não estava. Isso foi seguido por um ganho de peso que me atingiu como um ninja, e oscilações de humor que eu não conseguia controlar.

Depois veio a depressão, e aí, espinhas e perda de cabelo — aos tufos! *Legal*. Claro, eu era bem-sucedida, mas não é possível colocar filtro na fadiga e na tristeza. Não dá para usar o Photoshop para adicionar a energia que se deseja ter na vida real. Alguma coisa tinha que mudar, e rápido.

Fui abençoada por ter recursos e acesso para consultar os melhores médicos de Nova York, e, cara, quanto tempo passei em consultórios médicos. Imagine gastar 20 mil dólares em exames e tratamentos que dão esperança em um minuto, e no outro, viram um beco sem saída. Eu me sentia confusa e sem esperança. Existe remédio para inchaço e exaustão? Sem dúvida, mas era como se uma solução trouxesse três efeitos colaterais. Isso não era sustentável, nem tinha a ver comigo. Eu havia adotado um estilo de vida orgânico e holístico. Encher-me de produtos farmacêuticos fabricados parecia contraprodutivo para viver o melhor possível minha vida.

Finalmente, por puro desespero — e não estou exagerando —, entrei de cabeça no biohacking. Para ser mais precisa, caí de paraquedas nele. Mas aterrissei em um mundo masculino. Jejum 20 horas por dia, mergulho em água gelada e malhação na academia. Marcar cada treino com #SemDiasDeFolga. Foi... intenso. Mas eu estava determinada, então entrei de cabeça. Dieta cetogênica? Tentei. Jejum? Com certeza. Sem açúcar por um mês? Sim. Mas adivinhe. Eu continuava exausta, e agora, além de tudo, me sentia infeliz.

Foi por isso que me rebelei e descobri que o biohacking para mulheres é um mundo completamente diferente (e, como se não bastasse, virtualmente inabitado). Não havia praticamente nenhuma outra mulher nesse espaço, na época. Ah, havia muitas mulheres biohackers, mas elas estavam seguindo o processo projetado para corpos masculinos. Através de muitos testes e quase tantos erros, aprendi o que funcionava e o que não funcionava da maneira mais difícil, para que você não precisasse fazer o mesmo. O resultado é este livro, *A revolução da Biologia Feminina*, que trata de biohacks adaptados para mulheres e escrito para mulheres por uma mulher. Este é um estudo árduo de como tornar o biohacking um caminho empoderador e emocionante em direção a seus próprios objetivos de saúde.

É assim que você se torna uma biohacker — sim, *você*. A mulher linda que está lendo isto agora e que desejaria ter a disciplina e a determinação para se tornar uma biohacker, mas que também tem aquela coisa irritante chamada "vida real" que está sempre a pressioná-la.

Coloquei todos esses tesouros em um único livro que descarta o que é desnecessário. Imagine um mundo no qual você *não* precisa passar por 200 livros, podcasts e discussões duvidosas na internet. Estamos falando de um guia organizado e sem enrolação para recuperar sua saúde e vitalidade de uma maneira que mudará sua vida sem dominá-la. *A revolução da Biologia Feminina* é seu atalho para uma nova você: energizada, confiante e tão radiante como o sol da manhã sobre uma praia de Bali — sem a necessidade de filtros.

Você está pronta para abandonar as suposições e ir direto às verdades que alteram a vida e mexem com a alma? *A revolução da Biologia Feminina* é seu mapa para uma vida menos comum. A transformação pela qual você tem esperado se encontra a apenas uma virada de página de distância. Pronta para mergulhar nela?

Agora, eu entendo que você possa estar se perguntando por que escrevi meu próprio livro sobre biohacking em vez de direcioná-la para os grandes especialistas no assunto. Bem, muitos deles não têm ovários (não que ovários definam uma mulher, mas acho que você entende o que quero dizer). Dave Asprey é o pai do biohacking, e para você eu sou... sua melhor amiga. Sua melhor amiga de biohacking. Com ovários — e uma perspectiva diferente sobre tudo isso como resultado.

Como sua melhor amiga, eu sei que há um milhão de coisas acontecendo com você. Emprego novo? Término de relacionamento? Bebê a caminho? Relação indefinida? É tudo demais. Adicionar mais um item a sua lista — aprender a ciência do biohacking — pode ser avassalador. E não quero que você desista de si mesma por falta de tempo ou porque seu corpo não está respondendo da maneira como você esperava e sonhava.

A questão é que eu quero que você se sinta o melhor possível — ou se isso for muito para pensar agora, com tudo mais acontecendo e tal, vamos apenas focar no "melhor". Eu quero que você se sinta *melhor* do que se sente agora.

E aqui está como vamos fazer isso acontecer: meu superpoder é traduzir pesquisas médicas complicadas (com um grupo de cientistas em minha equipe) em pedacinhos de informação supersimples e mastigadas (com trocadilho), que você pode digerir enquanto vive sua vida agitada, seja lendo este livro na condução para o escritório, esperando na fila da saída da escola de seu filho ou passeando com seu animal de estimação. Estou traduzindo a pesquisa não por achar que você não é inteligente o suficiente para entendê-la, mas porque eu te vejo e sei que você tem de equilibrar um milhão de coisas por dia.

Este livro apoia mulheres que apoiam todos os outros.

Também vou compartilhar minha jornada pessoal de vegana a uma biohacker aplicada, e agora a uma mistura de biohacker e biodesleixada. E nunca estive mais saudável *ou* mais feliz. (De verdade.)

Vamos começar!

Adote a identidade de uma *biohacker*

1

O que é um biohacker?

Na época em que Lara (agora com vinte e tantos anos) completou dezoito anos, ela vivia doente. Quando mais nova, por Lara estar abaixo do peso, seu pediatra suspeitou de transtorno alimentar, e disse à mãe da garota para lhe dar qualquer comida que ela quisesse, contanto que ganhasse peso.

Então, claro, Lara se voltou para o *junk food* — que jovem não faria isso se tivesse oportunidade? Ela era a única garota na escola com dez pacotes de biscoito para o almoço. Ao chegar em casa, Lara aquecia uma pizza congelada de queijo com queijo extra derretido como lanche. Depois de jantar com a família, havia sempre sobremesa, porque o tio era confeiteiro. Ela estava comendo uma tonelada de comidas com açúcar todo dia, portanto, consumindo muitas calorias (vazias), mas ainda assim apresentava dificuldade para ganhar peso.

Lara, por fim, desenvolveu pneumonia, asma e sinusite crônica. Os médicos continuavam examinando seus pulmões, mas não encontravam nada. Levou quase dois anos para descobrirem que ela tinha um problema nas amídalas, mas seu médico na época disse que retirá-las não era recomendado. Em vez disso, ele prescreveu antibióticos por um ano e meio! Todo mês, Lara recebia uma caixa nova. Em dado momento, ela estava tomando de cinco a dez medicamentos prescritos por dia.

Lara sabe agora que a prescrição de antibióticos mensais por dezoito meses era ridículo, mas, na época, ela não sabia que não sabia. Só o que ela ouvia era: *Melhore, Lara. Apenas coma mais e descanse mais.*

Ninguém lhe falou para comer melhor.

Ninguém lhe falou para focar na dieta.

Ninguém lhe falou para focar na nutrição.

Ninguém lhe falou para tomar probióticos.

Em dado momento, Lara começou a ter todos os tipos de problemas de intestino. Ela tinha acne, síndrome do intestino irritável e enxaquecas crônicas. Ela não suportava usar calças compridas porque pareciam apertadas demais. Nada podia encostar em sua barriga de tão inchada e dolorida que estava.

Os sintomas ficaram tão graves que o médico sugeriu que ela talvez estivesse no início da doença de Crohn. Ainda bem que uma colonoscopia acabou descartando a hipótese, mas algo estava errado.

O médico tinha feito todos os exames que ele conhecia, mas não encontrava nenhum problema que pudesse resolver com suas soluções. Depois de cinco anos tentando chegar à raiz da causa de todas as questões de saúde de Lara, ele acabou por desistir e disse que não havia mais nada que pudesse fazer.

Entretanto, Lara não podia continuar sofrendo de dor.

Ela já havia tentado todos os tipos de dieta, incluindo sem glúten, sem lactose e baixa em FODMAP[1], mas nada funcionou para ela. Então, Lara encontrou a dieta GAPS, também conhecida como dieta do caldo de ossos. Não era só beber caldo de ossos; era remover alimentos inflamatórios e processados e comer mais carne, peixe, ovos e legumes cozidos. Ela achava que a única coisa que conseguia digerir era caldo de ossos e carne porque o intestino estava muito debilitado. Mas isso não era suficiente para sustentá-la, muito menos para permitir que o corpo se desenvolvesse.

Agora uma mulher na casa dos vinte anos com uma carreira de cientista, Lara começou a fazer sua própria pesquisa. E, em sua procura online por opções, encontrou meu desafio fitness Biohacking Bestie.

---

1 O termo "FODMAP" se refere a uma sigla em inglês, que significa: oligossacarídeos, dissacarídeos, monossacarídeos e polióis fermentáveis. Assim, agrupa tipos específicos de carboidratos de cadeia curta que são lentamente absorvidos ou não digeridos no intestino delgado.

Tenho diversos recursos e outros especialistas para seguir que eu compartilho como parte do desafio, então Lara começou a mergulhar em todos os livros de biohacking que recomendei. Ela estava tão desesperada que tentou de tudo, incluindo fazer um teste de DNA que eu mencionei. E com ele Lara descobriu que tinha uma baixa capacidade genética de desintoxicar o organismo.

Quando comentei no desafio que algumas pessoas não conseguem digerir certos antinutrientes chamados lectinas, Lara percebeu que os legumes que ela vinha tentando comer tinham grande quantidade dessas substâncias. Assim, Lara começou a evitar esses legumes e tentou outros, e isso funcionou.

Ela também adotou a importância de equilibrar os níveis de glicose para sua saúde. Essa foi uma grande mudança para mim, e Lara descobriu que a ajudou a se livrar dos terríveis desejos por *junk food* que às vezes a levavam a comer um saco de batata frita no jantar.

Mais tarde, ela descobriu que tinha um parasita; então, tomou remédios naturais para se livrar dele, também. Ao longo do curso de cerca de seis meses, Lara conseguiu reverter a síndrome do intestino irritável e parar com os remédios. *Todos eles.*

Lara havia desenvolvido uma sinusite crônica que demandou o uso de um spray nasal forte durante anos, mas ela conseguiu parar de usá-lo. As enxaquecas crônicas sumiram. Ela tinha uma rosácea muito ruim no rosto que nem maquiagem pesada conseguia cobrir, mas Lara biohackeou seus resultados, e até a vermelhidão desapareceu.

Ela diz que a jornada para a melhor saúde do intestino era complexa, mas agora Lara escuta cada vez mais seu corpo. Ela descobriu que jejum de acordo com seu ciclo funciona muito bem para ela, junto com beber café à prova de balas, que é a receita de Dave Asprey para café com manteiga e óleo TCM (sim, manteiga no café, você leu certo!).

Lara assumiu o controle de sua saúde para finalmente chegar à raiz de seus sintomas, curar de dentro para fora e viver a melhor vida possível.

Hoje, Lara é uma das mulheres mais saudáveis e com melhor funcionamento que conheço. Ela afirma que a comunidade Biohacking Bestie teve um grande impacto nisso ao indicar-lhe as pessoas certas no momento certo.

E o melhor presente? Lara agora faz parte de minha equipe de pesquisa para ajudar milhares de outras mulheres a encontrar soluções específicas para seus problemas, não apenas aceitando cegamente os conselhos de outra pessoa.

Lara é a definição perfeita de uma biohacker. Ela não passava horas todos os dias na academia ou fazendo imersão em água gelada. Ela não se tornou infeliz para se sentir melhor. Mas ela definitivamente mudou sua vida.

O que é biohacking?

Os biohackers são nada mais que um grupo de pessoas que adoram se sentir incríveis e detestam se sentir péssimas — o que, você tem que admitir, é uma filosofia bem sólida para a vida. Então, eles descobriram como construir um estilo de vida que lhes permite se sentir assim, confiando nos processos de seus corpos, sejam naturais ou respaldados pela ciência, em vez de medicamentos ou outros métodos artificiais.

O biohacking era e ainda é principalmente dominado por homens. Quando entrei nisso há cinco anos, não consegui encontrar sequer uma mulher para me servir de exemplo com quem eu quisesse aprender mais ou até mesmo tomar um café. Então, segui os figurões que jejuavam 20 horas por dia, faziam treino HIIT sempre que se exercitavam e mergulhavam em água gelada diariamente. Quanto mais eles faziam biohacking, melhor. Demorou muito para eu perceber que nossas jornadas e objetivos não são os mesmos, e eu simplesmente não posso aceitar os conselhos deles. Na verdade, preciso pensar duas vezes antes de aceitar conselhos de qualquer pessoa que não seja uma mulher.

"Medicina do biquíni" é um termo para quando a medicina aborda a saúde das mulheres da mesma forma que a dos homens, exceto nas áreas do corpo cobertas por um biquíni. Infelizmente, o biohacking do biquíni é uma realidade.

O biohacking do biquíni pressupõe que o biohacking das mulheres deva ser o mesmo que o dos homens, exceto nas áreas cobertas por um biquíni. Na verdade, lidamos com o estresse de forma diferente, dormimos de forma diferente, comemos de forma diferente.

Após treinar quase 20 mil mulheres, sei que não somos apenas versões menores e menos peludas dos homens. (Quer dizer, eu sabia disso *antes* de treinar 20 mil mulheres, mas trabalhar com tantas mulheres assim só confirmou.) Além disso, passei a acreditar que as mulheres são biohackers mais naturais que os homens. Somos inerentemente mais conectadas a nossa intuição, nosso corpo, nossa nutrição e nosso autocuidado. Temos uma longa história de sintonia com nossos corpos devido às complexidades de nossos ciclos, gravidez e maternidade. Historicamente, eram as mulheres as herboristas e curandeiras. As pessoas a quem confiávamos nossa saúde eram mulheres. As mulheres carregavam a vida e a sustentavam. Somos naturalmente *muito boas* nisso. As mulheres faziam ciência havia milênios antes mesmo de a ciência existir.

Pense nisto: nosso ciclo mensal é uma espécie de mecanismo de biofeedback intrínseco, que torna as mulheres mais sintonizadas com mudanças sutis em seus corpos, níveis de energia e desejos. Isso nos dá uma vantagem incrível sobre os homens em entender do que nosso corpo precisa em termos de constantemente ajustar e "hackear" vários aspectos de nossa vida, desde dieta e exercícios até controle de estresse e sono durante nosso ciclo menstrual. E fazemos a maior parte disso sem nem pensar, o que, sem dúvida, nos torna biohackers mais ágeis e inovadoras quando tentamos fazê-lo de forma mais deliberada, porque já estamos fazendo alguma versão disso há anos!

Agora, sei que nem todas as mulheres têm períodos menstruais regulares por diversas razões. E já vi muitas professoras fitness que podem parecer em forma, mas lutam com endometriose, síndrome dos ovários policísticos (SOP) ou até mesmo a ausência de menstruação. A questão é que sua menstruação é seu quinto sinal vital; então, se ele estiver faltando ou não aparecer da maneira mais saudável possível, pode ser hora de ajustar sua dieta e seu estilo de vida.

Infelizmente, grande parte de nosso poder natural foi terceirizado neste nosso mundo moderno — terceirizado para a medicina, as demandas sociais, as pressões culturais e todas as outras forças externas às quais se espera que nos curvemos, em vez de ouvirmos nossos próprios corpos lindos e radiantes, assim como a sabedoria que eles ainda carregam.

Eu sei que não é uma opinião popular no campo médico que algo tão simples quanto "apenas" mudanças na dieta, no estilo de vida e no ambiente pode curar alguém. Mas não foram a dieta, o ambiente e o estilo de vida que criaram a "doença" em seu corpo em primeiro lugar?

Remédios, planos de dieta complicados e tudo o mais que promete "consertar sua vida" geralmente têm um custo — tanto em termos de danos a longo prazo a seu corpo quanto em dinheiro real. Mas o biohacking só requer algumas mudanças de mentalidade, algumas novas práticas diárias e talvez um ou dois ajustes em sua rotina diária. Em qual outro sistema você consegue pensar que permita que você melhore sua vida, sua saúde e seu bem-estar geral... sem custar um centavo?

Vou ser completamente honesta com você: o biohacking pode ficar caro — tipo, realmente *muito* caro. Estamos falando de ciência de ponta aqui que não é exatamente apoiada pela Big Pharma [a indústria farmacêutica]. Os custos para vários programas, equipamentos, suplementos e tratamentos podem se acumular rapidamente. Na verdade, pode parecer muito com golfe, dominado por homens brancos ricos.

E talvez isso tenha sido uma das coisas que te impediram de explorá-lo até agora. (O custo, quero dizer, não todos os homens brancos ricos. Mas talvez também todos os homens brancos ricos.) Porém, a maneira como ensino biohacking é diferente. Quero mostrar que até pequenos ajustes em seu estilo de vida que não exigem que você gaste *nenhum dinheiro* vão fazer uma diferença gigante. E se mais tarde você quiser gastar todo o dinheiro que não gastou em biohacking em outra coisa, vá em frente. Sou uma ótima companhia para compras! Leve-me com você. Mas não vamos gastar dinheiro com biohacking a menos que você realmente queira.

Tudo o que estou compartilhando neste livro é relativamente gratuito. Agora, os equipamentos e suplementos facilitam sua vida? Claro. Como fundadora de uma empresa de suplementos, estou obcecada em usar os "atalhos" que os suplementos nutricionais oferecem e que não estão disponíveis na água e em nossa comida. Mas meu objetivo aqui não é promover meus produtos. (Menciono alguns, mas nada do que descrevo depende de usá-los.) Meu objetivo é capacitá-la como mulher porque isso é supostamente o que boas feministas devem fazer: nós apoiamos outras mulheres. Cuidamos umas das outras. Torcemos umas pelas outras em vez de nos derrubarmos.

Bem, eu sou uma boa feminista, e estou torcendo muito por você. Mal posso esperar para ver para onde essa jornada vai te levar.

Uma mulher sobrecarregada não faz biohacking

O biohacking é um processo; ele não é binário. Ele te dá uma escolha. Não deixe que ninguém te constranja por "ainda" usar ou fazer algo. Lembre-se de que vivemos em um universo de livre-arbítrio; você *sempre* tem escolha. Meu papel aqui é te armar com informações porque a consciência te dá liberdade para tomar essas decisões conscientemente. Afinal, fazer algo por falta de conhecimento não é escolher de verdade — é ser manipulado. Tomar uma pílula anticoncepcional achando que não tem efeitos colaterais é muito diferente de *escolher* tomá-la por suas circunstâncias atuais com plena consciência do que ela faz, de forma que, quando notar os efeitos colaterais, você possa responder de acordo.

Tenho observado muitas mulheres que não fazem biohacking temendo que seja muito preto e branco, com regras intensas e rígidas que as obrigariam a desistir de sua maquiagem favorita ou botox ou qualquer outra coisa. Minha abordagem não é sobre fazer tudo perfeito, mas fazer pequenas mudanças em direção ao que é factível *agora*. Há um ditado que diz que "um cliente confuso não compra", e acho que também é verdade que "uma mulher sobrecarregada não consegue biohackear". Seguir regras rígidas pode fazer uma mulher se sentir dominada — e não de uma maneira boa.

Os gurus populares de dieta e estilo de vida dizem para você comer pequenas refeições ao longo do dia e fazer mais lanches; no extremo oposto, os biohackers radicais dizem para você jejuar 20 horas por dia e consumir todas as calorias do dia nas quatro horas que restam.

Que tal — ah, sei lá... — talvez confiar em seu próprio corpo para te dizer como e de que forma ele precisa ser nutrido?

O problema com a maioria das dietas é que elas presumem que você não seja inteligente o suficiente para entender a ciência por trás dos conselhos (*talvez porque não haja nenhuma, ou então são informações desatualizadas dos anos 1980*) e está muito desconectada de sua sensação de confiar em sua intuição em saber o que é o melhor para seu corpo.

E a maioria da ciência que você encontrará sobre como ficar saudável ou perder peso rapidamente é direcionada a homens porque os corpos masculinos tendem a processar calorias de forma diferente, muitas vezes resultando em uma perda de peso muito mais fácil. Eles podem restringir calorias, fazer jejum intermitente de 20 horas por dia e ficar bem.

Mas para as mulheres — sabe, aquelas que são *literalmente biologicamente desenvolvidas para manter a espécie viva* — qualquer restrição calórica prolongada ou qualquer estilo de vida que nos pressione demais e nos faça sentir "inseguras" pode resultar na retenção de peso do corpo, o que pode levar a desequilíbrios hormonais significativos e até mesmo à infertilidade.

Faz sentido, se você pensar nisso. Se seu corpo entra em modo de fome, que sinal ele está recebendo do ambiente? *Não é seguro engravidar agora. Não é seguro para um bebê vir a este mundo porque não há comida suficiente para a mãe manter uma gravidez saudável e não haverá comida suficiente para o bebê quando ele chegar.* Seu corpo é brilhante. Ele cria todos esses mecanismos contraceptivos naturais para garantir que o pequeno ser humano não passe fome. Ele está fazendo exatamente o que deve fazer: protegendo você e quaisquer futuros seres humanos que você possa gerar.

Meu objetivo é que as mulheres assumam domínio total de suas ações e percebam que é sua prioridade e responsabilidade aprender sobre o que é melhor para seus corpos a fim de honrar e celebrar essa máquina incrível que lhes foi dada para desfrutar da vida. Isso inclui confiar em sua intuição e ouvir — não lutar contra — o feedback que seu corpo foi projetado para lhe dar.

O biohacking é uma ferramenta, não um fim em si mesmo. A partir do momento em que uma dieta ou um hábito piora sua vida, já não é bem-estar. O biohacking não é um conjunto único de comportamentos ou práticas; ele é uma coleção selecionada de práticas que te ajudam a se desenvolver física, emocional e espiritualmente da forma melhor e mais saudável possível — seja lá o que isso signifique para você. É importante entender que os corpos não são "tamanho único". Literalmente.

Eu quero de verdade que você esteja ciente de seu grau de escolha e decisão nesse processo. Quando faço cursos de crescimento pessoal com mulheres, peço que elas prestem atenção às palavras que usam. Por exemplo, eu as encorajo a não dizer: "Não posso pagar por isso"; em seu lugar, sugiro que digam: "Isso não é minha prioridade agora." Não só é mais empoderador como também mais preciso.

Da mesma forma, se sua dieta não é supersaudável, talvez seja justo dizer que não foi sua prioridade ultimamente. Ou talvez você esteja tão sobrecarregada e cansada que não consiga imaginar aprender mais uma coisa nova. De qualquer forma, dê a si mesma um pouco de graça e gentileza, e, se algumas das sugestões a seguir repercutirem em você, ótimo! Se você não puder colocar nenhuma delas em prática, não se preocupe! Continue na Etapa 1 por mais um mês ou dois, ou mais um ano, se isso for realista. A escolha é sua. Estarei aqui quando você estiver pronta.

Simplificando, biohacking é autoexperimentação em nível pessoal, para que você possa aprender o que é melhor para seu corpo. É seguir a ciência mais atual para otimizar seu corpo para sua versão mais forte e mais saudável. E é o oposto da abordagem de tamanho único para saúde e bem-estar.

Biohacking (verbo): Alterar o ambiente dentro e fora de você de modo que você fique intimamente sintonizada com sua biologia, o que lhe permitirá atualizar seu corpo, sua mente e sua vida. (substantivo): A arte e a ciência de se tornar super-humana.

Em outras palavras, o biohacking não se trata de aderir estritamente a uma dieta específica ou a um conjunto específico de suplementos; trata-se, isso sim, de usar a ciência e a tecnologia para fazer seu corpo funcionar melhor e de uma maneira mais eficiente. É autoexperimentação em um nível pessoal, para que você possa decidir o que é melhor para seu organismo.

É por isso que não iremos nos concentrar em esmiuçar suas escolhas alimentares. Em vez disso, vamos mergulhar no porquê de você estar enfrentando dificuldades em primeiro lugar, em como otimizar seu estilo de vida sincronizando-o com seu ciclo menstrual e em amar cada parte sua para que finalmente você possa incorporar a energia da personagem principal e se tornar sua versão completa.

Isso significa...

1. Assumir TOTAL responsabilidade por sua saúde. Essa é a primeira chave para ser sua própria melhor amiga que se ama, se ouve, se protege e se nutre. Você deve a si mesma comprometimento; e

2. Ser flexível para autoexperimentar, testar o que faz seu corpo se sentir bem e o que faz seu corpo se sentir mal, e se adaptar conforme necessário.

Biohacking

B: Biologia

Entendemos que mudar a biologia muda nosso estado de espírito, nossa mente e nossa vida. E começamos a mudar nossa vida nos sentindo melhor para podermos ser melhores, fazer melhor as coisas e tornar o mundo um lugar melhor.

I: Individualidade
(O fator "Eu".) Nós entendemos que cada pessoa é diferente, e temos apenas cerca de 10% de nosso intestino em comum; portanto, uma dieta ou o biohack que funcione para mim pode não funcionar para você.

O: Otimização
Você está comprometida a fazer o uso melhor e mais eficaz e eficiente de sua situação ou dos recursos disponíveis para obter os resultados (saúde e energia).

H: Honre a saúde
Este é o valor número 1 no biohacking. A saúde é a verdadeira riqueza. Ser saudável é o novo sexy. Não fazemos as coisas pela aparência; fazemos para nutrir nossos corpos e sermos saudáveis e fortes. E também para rejuvenescer.

A: Atenção aos detalhes
Detalhes fazem uma grande diferença. As nuances de cada conselho são muito importantes. Pequenos detalhes importam, então, preste atenção a microajustes.

C: Comunidade e cultura
O biohacking é uma comunidade incrível, solidária e divertida. Estamos aqui para nos apoiar mutuamente. Sabemos que pessoas que vivem em comunidades são mais felizes e vivem mais tempo.

K: *Know-how*
Baseamos nossos conselhos e nossas vidas no que há de mais atual na ciência e verificamos fontes que podem ser consultadas e confirmadas em sites públicos e verificados, como PubMed.gov.

I: Intuição
Confie na inteligência natural de seu corpo em vez de ignorá-la.

N: Nunca pare de aprender
Nós lemos livros como este, ouvimos podcasts (como *Biohacking Bestie!*), participamos de seminários e estamos sempre curiosos.

G: Garanta que chegará à raiz

Nós entendemos que os sintomas são os sinais de nosso corpo. Sendo assim, em vez de tratar os sintomas, procuramos a causa raiz (por exemplo, picos de glicose). O biohacking não é antimedicina. O biohacking é *a lacuna entre* dietas e medicina.

A maioria das dietas não é baseada na ciência mais atual. Ao fazer pesquisas para este livro e para meu podcast de biohacking, eu, amorosamente e talvez de uma maneira um tanto obsessiva, segui as informações populares disponíveis hoje em dia. Estava curiosa sobre o que os líderes da indústria das dietas vinham dizendo, e o que descobri me deprimiu.

Estes mitos nutricionais ainda estão sendo amplamente disseminados:

- Todas as calorias são iguais, e você deve contá-las.
- Gordura engorda.
- Lanches são ótimos — sempre carregue nozes e frutas com você.
- Faça de cinco a seis refeições por dia.
- Smoothies e sucos são a melhor opção.
- Coma a sobremesa antes da refeição para perder peso.
- Opções veganas são melhores do que o original (como manteiga de gado de pasto).
- Elimine a carne vermelha e coma peito de frango magro. (Minha boca chega a ficar seca enquanto escrevo isso!)

Não é de se admirar que nossa saúde coletiva esteja piorando em vez de melhorar! Entrei em uma página fitness com 4 milhões de seguidores que encontrei online porque imaginei que ela devia estar fazendo algo certo.

Sorrindo serenamente para mim na página inicial está uma mulher linda com ótimos genes e uma barriga definida. Ela indica seu smoothie preferido para o café da manhã: leite de aveia, uma banana, duas colheres de açúcar mascavo, que podem ser substituídas por uma tâmara, e sua marca de proteína em pó.

Três horas depois, posso tomar suco e comer biscoitos de arroz com manteiga de amêndoa. Uau. Parece tão instagramável.

Seguindo para a próxima página do site, ela faz mais sugestões: um sanduíche de muçarela para o café da manhã, um smoothie para o lanche, depois espaguete à bolonhesa para o almoço. Sigo essa dieta por metade do dia, verificando meus níveis de glicose com meu sensor contínuo de glicose. Em vez de meu corpo iniciar um reconhecimento feliz por toda essa adorável nutrição que estou dando a ele, meus picos de glicose estão muito acima da média. Às duas da tarde, só o que quero são carboidratos e açúcar, mesmo que meu corpo precise de proteína e gorduras saudáveis.

Para mim e 95% das mulheres, esse plano de refeições criará picos de glicose maciços ao longo do dia. Picos de glicose levam a desequilíbrios hormonais, pele flácida, celulite, inchaço, fadiga, irritabilidade geral, mais desejos e problemas intestinais. E anos e anos de picos de glicose levam a doenças evitáveis (mas frequentemente terminais).

Não me admira que as mulheres sintam que há algo errado com elas ao comerem assim e não verem resultados. A desinformação é paralisante. A pior parte é que você pode encontrar provas de que qualquer dieta funciona porque provavelmente funcionou para alguém em algum lugar, provavelmente em um ambiente altamente elaborado projetado para maximizar sua predisposição biológica para esse tipo de abordagem.

A verdade é que apenas cortando calorias qualquer dieta pode fazer você perder peso temporariamente. Também é relativamente fácil ver resultados em alguém que nunca prestou atenção a seu nível de condicionamento físico e agora começa a cuidar do que come e a movimentar seu corpo, porque qualquer espécie de atividade e alimentação cuidadosa dará algum tipo de resultado.

No entanto, é muito provável que nenhuma dessas mulheres seja você. Você sabe que o exercício importa. Você sabe que deve comer da maneira que deseja se sentir. E você certamente não vive em um ambiente feito sob medida onde todo o seu estresse é removido, sua agenda está livre para fazer exercícios sempre que quiser e alguém cuida das compras de supermercado, da preparação das refeições e da limpeza. (Se você *realmente* vive essa vida, me ligue. Quero aprender seu segredo.)

Mas por que você deveria confiar em mim para dar conselhos a *seu* corpo mais do que deveria confiar em qualquer influenciadora de estilo de vida e dieta que esteja dominando as redes sociais no momento, com dicas e receitas para ajudá-la a fazer sua vida parecer exatamente como a dela? Porque eu não estou tentando dizer como replicar *minha* vida; estou tentando capacitar você melhorar a *sua própria*.

Quem é Aggie Lal? (Uma dica: sou eu!)

Antes de eu me tornar uma das primeiras mulheres biohackers e fazer coisas como criar cursos (que agora servem a milhares de mulheres ao redor do mundo) e começar um podcast onde entrevisto lendas como Wim Hof e Glennon Doyle, e falar em palcos com especialistas como Dave Asprey e Jim Kwik, e lançar minha própria linha de suplementos Biohacking Bestie com o renomado bioquímico e formulador Shawn Wells — antes de fazer tudo isso, eu era uma contadora de calorias incondicional, bebedora de leite de aveia, vegana que evitava gordura e cuja saúde tinha começado a ir para o espaço.

Entretanto, minha jornada de saúde tem início de verdade até antes disso. Passei a "fazer dieta" com doze anos de idade. Minha mãe polonesa preparava sanduíches de queijo e presunto para meu café da manhã ou linguiça polonesa, e eu era chamada de "Massinha", "Almôndega" e "Pastelzinho" quando estava crescendo porque era rechonchuda. Eu observava o tamanho de meu prato diminuir a cada refeição e vivi com um constante medo de gordura por mais dez anos até me mudar para Los Angeles e começar a trabalhar na indústria de cinema. Lá, aprendi que todas as mulheres a minha volta pareciam ter três coisas em comum: implante de silicone nos seios, prática de ioga e alimentação vegana.

Eu já estava fazendo ioga, então imaginei que podia dar uma chance a uma dieta vegana (e aos seios!). Aquilo repercutiu em mim em muitos níveis porque eu não conseguia me fazer mais comer animais. E à medida que eu perdia peso (desci até os 40 quilos, na verdade), meu ego vegano crescia. Aquilo se tornou minha identidade, e eu estava obcecada por essa nova eu, mais elegante e mais magra, que era bem melhor do que a velha eu não vegana. Eu fazia dez refeições por dia e não tinha absolutamente nenhuma flexibilidade metabólica (você vai aprender o que é isso mais adiante neste livro), mas convenci a mim mesma de que isso não importava porque "quanto mais magra, melhor" era o mantra no qual eu acreditava mais do que eu jamais acreditei em mim mesma e em minha saúde, nutrição, bem-estar geral e valor inerente.

Em 2016, eu estava à espera da aprovação de meu *greencard* e desempregada havia seis meses, mas nada de sair e me divertir ou tomar sol o dia todo. De jeito nenhum. Eu acordava às 5h55 todo dia e ia à academia para fazer esteira por uma hora, escutando vídeos motivacionais. Estava longe de casa e de minha família, e sentia falta de ter gente a minha volta que me inspirasse; assim, o que me restava era passar os dias com a voz do palestrante motivacional Tony Robbins na esteira toda manhã.

Numa dessas ocasiões, encontrei Dave Asprey, que era chamado de "o pai do biohacking". Imediatamente, tentei implementar seu conselho. Fiz tudo o que ele pregava, com uma pequena modificação: eu ainda era 100% vegana.

Apesar de estar longe do que ele recomendava, achei que eu pudesse fazer isso porque os primeiros queijos, manteigas e sorvetes veganos começavam a entrar nos mercados, e, claro, isso me animou. Com orgulho, eu compraria todos, porque automaticamente acreditei que eles eram o melhor para mim e que ser vegana era o *único* caminho certo em direção a uma saúde melhor.

Sabe como é... Talvez eu estivesse começando a inchar um pouco, e começasse a perceber pequenas espinhas e meu cabelo mais quebradiço. E então *talvez* o inchaço tenha piorado, e o peso tenha começado a voltar devagar... E meu rosto irrompeu todo de acne, e meu cabelo caía em tufos, me deixando com espaços carecas no couro cabeludo. Mas isso é *totalmente normal* para uma jovem em forma na casa dos vinte anos vivendo sua vida saudável, certo?

Aos trinta anos, eu não suportava mais me olhar no espelho. Eu me convencera de que estava tudo acabado, e nunca teria a pele macia ou uma cabeça cheia de cabelo brilhante novamente. Gastei milhares de dólares em todos os melhores hidratantes, tratamentos para rugas e extensores de cabelo. E sofri uma lavagem cerebral tão completa, achando que a gordura me deixaria gorda e que a carne era a inimiga, que nunca parei para questionar se ser vegana poderia não ser, de fato, a escolha mais saudável para meu corpo. Em vez disso, dobrei a aposta e me tornei adepta do estilo de vida vegano de uma forma ainda mais agressiva e radical.

Então, no início de 2018, fui diagnosticada com pré-diabetes.

(*Para tudo*) Espere — o quê? Como pode alguém que pesa 45 quilos e não come doces estar pré-diabética? Isso não é possível, é?

Como diabos eu cheguei a isso?

Bem, eu vivia imersa em um mundo guiado pelo ego que dizia que meu valor como mulher estava fortemente relacionado a como eu era magra e gostosa (quer dizer, transável). Esse mundo dizia que eu nunca deveria parecer ter mais de vinte e cinco anos. E só se importava com minha aparência exterior.

E eu acreditara.

Em vez de escutar meu corpo conforme ele delicadamente sussurrava para mim, depois falava com um pouco mais de urgência, e então gritava comigo, fiquei irritada com ele, ignorei suas tentativas urgentes de se comunicar e priorizei a pressão externa em vez do *conhecimento* interno.

Foi quando — enquanto eu estava na academia (de novo), suando sem parar na esteira (de novo), tentando queimar toda a gordura que tinha ingerido (de novo), com medo de que ela me fizesse ganhar peso (de novo) — comecei a assistir a um podcast com o mesmo Dave Asprey, e ele falava sobre biohacking mais uma vez com seu convidado.

Fiquei ainda mais intrigada — e desesperada —, e aí passei a ler mais sobre o conceito todo. E aprendi sobre alguns dos biohackers precursores dos biohackers, como o doutor Weston Price e as filosofias que eles adotam.

Uma vez que comecei a implementar as técnicas que estou prestes a dividir com vocês neste livro, não consegui acreditar nas mudanças em meu corpo e em minha mente! Eu me sentia forte. Eu me sentia à vontade dentro de meu corpo. Eu me sentia como se finalmente pudesse pensar em alguma coisa além de só meu corpo e comida.

Também senti que tinha perdido preciosos anos de minha existência me concentrando em dietas e desinformação, em vez de crescer como ser humano e usar toda essa energia para alguma outra coisa, como aprender a tocar um instrumento, dançar, ou me aperfeiçoar no paraquedismo (que é minha paixão).

Esse foi o início de tudo mudando tanto dentro de mim quanto para mim. Meu corpo já estava acenando as mãos para cima e para baixo no ar, piscando sinais em neon; só o que eu tinha a fazer era escutar, aprender e mudar de direção.

Porém, essa pode ser a parte mais difícil e confusa. Vivemos em uma época de TANTA informação que isso abre as portas para o risco da desinformação, também. E mesmo que a informação acessível a nós seja boa e precisa, como juntamos tudo? Como a colocamos em prática? Como sabemos o que vai funcionar para nossos corpos sem desperdiçar anos tentando implementar planos que funcionam para outras pessoas, mas não se alinham — e possivelmente nunca se alinharão — com nossa biologia única?

Eu sei como é sentir que seu físico não combina com sua mentalidade e energia para a vida. Sentir que seu corpo não está te "escutando" é uma sensação terrível. Mas e se eu dissesse que aprendi a mudar meu ponto de vista completamente e me perguntar "E se for *eu* que não estou escutando *meu corpo* e o que ele está tentando *me* dizer?".

Minha missão é ajudar as mulheres a reconstruírem sua relação com a comida. Meu objetivo é torná-la tão perita em ler seu corpo que você não vai olhar para as dietas e pensar: "Talvez isso funcione." Você estará tão fluente em si mesma que só vai ter uma dieta, e essa dieta se chama: EU FAÇO O QUE FUNCIONA PARA MIM.

Não existe "tamanho único". É por isso que você com frequência me ouvirá insistir — assim como qualquer um dentro da indústria da saúde que se importa de verdade — que *dietas não funcionam*. Estilo de vida, sim. Biohacking não é uma dieta. É um estilo de vida.

Tudo bem. Então, neste ponto, tenho certeza de que você está pronta para começar, e eu também estou. Só quero garantir que mais algumas coisas fiquem claras antes de mergulharmos nisso juntas.

Manifesto de uma biohacker

Há algumas verdades sobre si mesma nas quais você precisa acreditar, e vou pedir que você leia esta lista — em voz alta, se puder. (Quero dizer, se estiver lendo isto no transporte público, você poderá atrair alguns olhares estranhos. Mas, ei, isso também é válido!) Respire fundo e repita comigo:

> Eu sou uma heroína — uma verdadeira personagem principal no filme chamado *Minha Vida Maravilhosa*.
>
> Eu conheço a essência do que realmente sou — esplendor, alegria, amor —, e minha missão é incorporar essas qualidades todos os dias.
>
> Assumo a responsabilidade e me aproprio totalmente de minhas escolhas e ações. Escolho falar apenas palavras de empoderamento.

"Eu preciso" ou "Eu não posso" são frases que não existem em meu vocabulário.

Entendo que cuidar de mim não é um luxo egoísta, mas sim minha principal prioridade. Estou sempre ávida por conhecimento, por fazer perguntas e por buscar entender como tudo em meu ambiente afeta minha saúde, minha energia e minha aura.

Nunca evito falar em voz alta ou ocupar espaço. Minha presença chama atenção; o afeto emana de dentro de mim. Minha maior alegria vem de enaltecer outras rainhas a meu lado.

Como biohacker, sou incansável na busca pelo bem-estar físico e mental. Sei que os melhores biohacks vêm da tecnologia de ponta e da natureza — práticas como pegar sol, praticar meditação, conectar-se com a comunidade e dominar o controle da respiração.

Meu legado é construído com amor, cura e quebra de ciclo. Os sintomas não me definem; eles são apenas um feedback de meu corpo. E assim, continuo a explorar novas técnicas e a fazer experimentos com o biohacking para otimizar minha saúde e bem-estar.

Emoções e experiências não processadas são armazenadas como traumas no corpo, mas o medo ou as dúvidas sobre mim mesma nunca irão me conter. Em vez disso, encarno poder e confiança dignos de uma rainha.

Como biohacker, não preciso da aprovação ou permissão de ninguém. Sou responsável por cada ponto do que sou, sem me desculpar nem hesitar.

Nada pode domar essa mulher; ela se mantém alta como um farol de luz, iluminando até os cantos mais escuros do mundo a nosso redor.

Foque no que você já é

Certa vez eu li: "Você não consegue construir em cima do sucesso que você não aceitou." Então, antes de avançarmos e antes que eu te bombardeie com todos os segredos do biohacking, vamos fazer com que você se aceite, assim como tudo o que você é e já está fazendo.

Comecemos: você é curiosa. E você é inteligente (quer dizer, você acabou de escolher um livro sobre ciência e biologia. Vamos lá — isso tem que contar!). Você está conectada com sua intuição. Lá no fundo de sua alma, você sente que o sofrimento não é seu lugar, e os conselhos fitness convencionais não repercutem para você e não deixam seu corpo se sentindo como sua melhor versão a longo prazo.

Agora, vamos escrever tudo aquilo que você já está fazendo (você provavelmente já está fazendo biohacking e só não sabe!). Talvez seja a caminhada diária ou aquela salada saudável que você escolheu em vez de pizza outro dia. Ou talvez você tenha comido pizza, o que te fez sentir bem porque você precisava de comida reconfortante naquele momento. Bom trabalho! Você está ouvindo seu corpo!

É tão fácil focar na falta, no negativo, ou em buscar versões inalcançáveis de nosso corpo e estilo de vida. Isso é nossa Eu Perfeita em ação. Explicarei um pouco mais sobre ela mais adiante, mas, por enquanto, vamos apenas dizer que ela é a madrasta malvada que vive em sua cabeça, dizendo: "Cruzes, olha essa celulite!" ou "Estou gorda" toda vez que ela se vê na foto. Ou a que te critica constantemente por não fazer uma dieta correta. Ou a que sente que sempre precisa implementar TODOS OS BIOHACKS O TEMPO TODO.

A Eu Perfeita está nos alimentando com a ideia de que, se parecermos perfeitas (perdendo quantidades irreais de peso, fazendo crescer cabelo espesso como se estivéssemos em um comercial de xampu, limpando a pele como algum filtro de foto ridículo), nossa vida vai melhorar. A verdade é: não vai. Pessoas magras também se odeiam. Pessoas com cabelo e pele impecáveis também têm vidas tristes.

Não quero que você faça biohacking partindo de um lugar de desespero e anseio, mas sim de curiosidade. Quer dizer, claro, você tem objetivos. Óbvio que sim, e isso é maravilhoso, poderoso e bom. Contudo, a verdade é que seu corpo está realizando milhões de minitarefas a cada segundo, e 99% delas são realizadas de forma tão perfeita que você nem percebe. Nosso foco principal é apoiá-lo e ver como ele poderia se sentir melhor se lhe déssemos alguma assistência amorosa enquanto ele faz seu trabalho dia após dia.

E como estamos curiosas sobre como melhor apoiarmos nossos corpos, é importante que você se faça algumas perguntas: por que eu estou aqui? Por que meu corpo *não me ouve*? O que me fez escolher este livro? Estou aqui porque não quero parecer de tal maneira? Estou aqui porque me sinto ressentida com meu corpo? Estou aqui porque quero saber por qual motivo meu corpo não se parece com o de uma supermodelo?

A energia por trás de cada decisão que você toma muda o resultado. Não vou mentir; a primeira vez que me envolvi com o biohacking, a pergunta principal em minha cabeça para a qual eu tentava encontrar uma resposta era: "O que há de errado comigo e com meu corpo irritante, e como posso consertá-lo?" Alerta de *spoiler*: eu precisava consertar minha mentalidade, não meu corpo.

Hoje, entendo que *não era meu corpo que não estava me ouvindo*, era *eu* que não estava ouvindo meu corpo. Tudo o que ele queria era que eu parasse de seguir dietas da moda cheias de açúcar, petiscos e beber tantos smoothies que quase me fizeram esquecer como mastigar. Ele queria que eu parasse de pensar no que eu deveria estar comendo o tempo todo e começasse a *viver*.

Quero que saiba que está tudo bem se você está aqui pelos mesmos motivos. Mas adoraria convidá-la a adicionar algumas novas razões. Sabe, apenas por diversão.

Em vez de:

- Quero perder gordura na barriga.
- Quero parar de ficar doente.
- Quero me livrar do peso indesejado.
- Quero descobrir o que há de errado com minha pele/meus hormônios/comigo.
- Estou aqui para seguir todas as regras, como se eu estivesse de volta à escola, para ser uma boa menina e tirar nota 10.

Vamos tentar:

- Quero me sentir bem em meu corpo com mais frequência.
- Estou aqui para permitir que meu corpo se cure.
- Estou aqui para reconstruir o relacionamento com meu corpo.
- Quero aprender a ouvir o que meu corpo diz.
- Estou aqui para entender a ciência e fazer o que parece certo e melhor para mim e para meu corpo.

- Estou aqui para me amar mais do que nunca.

- Estou aqui para me sentir leve, forte e à vontade em meu corpo.

- Chega de ser uma boa menina e querer que seja tudo perfeito. Faço meu melhor pelo caminho, mas busco crescimento, não perfeição.

Então, digamos que você vive preocupada com sua barriga volumosa e a maior parte de sua energia mental parece estar concentrada em "O que faço com minha barriga inchada? Não quero me sentir assim. Quero me livrar dos pneuzinhos e da celulite." Nesse caso, eu sugeriria que você tentasse isto no lugar: "Eu amo minhas mãos; elas são lindas. Adoro como as uso todos os dias: lavando o rosto, digitando em meu celular ou notebook, conhecendo novas pessoas ou preparando refeições deliciosas. Elas nunca reclamam, nunca estão cansadas, nunca tiram folga. Sempre me ajudam a alcançar meus objetivos, sejam pequenos, como espremer um limão de manhã, ou grandes, como fazer meu trabalho diariamente. Sinto muito por nunca ter elogiado vocês. Cada dedo separadamente ou como um todo. Amo vocês. Adoro vocês. Sou muito grata a vocês."

Amar seu corpo por um minuto em vez de criticá-lo foi bom? Vamos continuar!

"Eu amo tanto meus joelhos... Meu Deus, eles não são incrivelmente confiáveis? Agacho, caminho, sento, e eles estão sempre a minha disposição. Eu não iria a lugar nenhum, nem veria meus amigos ou viajaria pelo mundo se não fosse por vocês, queridos. Vocês têm uma aparência meio engraçada, como o rosto de um filhote de shar pei, mas quem não ama um filhote? Vocês são incríveis."

"Meus dentes. Nunca elogiei cada um de vocês separadamente, em especial aqueles lá de trás, que fazem todo o trabalho duro de mastigar. Obrigada por me deixarem desfrutar de comidas deliciosas. Eu amo vocês."

"E por falar em comer, minha língua, eu te amo. E amo muito minhas queridas papilas gustativas, cada uma delas sensível a um tipo diferente de sabor: azedo, doce, amargo, salgado, umami. Construí minha vida em torno de vocês (embora talvez às vezes eu dependa demais das que captam o doce e deixe as sensíveis ao amargo um pouco entediadas), mas nunca realmente parei para agradecer. Muito obrigada. Eu posso falar graças a esse músculo incrível que é minha língua. Amo o fato de poder falar e me comunicar com minha alma, e amo minha voz."

Esse exercício poderia continuar para sempre. Você pode amar seu coração por nunca tirar um dia de folga. Você pode amar seus olhos por lhe permitirem ler livros divertidos; seus ouvidos por escutarem sua música favorita; seus pulmões por inspirarem e expirarem ar; e seu fígado por te desintoxicar depois de uma saída noturna...

Seu Eu Superior entende que está aqui para agradecer e amar tudo o que seu corpo já está fazendo, e aprender como apoiá-lo com a dieta certa para facilitar as partes que se encontram sobrecarregadas e lutando para funcionar no nível ideal. Tire um momento para reconhecer como isso é realmente incrível — como *você* é realmente incrível.

Você não está aqui para viver aquém de sua capacidade. Você não está aqui só a passeio. Você não está aqui apenas para sobreviver, mas para prosperar.

Você está aqui para liberar seus superpoderes, entrar na energia de seu personagem principal e ser a rainha de seu destino.

Seu eu inferior pode ter se mantido no comando até agora, mas a verdade é que você pode colocar seu Eu Superior no controle do resto de sua vida. O objetivo final deste livro é ajudá-la a acessar consistentemente seu Eu Superior.

Agora, com o chakra do coração aberto, quentinho por toda a gratidão e apreço por nossos corpos incríveis, vamos mergulhar.

Ame sua gordura

Quando lancei meu primeiro curso de biohacking, recebi mais de 1,5 mil mulheres que nunca tinham ouvido falar em biohacking, mas estavam bem familiarizadas com dietas, contar calorias e serem duras consigo mesmas e seus corpos. Um dos primeiros vídeos que liberei se chamava *Love Your* Fat [Ame sua gordura], porque eu sabia que essa mudança de perspectiva era essencial para todo o resto fazer sentido.

Nesse vídeo, eu digo: "Se você está aqui, há grandes chances de que esteja tentando perder gordura há um bom tempo. Você já deve ter se olhado no espelho ou visto uma foto sua e revirado os olhos, pensando 'Como estou gorda!' ou 'Detesto minha gordura'. Você provavelmente procurou no Google 'como perder gordura da barriga' ou 'como perder peso' pelo menos uma vez na vida."

Sejamos honestas: você não precisa pesquisar no Google ou sair à cata de informações sobre dieta para escutar conselhos não solicitados. Eles estão em todo lugar. Nós vivemos em uma cultura da dieta. Você e eu somos bombardeadas com conselhos que acompanham as frases: "Vamos lá, qual é a dificuldade? Apenas coma menos, mexa mais o traseiro e você ficará em forma."

Somos consideradas preguiçosas se não tivermos energia para fazer exercícios. Fracassadas se não conseguimos perder peso.

Não motivadas o suficiente quando comemos alguma coisa que não é saudável.

Menosprezadas porque ficamos perdidas no mar de (des)informação.

São necessários apenas cinco segundos nas redes sociais para acreditarmos que algo está errado conosco por não termos feito ainda alguma coisa que alguém acredita que seja a única maneira correta de viver. Espere, você não faz pilates? Espere, você não toma essa bebida quando acorda? Ai, meu Deus, você não X, Y e Z? Não me admira que você não esteja bem. *A culpa é toda sua.*

A cultura da dieta se perpetua e repete o que você já disse a si mesma em sua cabeça: *Eu não sou boa o suficiente, magra o suficiente e motivada/inteligente/sexy o suficiente.*

Eu fazia minha meditação matutina em Bali logo após o lançamento do vídeo *Love Your Fat* quando tive a ideia para este livro. Comecei a ouvir falar de pessoas que estavam maravilhadas com a revelação de uma ideia tão simples quanto acolher sua gordura, e soube que a mensagem precisava ir além daquele público de 1,5 mil pessoas. Este livro nasceu de um lugar de serenidade e beleza, e acho que isso é muito adequado, porque o objetivo aqui é levá-la da frustração e da sobrecarga para um lugar de paz e alegria avassaladoras.

Se fizesse a menor ideia do que sua gordura faz por você, você nunca mais a odiaria ao se olhar no espelho! Vamos parar um pouco para esclarecer as coisas entre você e suas células de gordura.

Você já parou para contemplar profundamente como se sente dentro dos contornos de seu corpo? Não se trata apenas do sentido tangível de toque ou conforto, mas de um alinhamento emocional e psicológico — ou, às vezes, de uma profunda falta dele.

Para alguns, o corpo serve como um paraíso, um refúgio familiar. Mas para outros (talvez você), pode parecer mais como um terreno desconhecido ou até hostil.

Quando você olha no espelho, o que *sente*? Você se sente esmagada por sentimentos de distanciamento ou desconforto? É fascinante como nossa percepção interna de nosso "traje humano" externo pode lançar longas sombras sobre nossas interações, autoestima e até mesmo nosso bem-estar mental. Não se sentir segura com seu corpo ou conectada a ele pode ser algo pesado de carregar, que afetará não apenas seu relacionamento consigo mesma como também com o mundo em geral. Esses sentimentos podem atrair uma compreensão mais profunda e talvez uma jornada rumo à reconciliação consigo mesma.

Vamos começar reconciliando-nos com essas células de gordura.

Você já se perguntou o que as células de gordura fazem? Não, elas não apenas te fazem "parecer gorda".

Gosto de pensar em minha gordura como meu "traje de segurança". Armazenamos gordura por dois motivos principais. Primeiro, ela está lá para proteger nossos órgãos como uma combinação de isolante térmico e plástico bolha. Em segundo lugar, a gordura libera hormônios como a leptina, que regula o apetite e a energia, e armazena hormônios solúveis em gordura, como a vitamina D. Terceiro, assim como um bom marido provedor, o corpo gosta de ter um estoque secreto de alimentos (nutrientes) para dias chuvosos. A gordura é um armazenamento de energia para retirar sempre que houver um déficit calórico, como durante o jejum ou atividade física intensa.

Agora, se você tem um pouco de gordura extra, é provável que seu corpo esteja sobrecarregado com todos os processos que ele já está realizando. Ou ele está recebendo toxinas demais, o que confunde seus hormônios, ou muito açúcar, que ele não consegue metabolizar rápido o suficiente. Então, para garantir que você não morra, ele armazena esse açúcar em suas células de gordura, para o caso de vir a precisar dele mais tarde. Isso significa que a gordura na verdade está *protegendo* você de um estilo de vida desafiador e de circunstâncias de dieta.

Aqui está a questão: quando seu corpo não se sente seguro, e seu sistema nervoso simpático (a parte de seu cérebro que regula a resposta de lutar-fugir-congelar-bajular) está em alta rotação, há uma mensagem circulando por todos os órgãos, tecidos e células de seu corpo, soando o alarme: "O que está acontecendo lá fora é muito imprevisível." As partes automáticas da conexão cérebro-corpo não conseguem distinguir entre o estresse causado por cumprir um prazo no trabalho e o estresse causado pela possibilidade de ter que se esconder de um tigre na floresta por uma semana com muito pouca comida. Tudo o que ele sabe é que seu trabalho principal é mantê-la viva, então ele começará a guardar um pouco de gordura extra para garantir que você tenha provisões para sobreviver.

Você me ouvirá dizer várias vezes no livro: jejuar sem se banquetear é fome, e pressionar seu corpo sem o descanso adequado é tortura. Dietas convencionais de passar fome colocam nossos corpos em um estado constante de estresse: exercícios intensos levam a déficits calóricos quando combinados com uma dieta rigorosa e pouca gordura. O corpo não consegue entender que isso é estresse deliberado e intencional; ele só sabe que é hora de entrar no modo de segurança.

Quando minha avó morreu, minha mãe ganhou 20 quilos em três meses, e não foi só por comer por seu estado emocional. Minha avó era mãe solteira, e criou minha mãe sozinha na Polônia da época da Guerra Fria. Ela era o sentido original de porto seguro de minha mãe, então, quando ela faleceu, para minha mãe foi como se seu mundo inteiro tivesse desabado; portanto, ela ganhou 20 quilos de "traje de segurança".

Muito do que faço com minhas alunas e pratico com meu mentor espiritual é restaurar o senso de segurança em nossos corpos e no mundo.

Neste ponto de minha vida, meu senso de segurança é apenas estar presente com o que surge. Mas nem sempre foi assim. Eu costumava fazer de tudo para evitar sentimentos desconfortáveis, principalmente o medo.

No entanto, quando comecei a fazer paraquedismo, decidi adotar uma abordagem diferente. Não havia nenhum lugar para me esconder de meu medo, mesmo que ele me deixasse tonta e enjoada. Eu sei que meu medo é sempre uma combinação de:

1. o que está a minha frente, e

2. todos os medos não enfrentados que tenho evitado por anos: medo de envelhecer, medo de perder oportunidades, medo de abandono.

Também sei que está tudo bem absorver isso. Reconhecer. Está tudo bem sentir medo e ficar sobrecarregada. Você acredita nisso para si mesma? Espero que sim.

Vamos ter uma conversa franca sobre nossos corpos. Primeiro, enumere três coisas sobre seu corpo pelas quais você está genuinamente grata hoje. Conseguiu? Maravilha. Agora, pense naquele momento em que você fica superconfortável em sua pele. Talvez seja relaxando no sofá ou rindo com amigos. E aqueles momentos em que você se sente verdadeiramente o máximo — como quando está dançando, caminhando, fazendo um hobby que te dá alegria ou apenas fazendo coisas cotidianas? Agora, aqui vai algo mais profundo: como é se sentir segura de verdade em seu corpo? Você consegue se lembrar de quando seu corpo realmente te impressionou com sua força ou capacidade de dar a volta por cima?

Vamos falar de coisas simples, como a sensação maravilhosa do sol quente em sua pele ou a sensação reconfortante de um cobertor aconchegante. Você já percebeu como é bom respirar de modo profundo e revigorante? E aqueles momentos em que você tem uma forte intuição ou um surto repentino de energia, como se seu corpo estivesse tentando te dizer algo? Pense nessas coisas. Pense em tudo o que seu corpo pode fazer e em tudo o que ele já fez. Como você pode honrar seus esforços constantes para mantê-lo seguro? Como você pode confiar nele, mesmo diante do medo? Como você pode reconhecer que suas reações automáticas (que você talvez nem sempre ame) são evidências do trabalho árduo para mantê-la viva? Como você pode estar 100% presente em seu corpo — com células de gordura e tudo — mesmo que seja apenas por um ou dois instantes hoje?

Fique amiga de sua gordura

Aqui estão algumas dicas de diário para ajudá-la a aceitar e amar sua gordura corporal:

1. Liste três maneiras como sua gordura corporal serviu a você no passado. Isso pode incluir fornecer energia, mantê-la aquecida ou proteger seus órgãos.

2. Escreva uma carta para sua gordura corporal, agradecendo por tudo o que ela faz para sustentar sua saúde e seu bem-estar. Agora, escreva outra carta se desculpando com suas células de gordura corporal por todas as vezes em que você as odiou.

3. Escreva uma carta para seu eu futuro e agradeça pelas muitas coisas que ele a verá superar e por protegê-la nos próximos dias, semanas, meses e anos.

4. Como seu corpo se sente quando você aceita todas as suas partes, incluindo sua gordura? Como ele se sente em saber que você é perfeita da maneira que você é, e não há nada que você precise fazer para se tornar mais saudável, mais bonita ou melhor? Descreva essas sensações.

5. A gordura corporal é um superpoder porque ajuda o corpo a sobreviver e se desenvolver. Qual é a sensação de pensar em sua gordura corporal dessa maneira?

6. Pense no calor fornecido pela gordura corporal no clima frio. Como isso faz você se sentir sobre sua gordura corporal?

Lembre-se de que toda parte de seu corpo, incluindo sua gordura corporal, contribui ao indivíduo único e lindo que você é. É mais do que certo agradecer e amar todos os elementos de seu corpo.

Aqui está minha carta para minhas células de gordura:

Queridas Células de Gordura,

Quero me desculpar com vocês. Agora percebo que por muito tempo olhei para vocês através de uma lente de crítica, ressentimento e até mesmo ódio. Falhei em enxergá-las pelo que vocês realmente são — uma parte minha vital, essencial para minha sobrevivência, meu bem-estar e força.

Desculpem-me por todas as vezes em que fiquei parada na frente do espelho e desejei que vocês sumissem, sem reconhecer sua importância. Entendi mal seu papel, sem reconhecer que vocês são uma parte de meu organismo elaborado e magnificamente complexo, projetado para me proteger e me nutrir.

Rotulei vocês injustamente como indesejadas, malquistas e um símbolo de imperfeição. Agora percebo que vocês são uma parte integral de mim, trabalhando sem cansar para proteger e sustentar meu bem-estar.

Vocês armazenam energia para mim, o que me ajuda a atravessar longos dias, exercícios intensos e períodos de doença. Vocês ajudam a me manter aquecida, protegem meus órgãos e têm até mesmo um papel em produzir hormônios que regulam importantes funções do organismo.

Em minha ignorância, eu culpei vocês por padrões sociais que frequentemente não são reais nem saudáveis, sem entender que vocês não são um reflexo de meu valor. Permiti que fatores e vozes externas ditassem como eu me sinto sobre vocês, me esquecendo de que seu propósito vai além da estética.

Me desculpem por sucumbir às pressões sociais e aos padrões de beleza irrealistas que exigiram que vocês fossem qualquer coisa diferente do que vocês são. Eu as comparei com outros, acreditando que vocês definem meu valor quando, na realidade, sua presença não tem nada a ver com meu valor como pessoa.

Vocês me apoiaram em meus altos e baixos, fornecendo isolamento térmico, proteção contra choques mecânicos e estoque de energia quando eu precisei. Vocês agiram como guardiãs fiéis, impedindo danos e regulando diversos processos do corpo. Sua existência me permitiu sobreviver e me desenvolver. Por isso, eu sou genuinamente grata.

Eu me arrependo de todas as vezes em que sujeitei vocês a dietas extremas, hábitos nocivos e expectativas inalcançáveis. Empurrei vocês até o limite, esperando que coubessem em um molde que não é realista e vai contra seus propósitos naturais. Agora entendo que isso foi não somente injusto, mas também prejudicial a nosso relacionamento.

Deste momento em diante, prometo acolhê-las com amor e compaixão.

Em vez de focar em como vocês agem em minha aparência, vou apreciar como vocês contribuem para minha saúde e sobrevivência.

Vou me dedicar a amar vocês, como parte de amar a mim mesma.

Desculpem-me por todas as vezes em que deixei de enxergar seu valor.

Obrigada por seu serviço constante a meu corpo, mesmo quando eu não gostava. Estou agradecida a vocês. Eu amo vocês. Eu amo viver a vida com vocês.

Com todo o meu amor e gratidão,

— Aggie

Por que você está batalhando?

No filme *Gênio Indomável*, o personagem de Matt Damon (Will) teve uma infância difícil e vivia metido em encrencas. Quando seu terapeuta, interpretado por Robin Williams, diz para ele "Não é sua culpa", Will primeiro desdenha e diz: "Sim, tudo bem, eu sei. Não é minha culpa."

Mas então eles discutem essa questão durante um tempo, e por quase um minuto inteiro seu terapeuta repete várias vezes: "Não é sua culpa. Não é sua culpa. Não é sua culpa." Will finalmente desmorona quando a mensagem é assimilada. E essa é minha mensagem para você. Não é sua culpa. Por favor, permita-se assimilar isso.

Não é sua culpa.

Coisas como TPM, acne hormonal, ganho de peso ou perda de peso inesperados, desejos intensos, oscilações de humor e irritabilidade, cabelo quebradiço ou caindo, rugas prematuras, quedas de energia, inchaço, retenção de líquidos, menstruações dolorosas ou irregulares, menstruações intensas, ansiedade, sobrecarga, depressão, sensação de estar destruída, não querer sair de casa — tudo isso é *comum*, mas não é *normal*.

Todos esses são sinais de hormônios desregulados. E eles não são sua culpa.

Quando eu estava lutando contra acne severa, fui ao dermatologista e acabei tomando o medicamento mais forte disponível na época. Essa substância é tão prejudicial que você precisa assinar um documento dizendo que usará dois métodos contraceptivos se for sexualmente ativa.

Tomei esse remédio não uma, mas duas vezes. Se eu soubesse na época o que sei agora, teria encarado como uma prescrição para arruinar meu fígado, desencadear depressão e me impedir de corrigir minha dieta para realmente encontrar a origem de minha acne.

Como mulheres, estamos expostas a aproximadamente 168 produtos químicos diferentes (cerca de duas vezes mais do que os homens) por dia. *Por dia!* Ninguém sabe os efeitos a longo prazo de todas essas substâncias químicas, mas sabemos que níveis elevados de toxinas e dietas pobres em nutrientes levam à infertilidade e a problemas hormonais.

Se você se sente fora de sintonia com seu corpo, há uma causa raiz.

Se você tentou de tudo, mas nada parece funcionar, o problema não é sua falta de esforço.

Se você já tentou perder peso e fracassou, não é porque você é preguiçosa ou não está comendo menos e se exercitando mais.

Se sua libido está sofrendo, você não está sozinha.

Se suas oscilações de humor são tão intensas que vêm interferindo em seus relacionamentos ou arriscando seu emprego, há uma razão para isso.

Se parece que seus hormônios estão controlando você é porque estão.

E se a solução para esses problemas fosse tão simples quanto regular seus hormônios? Será que algumas mudanças valeriam a pena?

Se você está disposta a fazer mudanças positivas e duradouras em seu estilo de vida para equilibrar seus hormônios naturalmente, mas não sabe por onde começar, você está no lugar certo.

Este guia de início rápido te ajudará a filtrar todas as informações conflitantes sobre saúde hormonal (muitas das quais são direcionadas aos homens ou apoiadas pela indústria farmacêutica autocentrada), e te auxiliará a voltar a se sentir com energia, confiante, em forma e saudável novamente.

Você merece acordar sem olheiras sob os olhos.

Você merece ter tanta energia que pula da cama se sentindo descansada e revigorada sem precisar de café para começar o dia.

Você merece ter uma pele limpa e bonita.

Você merece ter um corpo no qual você se sinta bem.

Você merece se sentir energizada.

Hoje é o Dia 1 de sua jornada.

Meu amigo Jim Kwik diz: "Na primeira vez, é um erro; na segunda vez, é uma escolha." Agora que você tem este livro em mãos, certifique-se de não escolher batalhar novamente.

Diga adeus a dietas de fome

Como comentei antes, minha família me chamava de "Pastelzinho" quando eu era criança. Com o passar do tempo, assumi a identidade de ser rechonchuda. Eu agia como um pastelzinho. Meu corpo agia como um pastelzinho.

Então, quando eu tinha cerca de vinte e cinco anos, decidi começar a fazer exercícios em uma academia e finalmente me livrar dessa identidade. Eu me sentia fraca, deslocada, desajeitada, perdida e observada. Não tinha ideia do que estava fazendo. Ser gordinha e deslocada na academia passou, então, a ser minha identidade.

Eu queria continuar parecendo comigo mesma — ainda parecer uma mulher e irradiar energia feminina —, mas ser minha versão mais flexível e mais forte.

Em algum momento, me dei conta de que todas essas identidades que eu estava assumindo — Pastelzinho, Novata na Academia — não serviam para mim, então decidi assumir a identidade de atleta. Porque... Bem, por que não, certo?

Assim, comecei a viver a partir desse lugar.

Eu não apenas malhava, eu treinava. (É isso o que atletas fazem, certo?) Eu me esforçava até o suor escorrer por minha testa porque era isso que eu via os atletas fazerem nos filmes. Eu não estava mudando meus objetivos, apenas a mentalidade por trás deles.

Essa foi uma de minhas primeiras incursões no biohacking, mesmo que eu não soubesse disso na época. É sobre mudar nossa mentalidade para abraçar uma maneira diferente de habitar nosso espaço — uma forma de vida que inclui trabalho de respiração, disciplina, gratidão, condicionamento físico/treinamento e aprender a entender o ambiente em que vivemos para nos prepararmos para o sucesso.

As pessoas foram criadas com um sentido integral de intuição que tem sido a maneira de nosso corpo se comunicar conosco, nos dizer o que é certo e errado para nós, bom e ruim, ameaçador ou nutritivo, por centenas de milhares de anos da evolução humana.

Entretanto, começamos a terceirizar nosso poder para "especialistas" em vez de confiar nessa intuição. O biohacking nos permite recuperar esse poder ouvindo a ciência e depois nos perguntando: quais partes da ciência funcionam *para mim*, onde eu estou agora, e como posso aplicá-las? Não há caminho linear ou rápido para o sucesso, conhecimento ou boa forma. É um compromisso constante e vitalício de ouvir seu corpo e se adaptar — assim como você foi projetado para fazer.

E essas adaptações precisam começar com sua mentalidade em relação à alimentação.

Você faz biohacking, não dieta

Um monge idoso e um monge jovem estavam viajando e chegaram a um rio com uma correnteza forte. Quando eles estavam prestes a atravessar, notaram uma moça que também queria atravessar, mas estava com dificuldades. Ela pediu ajuda a eles. Os monges, que tinham feito votos de não tocar em mulheres, se entreolharam. Em seguida, sem dizer nada, o monge mais velho pegou a jovem no colo, carregou-a até o outro lado do rio e colocou-a no chão com delicadeza, antes de continuar a viagem.

O monge mais jovem não conseguia acreditar no que tinha acabado de ver. Ele se juntou ao companheiro, mas não falou nada por uma hora inteira.

Mais duas horas se passaram sem uma palavra entre eles, depois três. Finalmente, o monge mais novo não conseguiu mais se conter: "Como monges, não é permitido que nós toquemos em uma mulher. Por que o senhor ousou carregar a moça nos ombros?"

O monge idoso o encarou e respondeu, gentilmente: "Irmão, eu a coloquei no chão do outro lado do rio. Por que você ainda a está carregando?"

A mentalidade de fazer dieta é um pouco como esse monge jovem. Você carrega por aí todas as coisas "certas" que deve comer, e a lista daquilo que pode ou não pode comer na cabeça. É impossível largá-las, e em algum momento elas se tornam a única coisa em sua mente.

Eu costumava ir a festas de aniversário e circular perto da cozinha o tempo todo, beliscando qualquer coisa que minha mão pudesse alcançar muito antes de todos os outros estarem interessados em olhar para a comida.

Eu observava todas as pessoas em forma na sala, conversando e se divertindo sem estarem obcecadas (sim, essa é a palavra certa) com quando a comida ia ser servida. Elas não comiam além da conta como eu, e também comiam todos os carboidratos e sobremesa sem culpa alguma. Elas comiam quando era hora e aproveitavam a festa. Enquanto isso, eu era a única beliscando antecipadamente, me restringindo reativamente durante a refeição e depois me sentindo culpada por não ser como os demais e comer apenas um cookie sem culpa ou uma única bola de sorvete sem que isso se tornasse uma Grande Coisa.

Algo muito importante de minha mudança de identidade, de dieta com restrição calórica para o biohacking, é que eu passei de tentar permanecer em um déficit calórico constante para consumir mais calorias do que as chamadas recomendações diárias.

Todo o conceito de usar restrição calórica para perder peso se baseia em uma premissa falha de que sua taxa metabólica basal (TMB) permanece sempre a mesma; então, se você consumir abaixo dela, perderá peso. E você irá perder, a curto prazo, mas sua taxa metabólica basal logo se ajustará para operar com uma quantidade ainda menor de calorias, e aí você terá que comer ainda menos para continuar perdendo peso.

Por exemplo, se minha TMB é de 1.500 calorias e eu só como 1.400, vou perder peso. Mas em pouco tempo, meu corpo ajustará minha taxa metabólica basal para 1.300 calorias porque ele é inteligente e quer continuar armazenando gordura para me manter viva. Enquanto isso, se eu ainda estiver consumindo 1.400 calorias, vou atingir um platô, e então voltar a meu peso original, se não mais alto.

Compensação metabólica

Seu corpo não se importa em caber em uma nova calça jeans. O trabalho dele é mantê-la viva. Uma das maneiras de ele fazer isso é usar uma coisa chamada "compensação metabólica". É o modo sorrateiro de seu corpo resistir a mudanças quando você está tentando perder peso.

Digamos que você tenha decidido se livrar de algum peso cortando sua ingestão de calorias ou aumentando sua atividade física (como em quase todas as dietas do mundo). Você começa a perder peso. Você fica animada e pensa: "Finalmente! Uma coisa que funciona!"

Mas então seu corpo aperta o botão do "pânico". Ele não gosta de mudança, e é especialmente protetor com suas reservas de gordura (um truque da evolução para sobreviver à fome, você deve se lembrar). Uma constante escassez de comida manda uma mensagem ao cérebro: "Garota, as coisas estão mudando aí! A comida está ficando cada vez mais escassa!"

Lembre-se de que o trabalho de seu organismo é assegurar que você tenha energia suficiente para sobreviver. Ele não se importa com sua aparência de biquíni na praia. Quando você dá a seu corpo muito poucas calorias constantemente, ele se ajusta desacelerando processos e se tornando mais eficiente em utilizar o combustível que você fornece.

Em outras palavras, seu corpo começa a ajustar seu metabolismo para se tornar supereficiente em usar menos calorias para realizar as mesmas tarefas. É como se seu corpo mudasse de uma caminhonete movida a óleo diesel para um Tesla de baixo consumo de combustível. E adivinhe! Seu corpo também começará a enviar sinais de fome, o que fará com que você queira comer mais.

Isso é a compensação metabólica entrando em ação, tornando a perda de peso um alvo móvel e muitas vezes contribuindo para o temido "efeito ioiô" das dietas, quando as pessoas perdem peso apenas para recuperá-lo quando a dieta termina.

No entanto, nem tudo é desgraça e melancolia. Compreender a compensação metabólica pode ajudá-la a fazer mudanças sustentáveis no estilo de vida em vez de depender de soluções rápidas. Pequenas mudanças graduais nos hábitos alimentares e atividade física regular que inclui treinamento de força podem ajudar a superar a resistência do corpo à perda de peso.

Embora a compensação metabólica possa parecer irritante, é apenas seu corpo tentando cuidar de você. Mas com as estratégias certas, você poderá convencê-lo a abraçar a nova você, em versão mais saudável.

A maneira como você come não deve causar tristeza. Mas quando algo é bom, muitas vezes pensamos: "Ah, isso não pode ser saudável. Duvido que funcione."

A boa notícia é que o oposto é verdadeiro.

Diga olá aos níveis de biohacking

Estou prestes a dividir com você o *Comendo ao estilo de Vida Biohacking*, mas se você é nova no biohacking, mantenha-se no Nível 1 por pelo menos um mês. Na verdade, não importa onde você esteja nessa jornada — por favor, não comece com mudanças drásticas em sua dieta.

Por quê? Bem, em primeiro lugar, eu quero ver você vencer. E você vencerá, sem dúvida alguma.

Porém, se sua dieta for ruim, remover drasticamente cada grão de açúcar quando todo o seu corpo estiver gritando "Me dê o brigadeiro!" vai te deixar absolutamente infeliz. Você acabará jogando dardos em uma foto minha e chamando o biohacking de "tortura", "castigo cruel e incomum", ou dizendo "com certeza foi a pior ideia do mundo, e por que eu pensei que poderia fazer isso e eu odeio isso, e eu odeio Aggie, e eu odeio tudo, e eu ainda não comi aquele maldito brigadeiro".

Não estamos aqui para sofrer e batalhar. Estamos aqui para hackear sua biologia de forma que comer saudavelmente seja divertido e indolor. Porque é para ser assim. Se não for, não é biohacking. Não estamos obcecadas, não estamos restringindo, e definitivamente não estamos nos limitando a porções pequenas. É uma forma de navegar na realidade do cenário alimentar atual.

Temos nossas preferências (algumas são mais fortes do que outras), mas, no final, quero que você se sinta expansiva e livre, enquanto alcança os resultados com que sonha — seja esvaziar suas células de gordura, obter mais energia ou melhorar sua libido.

Não estamos te transformando em outra pessoa. Estamos te ajudando a voltar a sua expressão mais plena, à versão mais ativa e brincalhona de você mesma. Isto é seu por direito: sentir-se incrível em seu próprio corpo e não se contentar com nada menos.

Quatro níveis para se tornar uma biohacker

Tornar-se uma biohacker independente é semelhante a progredir pelo icônico mundo de um jogo do Super Mario no PlayStation. Eu adorava jogar isso com minha irmã, e, embora o biohacking não envolva jogar cascos de tartaruga em seus inimigos (por favor, seja gentil com as tartarugas!), você certamente terá a sensação de estar se movendo em velocidade turbo com uma força incrível. (Ou algo assim. Fui longe demais na metáfora? Sim? Não? Você está revirando os olhos agora? Bem, prepare-se, porque as coisas estão prestes a ficar ainda mais *à la* Mario.)

Nível 1: Quando comer

No Nível 1 de sua jornada de biohacking, você está passeando pelo Reino dos Cogumelos. (Alguém? Por favor?) Você não está combinando sua dieta com sua composição genética ou tentando fotobiomodulação ou administração de ozônio retal — ou mesmo tentando pronunciar essas coisas. Você chegará lá — tanto tentar quanto pronunciar essas palavras —, mas não é para se concentrar nisso agora. Este nível é sobre o básico.

A única coisa que você faz agora é alterar estrategicamente o horário e a sequência de sua dieta atual para trabalhar em harmonia com os ritmos naturais de seu corpo. Só alguns pequenos ajustes inteligentes. Sem mudanças drásticas. Sem gastar dinheiro com gadgets, itens de supermercado estranhos ou testes sofisticados. Você não terá que gastar um único centavo a mais (na verdade, você provavelmente *economizará* dinheiro) nesse nível.

É assim que você faz: você come sua comida na ordem certa, condensa tudo o que come em três refeições por dia e limita sua janela de alimentação.

E... é isso.

O quê? Só isso?!?! Aggie, não pode ser! Com certeza existe uma pegadinha aí.

Não. No Nível 1, isso é tudo com que você precisa se preocupar. Essas mudanças podem parecer pequenas, mas esses ajustes de horário de sua alimentação vão melhorar seus hormônios, auxiliá-la a se sentir menos irritadiça (você sabe como você é), dar menos vontade de comer e te ajudar a perder alguns quilos.

Nível 2: O que comer e o que não comer

Agora você esmagou alguns blocos, descobriu a flor de fogo (Super Mario, lembra?) e está pronta para subir de nível. Depois de algumas semanas ajustando sua biologia, você ficará com fome de mais (trocadilho intencional). Sua glicose estará regulada, e seus hormônios da fome estarão em muito melhor forma. Você se sentirá mais leve, melhor, menos inchada e vai ansiar por alimentos melhores. Você estará com fome de mais coisas. Então, e somente então, você poderá começar a implementar as sugestões abaixo. Se em algum momento de sua jornada de biohacking você perceber que está se sentindo sobrecarregada, volte para o Nível 1 e permaneça lá pelo tempo que precisar. O mundo não precisa de mais uma biohacker radical; ele precisa que você esteja feliz, e não sobrecarregada.

Vamos entrar nos detalhes do Nível 2 abaixo, pensando em como transitar por um supermercado para escolher alimentos que te nutrirão em vez de te deixar doente. Também iremos conversar sobre coisas que a maioria dos biohackers evita para ajudar a proteger e aumentar nossa energia para ficarmos saudáveis e em forma.

Nível 3: Acolha seu ciclo menstrual

Depois de passar pelos Níveis 1 e 2, você estará cheia de energia. Você é o Mario pegando a Estrela. No Nível 3, você se tornará uma profissional em viver de acordo com seu ciclo menstrual; você vai saber quando e como treinar, quando descansar e quando se esforçar mais. Sabia que se você se exercitar demais na parte errada de seu ciclo você poderá realmente ganhar peso em vez de perder? "Como é que é?! Por que ninguém nos contou isso na quinta série?!"

Nível 4: Viva como uma biohacker

Você agora é uma biohacker avançada e, assim como o Mario pode pegar a Super Folha para ganhar as orelhas e a cauda de um guaxinim, o que dará a ele a habilidade de voar (embora guaxinins não voem de verdade, então isso talvez pareça um pouco estranho...), estará alcançando novos patamares. Você vai querer se tornar realmente boa de cama (estou falando de dormir; no que você pensou?), combater o estresse e criar um ambiente que sustente sua energia. Mais uma vez, eu me certifiquei de que tudo o que recomendo no livro não custe um braço ou uma perna — ou a cauda de um guaxinim.

Cada nível no biohacking, assim como no Super Mario, se baseia no anterior, oferecendo novos desafios e oportunidades de crescimento. Você começa dominando o básico e progride até o ponto em que não está apenas jogando, mas estabelecendo novos recordes pessoais de saúde e bem-estar.

Biodesleixada 20% do tempo

Agora, tenho uma ressalva — apenas um pequeno aviso. (Ok, na verdade, é uma ressalva bem grande.)

Conforme você cresce em sua identidade de biohacker, você precisa adotar uma segunda identidade, igualmente importante: a de uma biodesleixada — 20% do tempo. Sim, você leu direito. Você será uma biohacker incrível em 80% do tempo, e nos outros 20%, você apenas vai errar, quebrar as regras e arruinar completamente tudo o que aprender.

Por quê? Porque não quero que você cometa o mesmo erro que eu cometi quando me tornei vegana e depois novamente quando me tornei uma biohacker. Eu estava tão preocupada e obcecada com o que comer e o que não comer que passava 20 minutos lendo o cardápio em cada restaurante, atormentada com cada ingrediente. Eu vivia tensa, estressada e preocupada sobre cada refeição. Há um termo para isso agora: chama-se *ortorexia*, que é um foco não saudável em comer de maneira saudável.

VOU CONTINUAR REPETINDO ISSO SEM PARAR: O exagero de uma coisa boa torna-se uma coisa ruim. As alunas de meu curso online *Fit as F*ck* costumavam me mandar mensagens assim: "Aggie, o que faço? Não consigo viver sem tomates/leite de aveia/café/donuts/chocolate/etc."

E eu respondia: "Então não viva sem isso. Faça todo o resto. Acerte em todas as outras coisas e inclua os donuts nos 20%."

Essa abordagem não apenas é mais realizável, mais humana e mais divertida, mas também mais realista para alguém vivendo no século XXI.

As pessoas me perguntam: "Como você pinta as unhas, compra maquiagem de farmácia ou usa produtos no cabelo? Pensei que você fosse uma biohacker!" Embora eu entenda que biohackers super-radicais acertem em tantas coisas, "acertar" em tudo não é mais meu objetivo. E também não planejo viver até os cento e oitenta anos. O que eu quero é tirar o máximo dos anos que tenho. Aposto que você também.

"Aggie!!! Depois do curso *Fit as F*uck*, comecei a fazer pequenas mudanças em minha dieta, principalmente dicas do Nível 1. Não sei quanto peso perdi porque não tenho balança — mas depois de menos de um mês, estou com a aparência melhor do que quando eu tinha dezoito anos, e finalmente tenho energia para correr atrás de meus dois bebês! E a melhor parte? Pela primeira vez em mais de 20 anos não me sinto como se estivesse de dieta. É a sensação mais libertadora! Obrigada um milhão de vezes, obrigada!!!"

— Martha, 39 anos

Principais conclusões

✓ Adote o biohacking como um estilo de vida, focando em ouvir seu corpo e fazer escolhas de saúde informadas e personalizadas, em vez de aderir a dietas restritivas iguais para todo o mundo.

✓ Entenda que os esforços com o peso, as oscilações de humor e outros problemas de saúde muitas vezes se originam de desequilíbrios hormonais e fatores externos, não de falhas pessoais.

✓ Reconheça a importância do amor-próprio e da gratidão por seu corpo, incluindo pontos como a gordura corporal, pois ela desempenha papéis cruciais em sua saúde e bem-estar geral.

✓ Adote uma mudança de mentalidade de alguém que faz dieta crônica para ser uma biohacker, priorizando a alimentação intuitiva e as mudanças no estilo de vida em vez de contar calorias.

✓ Implemente mudanças graduais e sustentáveis em sua dieta e seu estilo de vida, respeitando os ritmos e necessidades naturais de seu corpo e permitindo espaço para flexibilidade e autocompaixão.

NÍVEL 1

QUANDO
comer

2

Coma na ordem certa

Você vai começar sua jornada de biohacking... sem mudar *nada* em sua dieta. Sim, é isso mesmo. Nada. Nadica de nada. Continue comendo normalmente, sem se preocupar se aquilo é aprovado pelo biohacking ou não. A única diferença é: coma na ordem certa e na mesma hora do dia.

Por quê? Porque a ciência prova que você e eu podemos fazer exatamente a mesma dieta e consumir a mesma quantidade de calorias, e ainda assim eu perderei peso e você ganhará, ou vice-versa. Você irá achar que há alguma coisa errada com você, mas não há. Você só não estava praticando biohacking.

Aqui está a surpresa: você pode continuar com a mesma dieta e as mesmas comidas, mas troque a ordem em que você come e troque o tempo delas ao longo do dia, e provavelmente você conseguirá hormônios mais regulados, mais energia e até uma pele melhor.

Se você costuma fazer cinco refeições ao dia, começa seu dia com um café da manhã doce ou um café com leite, e adora iniciar cada refeição com um pãozinho, por favor, prossiga com a leitura. As próximas páginas serão um divisor de águas.

A seguir estão seus três primeiros passos:

- **Coma seu alimento na ordem certa:** Torne-se mais consciente da ordem em que você consome os alimentos dentro da refeição. Começar com vegetais ricos em fibras e proteínas pode levar a um aumento mais gradual dos níveis de glicose no sangue, em vez de aumentá-los com carboidratos simples logo de cara.

- **Concentre tudo o que você come em três refeições diárias:** Em vez de beliscar ao longo do dia consumindo nozes, café com leite ou húmus com cenoura, esses "minijejuns" permitem que seu sistema digestivo descanse e se reajuste, muito como Mario encontrando um momento de repouso em um castelo seguro antes de voltar para a batalha.

- **Limite sua "janela de alimentação":** Estabeleça seus horários de refeição entre o café da manhã e o jantar — aproximadamente um intervalo de 12 horas — e se comprometa com isso. Talvez comece com um café da manhã às 7h e termine com o jantar às 19h, alinhando com as horas de luz natural para ajudar seu metabolismo. Veja só — você já está fazendo jejum intermitente! Em algum momento, vamos querer aumentar seu jejum para 14, 15 e até 16 horas (no momento certo de seu ciclo menstrual), mas começar pequeno é importante.

E... é isso.

Mas mergulhemos mais fundo nesses passos porque eu quero que você entenda o que está realmente acontecendo com seu corpo e como esses passos contribuem para criar sua vida o mais saudável e radiante possível.

Glicose: Pegue seu bolo e coma-o

Imagine um mundo em que você pode comer seu prato preferido sem acumular toda a culpa e dor no estômago que inevitavelmente o acompanham. A frase "Não se pode ter o bolo e também comê-lo" significa que precisamos priorizar nossos desejos e fazer escolhas de acordo.

Mas por que você iria querer ter o bolo... e *não* comê-lo? Seria só para olhar? Onde está a diversão nisso?

NÍVEL 1: QUANDO COMER | **63**

O negócio é que *é* possível apreciar o prazer de curto prazo de uma guloseima ou uma pizza sem pagar o preço por isso com sua saúde e seus objetivos de entrar em forma! É isso mesmo: estou falando de *literalmente* pegar o bolo *e comê-lo*. Bom demais para ser verdade? Não é! Tudo se trata de entender a ciência por trás da glicose e usá-la a seu favor e prazer — porque a vida é curta demais para não comer aquele croissant!

Lembra quando eu disse que comecei a "fazer dieta" aos doze anos de idade? Eu sabia que "Pastelzinho" não era fofo para uma adolescente, e tinha medo de comer refeições completas. Em algum momento troquei os ovos com linguiça do café da manhã de minha mãe por algo que eu achava que era mais leve porque decidi que comer carne me deixaria ainda mais gorda. (Eu não estava muito distante da verdade, visto que carnes processadas e industrializadas são horríveis, mas falarei mais sobre isso depois.) Decidi então começar a comer cereal no desjejum — em geral qualquer coisa com "fitness" no rótulo, o que muitas vezes queria dizer que os pedaços eram cobertos de "iogurte" (basicamente apenas uma combinação de xarope de milho com frutose em dose alta e leite condensado).

No almoço, eu ia de café com leite e suco porque "comida de verdade" parecia assustadora. De novo, mais açúcar. Assim, eu começava e continuava meu dia com uma quantidade grande de açúcar puro, o que significava que estava vivendo com uma série de picos massivos de glicose, embora eu não tivesse ideia na época do que isso significava e como isso simplesmente destruiria meus hormônios de uma maneira terrível.

Depois, eu tive uma fase vegana após me mudar para Los Angeles. Sempre presumi que magra é igual a saudável (errado!), por isso fiquei chocada quando comecei minha luta. Eu não conseguia mais ficar duas horas sem me sentir com fome e fraca, e parecia que eu passava a maior parte de meu tempo pensando na refeição seguinte.

A questão é que os níveis de açúcar importam não somente por causa de uma diabetes em potencial, mas porque o açúcar nos envelhece, estraga nossos hormônios e nossa fertilidade, causa acne e queda de cabelo, impacta em nossa energia e nos deixa mal-humoradas. E ainda assim não conseguimos parar de consumi-lo.

Em 2019, comecei a usar sensor contínuo de glicose, um dispositivo que acompanha os níveis de açúcar no sangue ao longo do dia, para me ajudar a entender que alimentos impactam em meu açúcar em tempo real. Eis o que eu aprendi.

Café com leite de aveia como primeira refeição do dia: sobe 50.

Café com leite de aveia como primeira refeição do dia em um copo para viagem seguido de uma caminhada: sobe 25.

Shake matinal inspirado em um famoso guru de saúde: sobe 50.
Bolo de chocolate: sobe 70.

Mas isso não foi tão surpreendente quanto comer carboidratos! Esse tempo todo, eu achava que meus níveis de glicose estavam ligados somente a açúcar, mas os carboidratos processados (bem comuns em uma dieta vegana) impactaram ainda mais minha glicose.

Minha torrada preferida de pão de fermentação natural com abobrinha e pesto de manjericão: sobe 80 #coraçãopartido.

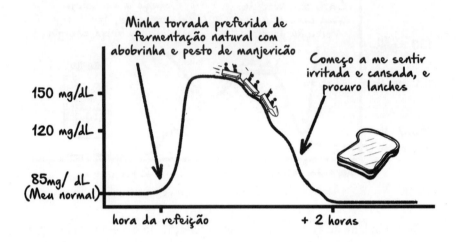

A mesma torrada com um ovo e abacate: sobe 54.

Mingau de aveia: sobe 70.
Macarrão: sobe 80.
Macarrão à bolonhesa: sobe 40.

Depois de dois anos usando o sensor de glicose, meu amigo Billy chegou até mim e disse: "Você precisa conhecer minha amiga Jessie Inchauspé. Ela também usa um." Procurei por ela e imediatamente me senti compreendida, e me apaixonei pela missão dela. Agora Jessie é conhecida como a Deusa da Glicose, e é uma sensação mundial, com mais de 2,5 milhões de seguidores e ainda crescendo tão rápido quanto um pico de glicose após comer brigadeiro!

Ela foi gentil o suficiente para dividir sua experiência no meu desafio *Fit as F*ck* e ensinar as pessoas sobre o que a glicose faz com o corpo. Na época, no entanto, ela era apenas uma pessoa comum passando pelos mesmos problemas que eu e compartilhando suas descobertas para que todos pudessem aprender com suas experiências. E sou muito, muito grata, porque isso abriu meus olhos para os enormes erros que eu estava cometendo havia anos sobre o que eu pensava ser uma alimentação saudável.

Aqui está o que você precisa saber sobre lidar com o papel da glicose em sua jornada de biohacking. Vamos falar sobre o que é a glicose, como ela funciona e por que os picos de glicose são prejudiciais, além de truques simples e práticos para controlá-los.

O que são picos de glicose e por que eu deveria me importar?

Sempre que você come alguma coisa açucarada ou rica em amido (carboidratos), seu nível de açúcar no sangue pode aumentar rapidamente. Isso é chamado de "pico de glicose". Os picos de glicose são completamente normais e não são naturalmente prejudiciais; na verdade, eles fornecem energia imediata.

Por muito tempo, a comunidade médica e científica pensou que apenas os diabéticos deveriam se preocupar com seus níveis de glicose. Mas novos estudos mostram que a grande maioria (quase 90%) da população tem picos de glicose não saudáveis diariamente. Por quê? Porque nós, como sociedade, consumimos muitos carboidratos e açúcar, bebemos muitas de nossas calorias (como sucos, cafés com leite e refrigerantes) e levamos estilos de vida em grande parte sedentários, e os picos de glicose se tornam mais frequentes e prevalentes.

Não gerenciados, eles podem causar baixa de energia, envelhecer sua pele, perturbar seus hormônios e fazer você ganhar peso — principalmente na região abdominal.

Além disso, quando sua insulina está alta, sua capacidade de queimar células de gordura é desligada. Mesmo que amemos nossas células de gordura e tenhamos feito as pazes com elas, sua capacidade natural de perder peso é bloqueada quando seus níveis de insulina estão muito elevados.

Para as mulheres, há uma camada adicional de complexidade, já que as flutuações nos níveis de açúcar no sangue também podem afetar o ciclo menstrual, potencialmente levando a períodos irregulares e problemas de fertilidade. É por isso que entender e gerenciar os picos de glicose não se trata apenas de evitar a baixa de energia imediatamente posterior, mas também de manter a harmonia hormonal e proteger contra problemas de saúde crônicos como SOP (síndrome dos ovários policísticos) ou resistência à insulina.

Como você se sente?

Como você sabe quando está acontecendo um pico de glicose? Uma maneira certa, é claro, é usar um sensor. Mas você não precisa usar um dispositivo especial para saber se está experimentando um pico de glicose — apenas preste atenção a como seu corpo se sente. Se de repente você se sentir cansada, com sede, com falta de ar, ansiosa, irritada de fome, nauseada, ou se estiver com a boca seca ou sentir vontade de ir ao banheiro com mais frequência do que o habitual, pode ser um sinal de que seu nível de açúcar no sangue subiu. Alguns sintomas que você pode experimentar se estiver em uma montanha--russa de glicose incluem:

- Sentir-se cansada durante o dia todo.

- Ter desejos intensos por alimentos doces ou qualquer tipo de porcaria que estiver por perto. (Quanto mais picos de glicose você tiver, mais baixas ocorrerão, e então você vai desejar mais doces porque seu corpo está procurando energia rápida. É um ciclo vicioso.) Aquela baixa de energia das 15h é uma maneira certa de saber.

- Problemas com seus hormônios que se manifestam em sintomas como SOP — síndrome dos ovários policísticos (frequentemente chamada de diabetes dos ovários), infertilidade, acne, ciclo menstrual irregular, sono ruim e até queda de cabelo.

Durante um pico de glicose, a primeira coisa que acontece em seu corpo é que as mitocôndrias, a usina de energia de suas células, ficam estressadas e sobrecarregadas, o que causa a liberação de radicais livres. Em outras palavras, suas células são privadas de energia.

O segundo grande problema com os picos de glicose é que eles aceleram o processo natural de envelhecimento, chamado glicação.

Glicação

Em seu livro *Glucose Revolution*, Jessie Inchauspé explica que a glicação é o processo pelo qual seu corpo fica marrom por dentro, assim como uma fatia de pão na torradeira. Imagine que você nasceu como uma fatia de pão branco comum. Quando você coloca essa fatia de pão em uma torradeira, ela vai ficando cada vez mais marrom até finalmente queimar.

É a mesma coisa com o interior de seu corpo. Quando você tem muito açúcar no organismo, isso causa uma glicação excessiva, que leva a rugas, radicais livres e estresse oxidativo. Assim como a torrada, à medida que ficamos "mais dourados" por dentro, não podemos voltar a ser uma fatia de pão. "Você não pode destorrar a torrada", como se diz.

Quanto mais glicose houver em seu corpo, mais glicação ocorrerá, e, portanto, mais envelhecimento. Nossos corpos precisam dar um jeito de remover esse excesso de glicose para evitar isso. Nosso pâncreas libera insulina, que armazena a glicose na forma de glicogênio — primeiro em nossas células, depois no fígado, depois nos músculos. Finalmente, se ainda houver muita glicose circulando, ela é armazenada em nossas células de gordura. Então, ao ficar mais gordo, seu corpo na verdade está te protegendo de queimar por dentro! (Apenas mais uma razão para enviar um pouco de amor para essas células de gordura.)

Índice glicêmico

Para comparar o impacto de diferentes alimentos nos níveis de glicose no sangue, podemos usar o índice glicêmico para calcular a carga glicêmica de um alimento. O índice glicêmico (IG) mede a velocidade com a qual um alimento contendo carboidratos aumenta seu nível de açúcar no sangue.

Alimentos com IG alto são rapidamente absorvidos pelo organismo e podem causar um aumento acelerado nos níveis de glicose, ao passo que alimentos com IG baixo são decompostos mais lentamente, o que leva a um aumento mais lento e sustentado nos níveis de açúcar no sangue.

Alimentos com alto índice glicêmico incluem itens como pão branco ou qualquer coisa com farinha branca ou milho, bolos, doces, biscoitos, vegetais ricos em amido como batatas, sucos, bebidas energéticas, frutas secas ou enlatadas, assim como tâmaras e uvas-passas.

Os truques da glicose

Mas veja bem, isso não significa que você precisa abrir mão de carboidratos e açúcar completamente. Mais adiante, vou compartilhar alguns de meus truques favoritos de glicose, incluindo alguns que Jessie compartilha em *Glucose Revolution*. E sabe qual é a melhor parte? Quanto mais você os usar, menos picos de glicose terá, o que significa que você acabará desejando menos açúcar e carboidratos!

Isso não significa que você não sentirá vontade de comer nada assim; significa que o desejo virá de um lugar de "Acho que quero um croissant hoje" em vez de "Preciso de um croissant porque sinto que estou morrendo, e vou acabar com qualquer pessoa que agora esteja entre mim e a cozinha".

Coma os alimentos na ordem certa

Uma maneira de ajudar a reduzir os picos de glicose é, em vez de restringir os carboidratos (ou seja, *o que* você come) como uma "dieta" exigiria que você fizesse, simplesmente mudar a ordem em que come seus alimentos. *Comece com fibras (vegetais), depois proteínas e gorduras, depois carboidratos (amidos) e termine com açúcar.*

É isso. Você não precisa esperar meia hora ou comer todas as suas refeições separadamente. Não é necessário sequer fazer um sacrifício aos deuses do biohacking para prevenir um pico de glicose.

Deixe-me explicar. Aqui está o que poderia ser um desjejum típico para mim: abacate, alguns talos de aspargos, algumas fatias de salmão defumado ou alguns ovos e uma fatia de torrada. Então, nesse café da manhã, eu faria o seguinte:

Eu como as fibras primeiro: começo com vegetais, tais como abacate, aspargos ou folhas verdes.

Em segundo lugar, proteínas: a seguir, vêm os ovos, bacon ou salmão.

Termino com os amidos: é aqui que eu comeria a torrada, se eu fosse comer alguma. Aqui também é o lugar de comer uma fruta inteira. Garanta que qualquer carboidrato — amido ou açúcar (mesmo se contiverem muitas fibras, como maçã) — seja comido por último!

Agora, isso não significa que você não possa misturar sua comida. Eu costumo começar com vegetais nas primeiras poucas mordidas, quase como um aperitivo. Depois, acrescento meus ovos e salmão à mistura. Após terminar a maior parte do prato, começo a mordiscar a torrada.

Coma os vegetais primeiro

Lembro-me de quando eu era criança e não queria terminar o jantar. Minha mãe sempre dizia "Coma alguns vegetais e carne primeiro, depois você come o resto." Minha mãe sabia que eu só queria comer o resto (batatas). Mas acontece que minha mãe tinha razão (como de costume). Comer as fibras (ou seja, os vegetais) primeiro pode ter benefícios imensos para a saúde.

Vegetais são cheios de fibras que seu corpo não consegue absorver ou quebrar.

Pense na fibra como uma esponja. Quando você come os vegetais primeiro, eles retardam a absorção da glicose em seu aparelho digestivo absorvendo a maior parte dela. A fibra também é como uma escova de limpeza, que limpa bactérias e outros acúmulos para que você tenha um intestino mais saudável e possivelmente reduza o risco do supercrescimento bacteriano do intestino delgado (SCBID) ou câncer.

Gosto de beliscar cenoura e aipo enquanto cozinho, desse modo introduzindo um pouco de fibra em meu organismo antes mesmo de sentar para comer. Algumas outras ideias de aperitivos ricos em fibras podem incluir:

- Vegetais crus fatiados: pepino, abobrinha (e, é claro, cenoura e aipo).

- Azeitonas.

- Alcachofra grelhada ou assada com molho de limão e azeite.

- Vegetais crucíferos como couve-flor, brócolis e couve-de-bruxelas.

- Kimchi ou picles.

As gorduras e as proteínas em segundo lugar

Depois de comer alguns vegetais, coma as gorduras e as proteínas em seguida. A proteína é encontrada em carnes, peixes, ovos e laticínios, enquanto a gordura é encontrada em coco ou azeite, manteiga e abacate. Devido a seu baixo índice glicêmico (o que significa que são baixos em açúcares), as proteínas e as gorduras podem ser digeridas sem serem afetadas por um aumento repentino na insulina, pois não desencadeiam uma resposta alta de insulina. Assim como a fibra, elas também retardam a absorção, o que fará com que você se sinta mais saciada por mais tempo e reduzirá os níveis de glicose.

Termine com carboidratos e açúcar

Por fim, sempre consuma os carboidratos (ou seja, amidos e açúcares) por último. O provável é que você já esteja quase plena e saciada quando chegar a eles, o que significa que poderá se sentir satisfeita sem precisar consumir uma grande quantidade de carboidratos. Consumi-los por último reduz os níveis de glicose em 75%, o que diminui significativamente o processo de envelhecimento e ganho de peso!

Este pequeno truque de vegetais-proteínas-carboidratos (VPC) pode mudar completamente o jogo para seus níveis de açúcar no sangue, mantendo os desejos sob controle e mantendo você satisfeita por mais tempo. Além disso, seu sistema digestivo vai adorar.

E a melhor parte: você notou que nada foi cortado de sua dieta e que não houve contagem de calorias? Você pode dizer adeus aos tempos de abandonar seus prazeres favoritos ou se lamentar na culpa persistente que vinha depois. Tudo se resume a biohacking inteligente e sem estresse.

> Aqui está um biohack. Você pode ter ouvido falar que esfriar arroz cozido (ou outros alimentos com amido) e reaquecer o prato mais tarde o transforma de "carboidrato simples" em um "carboidrato complexo". Isso não está exatamente correto, mas esfriar arroz (ou macarrão ou batata) aumenta seu teor de amido resistente, então ele não será digerido e absorvido tão rápido. Lembre-se de que essa é uma coisa boa no biohacking. Amido resistente age de maneira similar à fibra alimentar em seu corpo. Ele "resiste" à digestão no intestino delgado e avança para o intestino grosso, onde pode agir como alimento para as bactérias intestinais benéficas. Então, apesar de a estrutura básica de amido no arroz não mudar, esfriá-lo e depois reaquecê-lo ajuda na taxa de açúcar do sangue.

Coma calorias verdes antes de todas as suas refeições

Contar calorias é uma coisa muito antiquada, e as pesquisas mostram que uma caloria não é igual à outra. As calorias em um alimento não dizem nada sobre do que a comida é feita ou o que ela faz com seu corpo — como, por exemplo, se ela está criando um pico de glicose ou não. Cem calorias de brócolis e cem calorias de chocolate são completamente diferentes. Você pode comer mais calorias do que alguém e perder mais peso do que a outra pessoa se você estiver comendo de uma maneira que não cause picos em seus níveis de glicose. Acrescentar verdes extras antes de cada refeição vai ajudá-la a se sentir mais saciada por mais tempo, a reduzir seu apetite e baixar os níveis de glicose.

Por exemplo, digamos que você e sua amiga estão comendo massa, mas você consumiu uma salada de 200 calorias antes. Tecnicamente, você consumiu mais calorias que ela, mas é provável que você alcance seus objetivos fitness mais rapidamente porque a fibra extra antes do jantar mudará a maneira como seu organismo digere e processa a massa.

Escrevo isto no momento em que estou prestes a sair de casa para encontrar uma amiga para o almoço. Sei que vamos comer pizza, então estou prestes a usar um pequeno truque que tenho seguido e que me tem sido muito útil para aproveitar minha vida e me deliciar com carboidratos.

É óbvio que comer carboidratos, principalmente dos tipos presentes em uma pizza, me levaria a um pico enorme de glicose. Antes de sair de casa (ou no restaurante, se essa for uma opção), comerei uma salada para fornecer uma base de fibra. Costumo acrescentar algumas cenouras ou azeitonas para aumentar o teor de fibra. Você também pode acrescentar um pouco de vinagre de maçã com azeite de oliva à salada, ou bebê-lo com um pouco de água para facilitar a ingestão. Com apenas um pouco de fibra antes, você pode comer qualquer amido que quiser sem ter um pico de glicose horrível. A única coisa a se lembrar é que você tem uma janela de duas horas após comer a fibra para desfrutar desses carboidratos ou açúcares.

Vinagre de maçã — o elixir mágico

Então, o que acontece quando você não quer comer vegetais e tem vontade de atacar aquele bolo de chocolate maravilhoso às quatro da tarde? Bem, você pode tomar uma colher de sopa de vinagre de maçã diluída em um copo de água. Essa é uma técnica excelente que eu uso todos os dias para reduzir os picos de glicose. Em um copo grande de água, adicione uma ou duas colheres de sopa de vinagre de maçã (certifique-se de que é orgânico e filtrado), mexa, tome e se delicie.

O vinagre de maçã reduz os picos de glicose em até 30%. Ele pode ajudar na perda de peso promovendo a sensação de saciedade, diminuindo o apetite e auxiliando na redução de gorduras.

Além disso, o vinagre de maçã contém ácido acético, que auxilia na digestão. Parece contraditório, mas se você sofre de refluxo ácido, indigestão, azia ou qualquer um desses problemas digestivos, é muito provável que seu corpo esteja muito alcalino. Experimente o vinagre de maçã antes de sua refeição e veja como se sente. Quanto mais ácido for seu trato digestivo, mais eficaz será a forma como os minerais, nutrientes e (especialmente importante para as mulheres) o cálcio são absorvidos.

O vinagre de maçã também ajuda na retenção de potássio, um mineral poderoso em nosso corpo. Além disso, o vinagre de maçã tem propriedades antimicrobianas e pode impedir o crescimento de bactérias nocivas, como a *E. coli*.

O vinagre de maçã é como Beyoncé, Taylor Swift, Selena Gomez e Eleanor Roosevelt todas juntas em uma só. Ele pode fazer quase tudo o que uma mulher moderna poderia querer para seu corpo (também ajuda na acne e dá brilho ao cabelo!), mas não é uma descoberta nova; ele esteve debaixo de nosso nariz e em nossas despensas por anos.

Isso significa que você deveria tomar vinagre de maçã em cada refeição, já que parece ser uma cura mágica para tudo? Você gostaria que Eleanor Roosevelt estivesse sentada a sua frente em todas as refeições? Quero dizer, ela é incrível, mas em algum momento você poderia querer falar sobre algo que não fosse a luta pelos direitos humanos nas décadas de 1930 e 1940. Esse é um assunto importante? Sem dúvida. Mas provavelmente é mais impactante em doses estratégicas.

Lembre: o exagero de uma coisa boa não é uma coisa boa. O vinagre de maçã é altamente ácido; consumi-lo puro ou em grandes quantidades pode corroer o esmalte dos dentes ao longo do tempo. (Você pode evitar isso sempre diluindo o vinagre de maçã em um copo de água, bebendo com um canudo, enxaguando a boca com água depois, ou tomando na forma de comprimido. Beber muito vinagre de maçã também pode levar à irritação ou dano no esôfago ou causar outros problemas como desconforto estomacal, inchaço ou diarreia, principalmente quando tomado em grandes quantidades.

Eu sei que algumas de minhas alunas não conseguem tomar vinagre de maçã, pois ele as faz engasgar. Tenho que dizer que a menos que o vinagre de maçã seja orgânico e esteja com a "mãe" (que é uma película gelatinosa que se forma a partir da mistura de fermento e boas bactérias resultantes do processo de fermentação), também considero difícil de beber. Mas lembre-se: se você não consegue engolir, não tome. Eu acredito na inteligência de seu corpo, e se ele disser "Eu não quero", não force. Ele sabe o que é melhor.

Ordem certa durante o dia

O desjejum tem alguns dos alimentos mais culturalmente condicionados que existem. Quando estou em minha casa em Bali, os moradores locais comem arroz no café da manhã. Na Polônia, meus pais começam o dia com um sanduíche de queijo com presunto; em Los Angeles, parece que todos tomam um smoothie! Estou escrevendo este capítulo sentada em um café em

Paris, e o garçom acabou de me perguntar: "Gostaria de um croissant francês ou um café da manhã americano com ovos e linguiça?"

Eu sei o quanto é difícil criar uma nova rotina de desjejum. É difícil mudar nossos hábitos alimentares, mas o café da manhã é especialmente difícil por algum motivo. Talvez você odeie ovos ou adore smoothies; nesse caso, não irá gostar do que estou prestes a dizer, que é uma de minhas poucas regras rígidas e imutáveis: seu café da manhã precisa ser salgado (ou seja, não doce).

Sei que prometi que você não teria que se despedir de seus alimentos favoritos, e eu não estava mentindo. Quando se trata de mingau de aveia, bolos, panquecas e donuts, você ainda pode comê-los — apenas não no café da manhã. Como sobremesa mais tarde? Vá em frente. Mas eles não farão bem logo na primeira refeição do dia.

Sempre comece seu dia com um café da manhã salgado

Pense em duas irmãs; vamos chamá-las de Annabelle e Kate. As duas irmãs comem a mesma comida ao longo do dia: iogurte com granola, torrada de abacate, ovos, bife, vegetais e pão. Tudo é parecido, salvo que elas se alimentam de forma diferente.

Kate começa o dia com um café com leite de aveia, seguido de iogurte com granola e fruta no desjejum. Ela come uma torrada de abacate com ovos e uma salada no almoço, depois finaliza com um bife com legumes no jantar. Kate se alimenta de uma versão muito saudável de uma dieta americana padrão: café da manhã doce, almoço leve e jantar com muita proteína.

Annabelle, por outro lado, começa seu dia com ovos, abacate e uma salada (depois de jejuar de acordo com seu ciclo menstrual, que você também vai aprender!). Ela então toma um café com leite de aveia. No almoço, come bife com legumes seguido de iogurte com granola e uma fruta de sobremesa. No jantar, Annabelle sai com os amigos e come macarrão com frango. Tecnicamente, Annabelle comeu uma refeição extra.

Qual delas terá mais energia e perderá peso mais rápido? Bem, aqui está a parte doida: embora Annabelle tenha consumido mais calorias, ela vai perder peso mais rápido, ter mais energia ao longo do dia e se sentir melhor do que Kate em geral.

Por quê? Bem, sobretudo porque ela comeu seus alimentos na ordem certa ao longo do dia, principalmente começando com um café da manhã com uma elevada dose de proteína.

O horário do café da manhã é quando nós literalmente *"quebramos nosso jejum"*. Sempre que você quebra um jejum, os açúcares de seu sangue (quer dizer, níveis de glicose) vão naturalmente aumentar. Você quer garantir que eles aumentem de uma maneira equilibrada e controlada em vez de causar um pico imenso (e uma baixa subsequente) em seus níveis de glicose.

Depois de um longo período sem se alimentar (como durante a noite), seu corpo está pronto para a largada, esperando você começar a comer. Ele está naturalmente mais sensível a insulina. Sabe quando você gosta de começar sua manhã devagar com alguns mantras suaves ao fundo em vez de rock pesado ou terapia do grito? É assim, só que com suas entranhas e açúcar.

Se você começar seu dia com carboidratos simples e processados (como leite de aveia), a glicose vai subir aos céus como o Burj Khalifa em Dubai. Já foi dito que você sempre deve começar as refeições com fibras, mas isso vale mais ainda para o café da manhã. As fibras são como uma esponja ou uma rede de malha que pega a glicose e evita que ela atinja seu estômago.

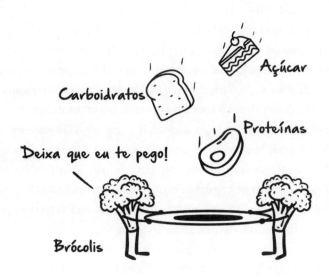

É por isso que consumir proteínas e gorduras, além de muitas fibras, no café da manhã é uma estratégia fantástica para quebrar o jejum. Isso auxilia no controle do açúcar no sangue, apoia a saúde intestinal, facilita uma mudança mais rápida para o estado de queima de gordura e ajuda a manter o equilíbrio hormonal. É um ponto positivo em vários níveis! Apenas lembre-se de variar suas fontes de fibras vegetais para alimentar diferentes tipos de bactérias benéficas em seu intestino.

Quando seu café da manhã é doce, isso resulta em picos enormes de glicose que vão tornar muito difícil para seu corpo entrar no modo de queima de gordura, porque eles vão desencadear mais produção de insulina.

Um café da manhã salgado (pense em ovos, proteínas, nozes, abacates ou outras gorduras boas) que é baixo em açúcar permitirá que você evite esse pico de glicose! Se você tiver um grande pico de glicose no desjejum, seu dia inteiro seguirá essa montanha-russa de glicose, e você irá ansiar por açúcar a cada duas horas, para manter esse pico e evitar a queda inevitável por mais um tempinho. Manter os níveis de glicose estáveis impede os desejos desesperados, além de melhorar sua energia, regular seus hormônios e preparar seu corpo para uma saúde melhor a longo prazo, evitando doenças como diabetes.

Olhe, eu sei que um café com leite ou um cappuccino são as únicas coisas que você não odeia em seu trajeto matinal. Eu entendo, e juro que não estaria pedindo isso se não soubesse que uma bebida assim com o estômago vazio está preparando você para um pico de glicose e baixa enormes. Se você *realmente* só quer o café, experimente trocar o açúcar comum por um adoçante sem carboidrato, como aquele à base de fruta-dos-monges, que não aumenta sua glicose no sangue.

É o seguinte: que tal fazermos um acordo? Você concorda em experimentar alguns dos truques que discutimos, e eu concordo em não dizer "Eu te disse" quando você se sentir com muito mais energia durante o resto de seu dia.

P.S.: Ainda não está pronta para se divorciar de seu café com leite de aveia logo de manhã? Adicione peptídeos de colágeno sem sabor (proteína) e uma gota de óleo TCM (gordura boa) para reduzir o pico de glicose.

Alimentos de café da manhã que nunca deveriam ser café da manhã

A América do Norte entendeu tudo ao contrário. Somos bombardeados com opções de café da manhã doce que nos preparam para comer mais petiscos ao longo do dia. Aqui estão alguns alimentos de café da manhã que não deveriam ser café da manhã, apesar do marketing:

- **Cereais açucarados e granola:** Muitos cereais matinais são ricos em açúcares adicionados e pobres em fibras e proteínas.

- **Itens de padaria:** Donuts, croissants e muffins muitas vezes são ricos em açúcar, farinha processada e gorduras não saudáveis como as gorduras trans, que são particularmente prejudiciais para a saúde do coração.

- **Sanduíches de café da manhã ou burritos pré-embalados:** Podem ser ricos em sódio e gorduras não saudáveis e frequentemente contêm carnes processadas.

- **Todas as combinações de açúcar e farinha:** Biscoitos, sanduíches de café da manhã (em geral preparados com carnes frias, ovos e queijo), panquecas, rabanadas, crepes, waffles etc. Por favor, evite esses itens, especialmente quando estiverem cobertos com açúcar processado como xarope de milho com alto teor de frutose.

- **Bebidas açucaradas:** Bebidas pré-embaladas e cafés aromatizados podem ser carregados de açúcares adicionados. Desculpe, latte de caramelo salgado do Starbucks. Você é delicioso e eu te respeito por isso, mas você não merece ser a primeira coisa que eu coloco em minha boca pela manhã.

- **Iogurtes com sabor, sem gordura:** São ou cheios de açúcar ou adoçantes artificiais e emulsificantes para compensar a completa falta de sabor que os alimentos sem gordura têm.

- **Smoothies e sucos de frutas:** Embora eu concorde que o valor nutricional dos smoothies seja muito bom, qualquer tipo de combinação de frutas, quando misturada com leite e possivelmente adoçado com açúcar ou mel, irá lhe causar um pico de glicose gigantesco. Sou totalmente a favor de smoothies, mas como sobremesa.

Em vez desses impostores de café da manhã, uma alternativa melhor seria consumir um desjejum salgado contendo proteína, e iniciar o dia com alguns legumes para fornecer fibras. Pense em linhas assim:

- Um abacate fatiado coberto com bacon (de animais criados livremente) crocante e esfarelado e uma pitada de sal marinho.

- Ovos cozidos com salmão selvagem.

- Omelete de claras de ovos com cogumelos.

- Muffins de ovos feitos em casa.

- "Macarrão" de abobrinha com pesto e ovos cozidos

- Tigela de smoothie salgado como o meu preferido, de chocolate com abacate.

Coma sobremesa como sobremesa

Outra regra da glicose é que a sobremesa deve permanecer como sobremesa mesmo, e não se tornar um lanche antes de dormir. Antigamente, eu costumava jantar ou almoçar e esperar algumas horas para comer minha torta de limão ou torta de maçã preferidas como uma refeição separada. Isso era *terrível* para minha glicose. Acontece que é melhor consumir esse doce no final de uma refeição do que esperar duas ou três horas antes de ingerir algo açucarado. Se você comer sua sobremesa sozinha, adivinhe o que vai acontecer. Isso mesmo. Agora você já pode dizer comigo: isso causará um pico de glicose, e picos de glicose levam a... (espere...) *mais desejos ainda*!

Quero acrescentar que esse momento de fim de refeição também é o melhor momento para comer frutas, se você quiser. Embora as frutas tenham alguns nutrientes benéficos, ainda assim elas contêm frutose e vão aumentar sua glicose. As frutas inteiras contêm fibras, então a fibra ajudará seu corpo a processar a glicose mais lentamente do que beber suco de frutas, mas ainda assim você deve tratá-las como sobremesa e consumi-las no final de sua refeição.

É curioso: se você consumir frutose, seu corpo não conseguirá armazená-la em nenhum lugar exceto em suas células de gordura, o que desmente o mito de que a gordura dos alimentos faz você engordar. Não é comer gordura que faz você engordar, é a frutose e a incapacidade de seu corpo de armazená-la em qualquer lugar além das células de gordura. A frutose é encontrada em muitos alimentos processados, como sucos de frutas, molhos, refrigerantes, xarope de milho com alto teor de frutose, molhos para salada e frutos secos.

Quando estamos fazendo exercícios, nosso corpo consome primeiro o armazenamento do fígado e dos músculos, e quando isso acaba, ele passa para as células de gordura. Mas esse processo não pode acontecer se seus níveis de insulina estiverem muito altos porque as células ficam bloqueadas e não conseguem liberar a gordura. Para perder peso, você precisa manter seus níveis de glicose baixos e estáveis para que essas células de gordura possam se abrir e você possa queimar gordura. Caso contrário, você pode fazer exercícios o quanto quiser, e ainda assim não perderá peso. Sei que isso não é o que você queria ouvir, mas não culpe o mensageiro. Estou do *seu* lado, lembra?

Açúcar precisa de companhia

Agora, o açúcar é um encrenqueiro que não sabe se comportar em seu intestino, então nunca o mande desacompanhado. O que quero dizer com isso? Se eu comer minha torta de maçã favorita sozinha, minha glicose vai disparar loucamente. O mesmo acontece com uma torrada. Mas se eu comer minha torrada com abacate (gordura saudável) ou manteiga (que é básica, mas deliciosa), meu pico não será tão ruim porque o açúcar não está correndo solto em meu intestino. Isso significa que adicionar nozes a sua aveia, iogurte grego a seu bolo ou manteiga a seu doce pode ajudar de verdade seu corpo a processar o açúcar de forma mais eficaz. (Eu acabei de te encorajar a colocar *mais manteiga* em seu doce? Ora, sim. Sim, isso mesmo. Não precisa agradecer.)

Principais conclusões

✓ Flutuações constantes de açúcar no sangue podem impactar seus hormônios, potencialmente levando a problemas como SOP e resistência à insulina.

✓ É possível reconhecer os picos de glicose prestando atenção a sintomas como cansaço, desejos por doces e desequilíbrios hormonais.

✓ Picos de glicose estressam as células e aceleram o processo de envelhecimento através da glicação.

✓ O índice glicêmico (IG) mede a velocidade com que os alimentos com carboidratos elevam os níveis de açúcar no sangue.

✓ A frutose só pode ser armazenada em células de gordura, então controlar os níveis de glicose é crucial para a perda de peso.

✓ Coma os alimentos na ordem certa: comece com fibras (vegetais), depois proteínas e gorduras, e termine com carboidratos e açúcar.

✓ Coma calorias verdes antes de todas as refeições: consumir vegetais antes das refeições pode reduzir os desejos e diminuir os níveis de glicose.

✓ Vinagre de maçã: o vinagre de maçã pode reduzir picos de glicose em até 30% e ajudar na digestão, mas deve ser consumido com moderação.

✓ Ordem certa durante o dia: comece o dia com um café da manhã salgado e rico em proteínas para controlar os níveis de glicose e manter o equilíbrio hormonal.

✓ Sobremesa como sobremesa: consuma os doces como parte de uma refeição, não como um lanche isolado.

✓ O açúcar precisa de companhia: combinar açúcar com proteínas ou gorduras saudáveis pode ajudar o corpo a processá-lo de forma mais eficaz.

3

Como fazer jejum como a rainha que você é

Dicas e truques de jejum

Acho que eu não devia dizer isso, mas você pode ficar na não-tão-boa DAP (dieta americana padrão) e ainda ver as melhorias imensas a sua saúde apenas fazendo jejum! (Acredite se quiser.)

Além disso, comer o mesmo número de calorias dentro de um espaço mais curto de tempo pode levar à perda de peso, pura e simples. O jejum aumenta sua taxa metabólica em 3,6-14%, o que o ajuda a queimar mais calorias ao longo do dia sem ativar o modo pânico em seu corpo. É como fazer um pouco de ajuste ao motor de queima de calorias de seu organismo.

Quando era vegana, eu tomava meu primeiro café da manhã às 6h, quando eu acordava (torrada com manteiga de amêndoas e uma banana), outra fatia de torrada e um smoothie às 8h, depois do exercício físico, e então mingau de aveia às 11h. Isso mesmo — eu fazia três refeições antes do meio-dia. São mais cafés da manhã do que um hobbit. Por melhor que pareça, porém, o método do café da manhã triplo te mantém obcecada por comida, fraca e mal-humorada! Vamos tentar algo melhor, certo?

Microjejum: nada de lanchar!

Vamos começar devagar. Jejuar significa literalmente "ficar sem". Você pode ficar sem comida, redes sociais, pensamentos negativos e até mesmo seu ex tóxico. Em uma sociedade onde tudo o que fazemos é consumir constantemente (redes sociais, outro cappuccino, Netflix), a ideia de fazer jejum de alguma coisa é uma prática espiritual linda.

Agora, assim como uma calça jeans, fazer jejum não serve para todo o mundo (a não ser que você esteja em um romance mágico para jovens adultos sobre calças que viajam). Pode não ser bom para você, por exemplo, se você tiver um histórico de transtorno alimentar, estiver grávida ou passando por um momento particularmente estressante. Biohacking é sobre priorizar sua saúde, então é isso o que você precisa fazer agora.

No entanto, como sua melhor amiga do biohacking, eu amaria que você fizesse uma tentativa com "microjejuns". Eles, sim, são apropriados para todos. Microjejuns são simplesmente quando você dá a seu corpo pelo menos três horas de repouso entre colocar coisas na boca (além de chá puro e água).

"Aggie, eu mal tenho tempo de fazer xixi entre as reuniões da manhã, quanto mais de fazer uma refeição." Eu sei! Viu como é fácil? Há chances de você já fazer um ou dois microjejuns dentro de seu dia. Bom trabalho! Continue assim!

Há diversos planos de refeição fitness que sugerem comer até sete lanches por dia — simplesmente pegando um pequeno punhado de alguma coisa saudável sempre que você tem um momento livre para que seu corpo nunca alcance o ponto da fome. Mas um pouco de fome é bom. Mais adiante neste capítulo, vou te apresentar à leptina e à grelina, os dois hormônios que a fazem se sentir "faminta" e "satisfeita". Por ora, porém, eu adoraria que você desaprendesse de lanchar, se tiver esse hábito.

Quer saber uma coisa interessante? Lanchar ao longo do dia é uma invenção das empresas de comida processada dos anos 1980, em sua tentativa de aumentar seus mercados transformando o comportamento humano ao convencer as pessoas de que elas precisavam ter barras, salgadinhos, smoothies e lattes à mão para viver.

E nunca paramos de consumir. De um café da manhã matinal àquele *reel* do Instagram, você está bombardeando seu corpo de informações, comida e bebidas. Infelizmente, quando se trata de consumir lanches, não apenas esse consumo constante te leva a colocar para dentro mais calorias como também não dá descanso a seu intestino. Seu corpo precisa de cerca de duas horas para digerir uma refeição completamente, e se você começar a consumir calorias de novo durante esse tempo (sim, líquidos também), acaba por interromper esse processo.

Imagine um vagão (seu complexo mioelétrico migratório, ou CMM) transportando a comida do estômago para seu intestino grosso; isso leva cerca de uma hora e meia a duas horas. Cada vez que você come de novo durante esse espaço de tempo, o vagão precisa subir de volta pelo intestino, o que pode sobrecarregar seu corpo, e talvez seja a razão pela qual você fica inchada.

Praticar pelo menos dois microjejuns de três horas todo dia pode mudar radicalmente seus padrões de alimentação e como seu corpo responde a eles.

Ame o jejum

Minha amiga Jessica estava determinada a tentar fazer jejum, mas se frustrava com a falta de progresso. Como todos em Los Angeles, ela apreciava seu café com leite de aveia matinal. "E então não como nada até as 14h", ela me disse. "Mas eu simplesmente não vejo resultados. Fazer jejum é inútil."

Foi difícil dar a má notícia a Jessica: ela já tinha quebrado o jejum quando tomou aquele café com leite, e, nesse ponto, seria melhor que ela comesse um bom e velho café da manhã salgado. Você conhece o ditado: "Tome café da manhã como um rei, almoce como um príncipe e jante como um plebeu." Portanto, faça seu café da manhã valer a pena.

Em quatro meses, Jessica havia perdido 10 quilos, e recentemente ela me mandou uma mensagem: "Eu nunca soube que podia perder a gordura teimosa; sempre achei que eu seria uma garota grande. Treinei com os melhores instrutores. Nenhum deles me deu os resultados que o jejum da maneira certa deu. Sempre desejei um café da manhã com ovos e bacon, mas me culpava por isso porque eu via as outras garotas tomando smoothies, e elas pareciam ótimas. Mas eu sempre me senti inchada depois de smoothies. Sinto-me uma nova mulher graças ao jejum."

Como praticantes de biohacking, nós amamos jejum porque ele controla os hormônios, melhora a sensibilidade à insulina, aumenta o hormônio do crescimento (aquele que faz com que você pareça jovem como Jennifer Lopez), remove toxinas pela autofagia e reduz a inflamação.

Agora, vamos aos conselhos que as Rainhas do Biohacking seguem à risca:

Banqueteie-se

Pode parecer contraintuitivo, mas jejuar sem se banquetear é passar fome, o que é especialmente verdade para as mulheres porque nós com frequência nos esquecemos de que o exagero de uma coisa boa nem sempre é o melhor! A maioria das mulheres segue protocolos de jejum criados para os homens, e podem acabar tendo uma falha na menstruação, percebendo que seu cabelo está enfraquecendo, e então (compreensivelmente) chamando todo o negócio do jejum de enganação. Não é, mas você teria que saber como fazer jejum como uma mulher; e para uma mulher, em geral, menos é mais quando se trata de jejum. Vamos aprender como fazer jejum de acordo com nosso ciclo no Capítulo 6.

Ajuste e adapte

O jejum é um fator de estresse para seu corpo. É um fator positivo, mas ainda assim gera estresse. Se você não dorme o suficiente ou tem muitas demandas no trabalho, esforçar-se na academia de estômago vazio não fará com que se sinta segura, o que resultará em um pico de seu hormônio do estresse (cortisol), o que, por sua vez, fará você ganhar peso e se sentir nervosa e sobrecarregada. Nós queremos nos certificar de que você ajuste e adapte seu jejum todos os dias a suas circunstâncias, e às vezes a melhor maneira de fazer jejum é... não fazer.

Vá devagar

Quando escalei o Kilimanjaro, o pico mais alto da África, meu guia repetia *"polepole"* o tempo todo, o que significa "mais devagar" em suaíli. Com frequência, vejo minhas alunas aprenderem sobre os benefícios do jejum e então, no dia seguinte — sem nunca ter jejuado antes —, tentarem fazer jejum por 17 a 20 horas. *Por favor, não faça isso.* Sério, não faça. Se você é novata no jejum, tente atrasar seu café 20 minutos de manhã. Pronto. Faça isso dia sim, dia não, e pare sete dias antes de sua menstruação (ou o mais próximo que você puder se aproximar se seus ciclos não forem super-regulares). Então, jante mais cedo. De novo, não cinco horas mais cedo, apenas 20 minutos mais cedo. Você conseguirá jejuar por muito mais tempo mais rápido e sem sofrimento desnecessário. Tomar medidas extremas (e se sentir infeliz enquanto faz isso) logo de cara irá te desiludir com esse processo inteiro muuuuuiiiito rápido. *Polepole*, garota.

Tenha em mente que o momento é a chave

Como mulher, você não consegue ficar sem comida sempre. Você precisa fazer o jejum de acordo com seu ciclo para não atrapalhar seus hormônios. Também, um jantar mais cedo é melhor do que tomar um café da manhã super tarde. Uma boa regra de ouro para mim é que eu não como depois do pôr do sol ou menos do que três horas antes de ir dormir. A digestão vai atrapalhar a qualidade de seu sono, e o sono é nossa superferramenta anti-idade.

Quer uma cenoura?

Como você sabe se está com fome? Pode parecer uma pergunta idiota, mas a maioria de nós toma um desejo ou a desidratação como fome, e corre para a geladeira como se estivesse morrendo. Eu juro que você não está. Da próxima vez que se sentir pronta para comer, tente o teste da cenoura! Se alguém te entregasse uma linda cenoura, você a comeria? Se a resposta for sim, você estará com fome. Se a cenoura não lhe parecer tão atraente e tudo o que você quiser for uma bola de sorvete em vez dela, trata-se de um desejo compulsivo. Com desejos, você sente como se não tivesse controle. Eles são realmente acionados por nossa cabeça, motivados por pensamentos, sentimentos ou emoções. Você passa perto da padaria e precisa comer alguma coisa doce. Normalmente é um desejo por um sabor, como doce ou salgado, ou uma comida específica, como chocolate ou salgadinhos. Muitas mulheres equiparam alimentos açucarados ou ricos em amido como comidas reconfortantes se estão ansiosas, estressadas ou entediadas. Desejos descontrolados também podem ser um sinal de candidíase intestinal, uma queda de glicose ou uma dieta inadequada.

Quando você está *realmente* com fome, seu corpo libera um hormônio chamado grelina, que dá uma sensação de fome. É o hormônio do "me alimente", quando seu estômago ronca e você pode se sentir tonta ou irritada. Quando seu corpo libera a grelina, isso dá início a uma reação em cadeia que permite a entrada nas células de gordura para liberar um tanto da gordura armazenada lá dentro para obter energia. Se você não se permite ficar com fome, não permitirá que seu corpo gaste o estoque de gordura (explicarei isso em detalhes logo adiante).

Muitos especialistas ou biohackers dirão para você se exercitar 20 minutos depois dos primeiros sinais de fome para estimular a queima de gordura, e eu concordo totalmente. Alguma quantidade de fome faz bem para seu corpo contanto que você não vá ao ponto de ficar faminta.

Então aqui está a dica biohack: Quando começar a sentir *fome*, se você puder fazer uma rápida caminhada de 20 minutos, poderá potencializar sua capacidade de queima de gordura corporal. Da próxima vez que sentir um *desejo descontrolado*, beba água e coma gordura boa! Eu percebi que quando desejo açúcar, o que eu realmente preciso é de mais gordura boa como manteiga, azeite ou até mesmo chocolate em pó. Tente oferecer a seu corpo abacate e veja se ele não se acalma e permite que você libere o desejo.

O jejum não deveria ser como a morte

Eu estava parada na cozinha lavando a louça e escutando um podcast de Dave Asprey quando ouvi: "O jejum não deveria te dar a impressão de que você está morrendo."

"Uma ova", falei em voz alta, como a flor delicada que sou. Meu cérebro imediatamente começou a esbravejar com ele: "Acabei de tentar um jejum de 24 horas, e com cinco horas meu estômago estava doendo muuiiito, eu tive confusão mental e passei o dia inteiro de cama em um estado de tristeza profunda. Não consigo acreditar que as pessoas fazem jejum assim todo dia. Que vida terrível e infeliz."

Dave continuou: "Se você não consegue ficar mais de três ou quatro horas sem comida, isso significa que você não tem flexibilidade metabólica, e é um lindo feedback para você saber que sua dieta é péssima."

"Espere — isso parece razoável. Droga. Tudo bem, desculpe, Dave, retiro o que disse. E também, eu não tenho o quê? Flexibilidade metabólica? O que é isso? Estou tentando impedir meu metabolismo de distender? Isso soa doideira, mas mesmo assim... me conte mais."

Acontece que, na verdade, flexibilidade metabólica é algo que existe, e tem a ver com a maneira como nosso corpo queima energia.

Dois metabolismos são melhores do que um

Sabia que você tem não apenas um, mas dois metabolismos? E sabia que você pode trocar de um para o outro como uma maneira bem segura de ajudá-la a perder peso? "Como é que é?!" Pois é. Vamos falar um pouco de ciência agora, mas me escute, porque há alguns termos que eu preciso que se tornem seus melhores amigos como praticante de biohacking.

Imagine isto: nós estamos passando um tempo no jardim da casa, que é seu corpo. "Queimar" calorias seria você se dirigir à fogueira no fundo do jardim e colocar nela aquilo que se coloca na fogueira: lenha, galhos, e talvez algum papel para começar.

Se você tem, como eu disse, dois metabolismos diferentes, você pode funcionar em uma junção de dois combustíveis: carboidratos (carbos) e gorduras. Carbos são como os galhos que queimam rápido, ao passo que as gorduras são como a lenha que queima devagar. Quando você come muitos carbos, seu corpo os usa como a principal fonte de combustível. É como jogar um monte de galhos no fogo. Eles queimam rapidamente, fornecendo uma explosão de energia, mas isso não dura muito tempo. Você precisa continuar adicionando mais galhos para o fogo continuar. É assim que a maioria das pessoas vive: usando galhos para obter energia. Galhos são acessíveis, e seu corpo ama.

Cetose

Quando você faz jejum por mais de 17 horas, porém, seu corpo fica sem galhos. Isso também é verdade quando você reduz significativamente sua ingestão de carbos, ao fazer uma dieta low-carb ou cetogênica.

Nesse ponto, seu corpo começa a procurar uma fonte de combustível alternativa. Ele pensa: "Há lenhas lindas e grandes armazenadas que eu podia usar para energia, mas elas estão todas guardadas nas células de gordura, o que é um sofrimento." Então ele aproveita seu doce momento antes de pegá-las (cerca de 16 horas desde sua última refeição). Entretanto, no instante em que seu corpo começa a usar a lenha (cetonas) em vez de galhos, você está em cetose.

Adaptação à gordura

A cetose não é a mesma coisa que a adaptação à gordura. A cetose é o processo inicial em que seu organismo começa a produzir e usar cetonas como combustível. É como aprender a queimar lenha em vez de galhos para manter a fogueira acesa. Por outro lado, a adaptação à gordura é como se tornar um mestre em queimar lenha. Com o tempo, conforme seu corpo se torna mais eficiente em usar gorduras como combustível, ele se torna adaptado à gordura, o que significa que ele conhece tão bem o processo que não precisa de um longo tempo de preparação para entrar nesse modo. É como ter um bom estoque de madeira, que mantém o fogo aceso por bastante tempo sem precisar de reabastecimento constante.

Flexibilidade metabólica

A flexibilidade metabólica é sua habilidade de alternar entre queimar galhos (carbos) e queimar lenha (gordura). O que a ciência está descobrindo agora é que quanto mais você alternar entre esses dois metabolismos, mais fácil será para você queimar a gordura que parecia "impossível" de perder, se sentir com mais vigor e tornar seu corpo mais sensível à insulina (todas as coisas que desejamos).

Autofagia, a Marie Kondo de seu corpo

Conheça a autofagia, a Marie Kondo de seu corpo. Após 17 horas de jejum, quando seu organismo quer pegar a lenha, a autofagia vai até o porão (e se você é novata no jejum, essa é a primeira vez em muito tempo que o corpo faz muito de alguma coisa). Haverá bastante desordem ao longo do caminho porque faz anos que ninguém desce lá!

Imagine que suas células são como cômodos em uma casa. Com o tempo, as coisas começam a se acumular — proteínas gastas, partes disfuncionais e um monte de outros metais pesados "inúteis". É aí que a autofagia entra, e, assim como Marie Kondo, a estrela-de-TV-transformada-em-guru-da-limpeza, ela faz uma pergunta simples: "Isso traz alegria?"

Ela limpa a casa, arrumando tudo e jogando o lixo fora, pensando: "Este lixo está drenando minha energia; não quero mantê-lo aqui." Às vezes, ela decide dar uma nova vida a certas células, como uma boa calça jeans antiga, e encontra uma maneira de reutilizá-las e reciclá-las.

Apenas considere esse recurso incrível que você tem mantido todos esses anos, mas que, se você nunca fez jejum, nunca teve a chance de conhecer. A autofagia está ligada à longevidade, e é uma defesa natural contra doenças como câncer, infecções e doenças inflamatórias por causa de seu trabalho de limpeza, eliminação e reorganização intensas. Ela também melhora o desempenho muscular, aumenta a perda de peso e melhora o humor. Tudo isso para dizer que a autofagia deve ser sua nova melhor amiga (*além de mim*).

O que quebra um jejum

Se o jejum é tão importante, vamos dedicar um momento para pensar no que quebra um jejum. A resposta simples é qualquer tipo de comida sólida; bebidas que contêm calorias, como qualquer tipo de leite (sim, até mesmo leite de aveia, coco e amêndoa); água de coco; sucos; álcool; e a maioria das bebidas com café ou chá que contenham leite, açúcar, mel ou creme. Embora aleguem não ter calorias, bebidas diet cheias de adoçantes artificiais vão apenas prejudicar seu jejum porque enganam seu corpo fazendo-o pensar que você está consumindo açúcar. Seu corpo responderá ao açúcar artificial como se fosse açúcar normal e irá liberar as mesmas substâncias químicas em resposta. Isso significa que aqueles aditivos de sabor para água que são "zero caloria" não devem ser adicionados a sua água durante o jejum.

O que não quebra um jejum?

- **Água pura** não contém calorias e é crucial para manter o corpo hidratado, principalmente durante um jejum mais longo.

- **Café preto** (desde que não se adicione leite, açúcar ou creme) é aceitável, a menos que você esteja fazendo jejum por razões intestinais. Uma exceção é o café à prova de balas (café preto com manteiga e óleo TCM). Embora tecnicamente quebre o jejum porque tem calorias, ele a fará entrar em cetose e sentir menos fome. É um excelente truque de biohack para obter todos os benefícios do jejum sem sentir fome!

- **Vinagre de maçã** com uma gota de limão ao acordar é uma maneira fantástica de começar o dia, esteja você fazendo jejum ou não.

- **A maioria dos suplementos**, como vitaminas e minerais, não contém calorias e, portanto, normalmente não quebram o jejum.

Dica para amortecer

Sei que para minha mãe, que tem sessenta e cinco anos, fazer mudanças drásticas na dieta não soa muito entusiasmante. Ela não quer mudar em nada a forma como costuma começar seu dia. E também não quer abrir mão de sua xícara de café com leite de aveia e sanduíche.

Mas ela não precisa! Lembre-se de que isso não é preto ou branco.

Se você se identificou, por favor, tenha em mente que você também não precisa abrir mão de nada. Minhas sugestões são apenas alguns "amortecedores" do biohacking. Experimente-as por algumas semanas e veja como se sente:

1. Antes de tomar seu café, beba um copo de água com uma ou duas colheres de sopa de vinagre de maçã e um pouco de limão.

2. Tome seu café dez minutos mais tarde do que o habitual. Não mais que isso. Depois, adicione alguns peptídeos sem sabor de colágeno de animais alimentados com pasto e uma gota de óleo TCM a seu café. Prometo que você mal notará a presença deles; eles não alterarão o sabor e vão tornar seu café um pouco mais cremoso, mas a proteína e a gordura saudável serão uma maneira muito melhor de começar sua manhã, principalmente se você beber leite de aveia.

3. Adicione algumas "calorias verdes" (como vegetais extras) a seu sanduíche. Pode ser abacate, pepino ou brotos cultivados em casa. Na verdade, adicionar mais calorias verdes boas ajudará seus hormônios.

É isso. Você não está fazendo nenhuma mudança drástica — está apenas adicionando alguns "amortecedores" do biohacking que ajudarão a minimizar o impacto do que não é negociável no momento.

P.S.: Minha mãe perdeu 13 quilos nos últimos seis meses e continua perdendo com esses "amortecedores" do biohacking, então tem isso também!

Principais conclusões

✓ O jejum pode melhorar significativamente a saúde, mesmo sem mudanças alimentares, ao aumentar a taxa metabólica e promover a perda de peso através da restrição calórica em um período mais curto; entretanto, não é adequado a todas as mulheres.

✓ O microjejum, que envolve ficar sem comer por algumas horas, é uma prática excelente para a maioria das pessoas, pois ajuda na digestão e reduz a ingestão calórica.

✓ Tenha sempre em mente os conselhos que as Rainhas do Biohacking seguem à risca, pois eles lembram a importância de: banquetear-se (comer bem durante os períodos fora do jejum) e ajustar o jejum a suas circunstâncias do dia, começando devagar e considerando o momento em relação ao ciclo menstrual das mulheres.

✓ Compreender a diferença entre fome e desejos compulsivos é crucial no jejum; a fome genuína sinaliza a necessidade de comida, enquanto os desejos são muitas vezes motivados por emoções e podem ser mitigados com escolhas mais saudáveis como água ou gorduras boas.

✓ O jejum não deve ser sofrido ou exaustivo; trata-se de flexibilidade metabólica e encontrar um equilíbrio que funcione para condições de saúde e estilos de vida individuais, incluindo o uso de biohacks como amortecedores para uma adaptação gradual.

✓ A autofagia, que se assemelha ao método de limpeza de Marie Kondo, é um processo que começa após cerca de 17 horas de jejum. Ela age como uma limpeza profunda para as células de seu corpo, removendo proteínas antigas, componentes disfuncionais e metais pesados. Esse processo é benéfico para a longevidade, a prevenção de doenças, a melhoria do desempenho muscular, o aumento da perda de peso e a melhoria do humor.

✓ Consumir alimentos sólidos, bebidas que contêm calorias (incluindo alternativas ao leite, sucos e álcool) e bebidas com açúcar ou adoçantes artificiais pode quebrar o jejum. Água pura, café preto (sem aditivos) e vinagre de maçã com limão não quebram o jejum. Certos suplementos também não interferem no jejum.

✓ Dicas de amortecedores para facilitar o jejum: experimente biohacks simples como beber água com vinagre de maçã e limão antes de tomar café, atrasar a ingestão de café e adicionar peptídeos de colágeno e óleo TCM ao café. Essas pequenas mudanças podem minimizar o impacto dos alimentos não negociáveis e ajudar na perda de peso gradual.

NÍVEL 2

O QUE comer E O QUE NÃO comer

4

Comendo no mundo real

Você já sabe o "quando" (e não é tão ruim assim, certo? Odeio dizer "eu te disse", mas... brincadeira. Você está indo muito bem. Sigamos em frente!) Agora, vamos avançar para o próximo nível e ver o "o quê". Só depois de você se tornar fluente no Nível 1 chega a hora do Nível 2. É um pouco como aprender italiano na escola e se sentir muito bem com algumas poucas frases que você consegue usar na sala de aula, e então você vai para Roma e um garçom pergunta o que você gostaria de pedir e você entra em pânico!

Estamos nos tornando mais avançadas aqui, e vamos falar sobre macros, toxinas e muito mais; assim, se alguma dessas coisas for demais para você em algum momento, por favor, sinta-se livre para voltar ao Nível 1 e permanecer por lá um pouco mais até que se sinta mais confiante. Na verdade, não é vergonha nenhuma ficar lá para sempre. Sério mesmo.

Eu quero que comer ao estilo de vida Biohacking seja fácil de seguir e fácil de praticar porque as mudanças que a maioria das dietas traz normalmente são drásticas demais e não se encaixam naturalmente em seu ambiente, em sua cultura ou em sua vida familiar! Sejamos sinceras, quando uma pessoa está de dieta, de repente todos os outros da família também passam a fazer dieta, de uma maneira ou de outra, quer eles queiram, quer não. E se todos a sua volta se rebelarem abertamente contra qualquer nova dieta da moda que você esteja tentando, mais difícil será integrá-la perfeitamente a sua vida de uma maneira que reduza, em vez de aumentar, a quantidade de vezes em que você pensa em comida.

Vi minha mãe passar por muitos nutricionistas diferentes ao longo de minha infância, se prendendo a um plano rígido de refeições por algumas semanas, comendo separadamente de mim e de minha irmã, apenas para voltar a suas comidas preferidas que eram comuns a nossa cultura e a nossa família.

O plano de minha mãe não era se tornar a próxima Cindy Crawford (para mim, ela já era de qualquer maneira!); ela só queria se sentir um pouco melhor e mais leve em seu corpo. Porém, o fato de, a cada poucas semanas, começar uma dieta nova que envolvia restrições, estresse na preparação e ostracismo familiar apenas aumentava seu cortisol, o hormônio do estresse, o que a impedia de perder o peso do qual ela estava tentando se livrar ao implementar todas aquelas mudanças.

Introdução ao Nível 2

Quero que você imagine seu prato caseiro preferido da vida toda — aquele que você cresceu amando e com o qual sempre sonhava. Vamos, feche os olhos e tente se lembrar do cheiro, da textura, do gosto, da temperatura quando ele toca sua língua. Ele é quente e macio? Ou tão picante que faz seus olhos lacrimejarem? Meu prato preferido era macarrão frio com morangos, creme azedo e açúcar. Na verdade, até hoje eu como morangos com creme de coco todos os dias. Não quero viver uma existência sem morangos e creme. Não, obrigada. Hã-hã. Passo. Essa é uma de minhas grandes alegrias na vida.

Porém, todos os planos de dieta que eu já tentei não incluíam meu prato preferido de todos — o que não é nenhuma surpresa. Eu seguia um regime rigoroso apenas para desistir de tudo extremamente infeliz mais cedo ou mais tarde. Porque o que é a vida sem seus alimentos preferidos?

Agora, vamos voltar a seu prato favorito. Qual é ele? Tiramisu? Torta de maçã? Macarrão? E se eu te dissesse que você pode comer seus pratos favoritos — suas comidas reconfortantes e seus básicos essenciais — quase todos os dias e ainda assim perder peso... desde que siga minhas preferências abaixo? Não é pensamento positivo; eu tenho a ciência para provar isso.

Comendo ao estilo de Vida Biohacking

O estilo de vida de alimentação biohacking é baseado em um princípio simples: você merece o melhor na vida e ponto-final. Como mulheres, somos programadas pela sociedade para aceitar, entregar, ceder. Chega disso.

Se você é como eu, odeia com todas as forças que te mandem fazer qualquer coisa. Então, só o que vou te dizer para fazer é: ouça a si mesma.

Apenas ouça a si mesma.

Reserve um tempo para se reconectar com seu Eu Superior, lembre-se de quem você é e aja (e coma) de acordo. Não parece ótimo? Esse estilo de vida é fácil de manter quando você está em movimento ou viajando (isso vem de alguém que fica longe de casa mais de 300 dias por ano!). É uma nova lente para enxergar a comida, não apenas uma dieta da moda que será esquecida no próximo mês. Eu e você temos histórias completamente diferentes de onde moramos e para onde viajamos, de qual água bebemos, de quem beijamos e com quais animais ou bichos de estimação tivemos contato. Adicione isso a nosso DNA único (que prevê como metabolizamos gordura saturada, café, ou absorvemos certas vitaminas), e todas essas coisas interferirão em como funciona nosso intestino, com sua biosfera única (coincidentemente, compartilhamos apenas 10% de nosso DNA intestinal com outras pessoas), e qual dieta nos faria triunfar. Portanto, embora eu compartilhe com você o que a ciência diz, por favor, lembre-se de que você sabe o que é melhor para si mesma.

Por que eu chamo isso de preferências, não de princípios?

Eu e você não precisamos de mais regras.

Regras são estressantes, rígidas, não se encaixam em todas as pessoas, e, se você não cumprir alguma delas, vai se sentir como se algo estivesse errado com você. Não está! Você está vivendo no século 21, e comer comida de verdade é muito difícil, está bem? Quero acabar com o conceito de "comer algo errado". Lembre-se de eu quero que você seja tanto uma bio*hacker* *quanto* uma bio*desleixada*. Na verdade, em minha própria vida, quando eu como algo que não está alinhado com minhas preferências, digo a mim mesma: "Aggie, a biodesleixada apareceu. Boa sorte, fígado", e dou uma risada.

Além disso, lembre-se de que "preferências" sugerem que sempre tenho liberdade para escolher. Não se aprisione com mais uma regra que alguém apresentou a você, mesmo que tenha sido eu.

Por exemplo, se eu puder escolher entre pão branco ou algum pão caseiro de fermentação natural de trigo einkorn, prefiro o último. Mas, também, às vezes não temos opções. Você pode ter que escolher entre pão processado ou comida nenhuma.

A maioria dos homens biohackers diria que você deve pular a refeição e fazer jejum. Mas, como mulher, sei que isso pode potencialmente desencadear um efeito dominó de obsessão com a próxima refeição, a ortorexia ou "síndrome de realimentação", quando você come demais na refeição seguinte para compensar a que perdeu. Sempre prefiro comida de verdade, claro. Mas se não estiver disponível, eu simplesmente me adapto. Vou comer na ordem certa, tomar um pouco de vinagre de maçã e seguir com minha vida. Eu não existo para trabalhar para a comida; a comida existe para trabalhar para mim.

E, se eu for totalmente honesta (e sempre serei com você), nem sempre obedeço essas preferências, mesmo quando eu *tenho* escolha. Porém, este é meu ponto: não precisamos mesmo. Às vezes, é extremamente inconveniente para meus anfitriões. Às vezes, estou no modo biodesleixada e não me sinto motivada para fazer o melhor. Às vezes, só preciso de uma pausa de ser adulta e fazer tudo certo. Às vezes (digamos "todos os dias"), as pessoas assistem a meus *stories* online e dizem: "Aggie, como assim você come pizza? Isso não é biohacking!" Mas para mim, biohacking é ter conhecimento de todas as toxinas e, aí, ter a liberdade de escolher conscientemente. É ser capaz de transitar pelos vários desafios como uma dança. Não se trata de não viver sua vida, aterrorizada com o mundo real. Porque isso soa como uma prisão para mim.

Seis preferências de estilo de vida de alimentação biohacking

1. Escolher uma dieta centrada em proteína.

2. Qualidade acima de tudo.

3. Comer para nutrir seu estômago.

4. Cozinhar devagar.

5. Escolher suas calorias.

6. Comer quando estiver relaxada.

Preferência 1: Macros importam, mas proteína importa mais

As mulheres de hoje em dia não comem proteína suficiente porque fomos treinadas para temer refeições propriamente ditas; ao contrário, nós beliscamos (principalmente carbos). Você pode observar isso apenas se sentando em um café por algumas horas e observando as pessoas comerem. Eu faço isso o tempo todo quando estou em casa em Bali.

Lembro-me de um dia quente de verão depois do ano-novo. Todas as mesas do lado de fora eram de madeira, e uma delas tinha uma árvore crescendo bem no meio. Dava para quase escutar o oceano perto, uma scooter passando de vez em quando na rua, e *"terima kasih"*, que significa "obrigado" em Bahasa, o idioma local.

O garçom trouxe um prato de filé e ovos e outro de waffles. Ele colocou o filé com ovos na frente de Jacob, meu noivo, e os waffles diante de mim. Depois de observar as pessoas a nossa volta, vi que era uma suposição justa, mas nesse caso, ele estava errado.

Uma mulher loira estava sentada com uma amiga em uma posição diagonal a minha; as duas tomavam suco de laranja e um smoothie na tigela. Havia um casal a uma mesa próxima, à direita. Ele comia ovos, e ela tomava um smoothie. Um grupo de garotas atrás de mim se achava a uma mesa repleta de panquecas, waffles, smoothies, pães e doces. Nem uma única mulher parecia ter pedido um café da manhã salgado como eu. Não estou falando isso para julgar as escolhas de ninguém no desjejum. Mas depois, perguntei às mulheres de minha comunidade por que elas achavam que era assim.

"Sinto-me muito masculina pedindo um filé em um encontro", uma aluna certa vez me falou. "Não quero que o cara ache que eu como demais."

"Tenho a impressão de que, se eu beber meu café da manhã, não vou engordar", outra me disse.

Já falamos sobre como um café da manhã salgado é essencial, mas agora quero conversar com você sobre o fato de que é igualmente importante comer pelo menos 30 gramas de proteína a cada refeição. Mas antes de fazermos isso, quero garantir que estamos falando a mesma língua.

Decomposição dos macros

"Macros" é a abreviação de macronutrientes, os nutrientes que seu corpo precisa em grandes quantidades para obter energia e manter tudo funcionando suavemente. Pense em seu corpo como um carro: as proteínas são o material usado para montar e consertá-lo, os carbos são a gasolina que o faz andar, e as gorduras são como o óleo que mantém tudo funcionando sem problemas. E assim como um carro, você precisa do equilíbrio certo para manter tudo em bom estado!

Proteínas: as proteínas são como os componentes básicos do corpo. Elas ajudam a consertar e construir os tecidos, como músculos, pele e cabelo. E também fazem as enzimas, os hormônios e outras substâncias químicas do organismo.

Carboidratos: os carbos são a principal fonte de combustível do seu corpo. Eles se decompõem em glicose, o que te dá energia para fazer tudo, desde respirar até levantar peso.

Gorduras: as gorduras são uma rica fonte de energia e são essenciais para sustentar o crescimento das células, proteger seus órgãos e manter seu corpo quente. Elas também ajudam seu organismo a absorver alguns nutrientes e produzir hormônios vitais.

Sua quebra de macros mudará baseada em qual parte de seu ciclo você está, e sobre isso falarei mais adiante, mas eu quero que primeiro você entenda os princípios.

Proteína

Sou uma grande fã de uma dieta centrada em proteína, embora alguns homens biohackers insistam que você precisaria fazer cetogênica para ter os melhores benefícios. Quando avançarmos mais, iremos focar em uma dieta centrada em gordura na primeira fase de seu ciclo, mas não quero sobrecarregá-la agora.

As mulheres não costumam comer proteínas suficientes, e eu tenho a sensação de que você pode fazer parte desse grupo. As proteínas te mantêm satisfeita por mais tempo e fazem seus músculos crescerem. O armazenamento muscular é importante porque os músculos são melhores para estocar insulina. A doutora Gabrielle Lyon, uma especialista em músculos, recomenda 1,6 grama/quilo ou 1 grama/libra do peso corporal diário e 30 gramas de proteína três vezes ao dia em cada refeição, totalizando 90 gramas por dia.

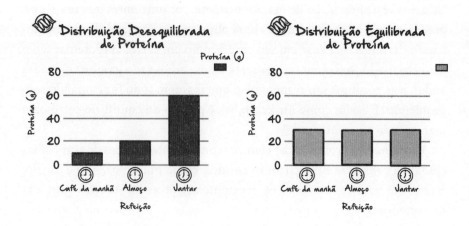

É comum nos Estados Unidos tomar um café da manhã de baixa proteína, um almoço leve e um jantar com muita proteína. Como mulheres, entretanto, precisamos nos preocupar mais em comer proteína em cada refeição, garantindo que cheguemos aos 30 gramas por refeição para estimular a síntese da proteína muscular (que mantém a gordura em seu corpo, a qual evita suas rugas e o fato de você parecer mais velha do que é).

Além disso, quando sua ingestão de proteína está baixa, carboidratos e gorduras tendem a ficar desequilibrados, o que leva seu corpo a estocar mais gordura e afeta negativamente o açúcar em seu sangue. Quanto mais proteína você come, mais músculos você tem; quanto mais músculos você tem, mais receptores de insulina você tem, e melhor você controla seus picos de glicose.

Isso também significa que você deseja menos comidas açucaradas e tem menos baixas de energia e hormônios mais balanceados. Só há vantagens. Lembre que deve encher-se de proteínas primeiro e depois comer carbos e açúcares (frutose) após as proteínas e as gorduras, e somente se você ainda tiver espaço.

Minhas preferências de proteína são filé de gado alimentado com pasto, ovos de galinhas criadas livres, cordeiro, veado, peixe selvagem, porco e aves criadas livres. (Alguns biohackers são contra aves, mas eu pessoalmente acho que é difícil viver sem. Como sempre, a escolha é sua!)

Gordura

Eu me sinto mal pela gordura. A gordura tem sido incompreendida há anos, e precisa de uma equipe de marketing melhor para ajudar as pessoas a entenderem que ela não te deixa gorda, o açúcar é que deixa! Loucura, ahn? A gordura em geral é demonizada como o nutriente que causa ganho de peso, mas isso não é verdadeiro de modo algum. Na realidade, as gorduras são superalimentos — elas são essenciais para a saúde do cérebro, a absorção de nutrientes e a produção de hormônios, sobretudo em mulheres.

A gordura dos alimentos não se traduz diretamente em gordura corporal; pelo contrário, ela é uma fonte essencial de energia e é fundamental para a absorção das vitaminas A, D, E e K. Os corpos das mulheres dependem de gordura para a saúde reprodutiva, já que as gorduras são os alicerces da produção e regulação hormonal, incluindo hormônios essenciais, como estrogênio e progesterona.

Além disso, as gorduras podem ajudar com o controle do peso porque elas fornecem uma sensação de saciedade após as refeições, o que pode reduzir a ingestão total de calorias ao restringir que a pessoa coma em excesso. Lembre-se de que é o tipo e a quantidade de gordura que importam — evite óleos de sementes, gorduras trans e óleos parcialmente hidrogenados.

Minhas preferências nas gorduras incluem óleo de coco, ghee e manteiga de gado alimentado com pasto, óleo TCM, azeite de oliva, óleo de abacate e leite de coco.

Carbos

Os carboidratos, muitas vezes tão difamados, são muito mais complexos e essenciais para nosso bem-estar do que somos levados a acreditar, principalmente no caso das mulheres. Nós dependemos dos carboidratos para manter o equilíbrio hormonal; dietas consistentemente baixas em carbos, tais como um regime cetogênico rígido, podem atrapalhar a produção de hormônios essenciais como progesterona, o que pode levar a ciclos menstruais irregulares. É por isso que vamos ajustar nosso consumo de carbos durante o mês.

A chave está no tipo de carboidrato consumido. A natureza nos oferece carboidratos complexos e densos em nutrientes encontrados nos legumes, frutas e verduras. Esses carboidratos naturais são abarrotados de vitaminas, minerais e fibras alimentares, que são fundamentais para a saúde intestinal, a saciedade e a liberação sustentada de energia.

Por outro lado, a dieta moderna está cheia de carboidratos simples, "feitos pelo homem". Esses carboidratos são normalmente desprovidos de seu valor nutricional e de suas fibras durante o processamento, e incluem pão branco, doces, bebidas açucaradas e outros alimentos ultraprocessados. Tais carbos levam a picos rápidos nos níveis de insulina e açúcar no sangue, o que contribui para uma montanha-russa de altos e baixos de energia, além de uma série de problemas de saúde a longo prazo quando consumidos em excesso.

A ciência é clara: a qualidade e o contexto são importantes quando se trata do consumo de carboidratos.

A natureza criou carboidratos com amido e sem amido, e o melhor é que você pode escolher entre os dois tipos! Sinta-se livre para comer o quanto quiser de minha lista de preferências. Minhas preferências sem amido incluem abobrinha, pepino, aspargos, aipo, cogumelos, repolho, brócolis, couve-flor, couve-de-bruxelas, brotos, rúcula e alface. Minhas preferências com amido incluem abóbora, abóbora-batã, cenoura, araruta, batata-doce e inhame.

Açúcar

O açúcar se infiltra em nossas dietas muito além das sobremesas ocasionais, escondendo-se em muitos alimentos do dia a dia onde menos esperamos, como pão, condimentos (como ketchup e molho barbecue), alternativas ao leite, bebidas energéticas e até molhos de salada "saudáveis". Essas fontes improváveis podem se acumular rapidamente, tornando muito fácil ultrapassar a ingestão diária recomendada de açúcar sem que se perceba.

Nos EUA, esse é um problema particularmente generalizado, com o norte-americano médio consumindo cerca de 77 gramas de açúcar diariamente — o *triplo* do limite aconselhado para mulheres. Embora não haja problema algum em permitir-se um doce de vez em quando, o problema real está nos açúcares que se escondem em seus alimentos e contribuem para o consumo excessivo de frutose, o que leva a diversos problemas de saúde quando ingeridos em grandes quantidades ao longo do tempo.

O biohacking recomenda não mais do que 25 gramas de frutose por dia, ou seja, mais ou menos 3,5 xícaras de frutas vermelhas, cerca de duas maçãs médias ou duas bananas grandes. É fácil ultrapassar esse limite com apenas meia lata de refrigerante ou um único latte adoçado. Sei que algumas de vocês estão se perguntando se devem usar adoçantes artificiais para ajudar a manter esses números um pouco mais baixos.

Em uma palavra: NÃO. Em três palavras: NÃO! NÃO! NÃO! Em dez palavras: NÃO! NÃO! NÃO! NÃO! NÃO! NÃO! NÃO! NÃO! NÃO! NÃO! Por favor, não façam isso. Tanto Splenda (sucralose) quanto aspartame são adoçantes artificiais, e embora possam *parecer* melhores em relação à glicose, são muito piores para sua saúde.

Há uma quantidade imensa de evidências ligando adoçantes artificiais a um aumento do risco de distúrbios metabólicos, como obesidade e síndrome metabólica ou resistência à insulina (sem mencionar outras doenças como câncer). Muitos desses estudos sugerem que consumir esses adoçantes artificiais intensamente doces e sem calorias pode aumentar os desejos por alimentos e bebidas doces, o que pode levar a excessos alimentares e ganho de peso.

Preferência 2: Escolha alimentos feitos pela natureza em vez dos feitos pelo homem, e qualidade acima de tudo

Eu adoraria que você se tornasse aquilo que em inglês se chama *qualitarian* — alguém que pode ou não seguir um plano alimentar específico, mas que sempre avalia a qualidade da comida antes de consumi-la.

O termo foi cunhado pelo doutor Mark Hyman, quando ele afirmou: "Sou um *qualitarian* que se concentra em comer alimentos frescos, integrais e não processados, que são — quando possível — orgânicos e cultivados ou criados localmente."

Uma biohacker focada na qualidade faz as seguintes perguntas:

- De onde essa comida vem?
- Os ingredientes são de fontes naturais?
- Se for de origem animal, o animal era bem tratado? Ele tinha acesso sol e ao pasto? O animal era feliz e relativamente livre?
- Isso vai me nutrir ou criar inflamação em meu organismo?

O alimento de alta qualidade é limpo, denso em nutrientes e proporciona benefícios a nosso corpo. Estou falando de frutas e vegetais que são livres de substâncias químicas e obtidos o mais localmente possível, já que um maior espaço entre a colheita e o consumo resulta na baixa do teor de nutrientes.

Busque carne e ovos de animais felizes, livres de hormônios, antibióticos e outras injeções que estimulam o crescimento. Procure alimentos que não são geneticamente modificados (isso significa que você provavelmente vai evitar a maioria da soja, milho, aveia e trigo) e evite aqueles que contêm metais pesados (como muitos peixes) ou antinutrientes.

O objetivo de sua dieta é nutrir seu corpo — ou, pelo menos, não deixá-lo doente.

Sempre que puder, priorize os alimentos de animais criados soltos, crus, não pasteurizados, não homogeneizados, não processados, frescos, não congelados (ou descongelados), de animais alimentados com pasto, orgânicos, livres de hormônios, livres de antibióticos, livres de outras injeções que estimulam o crescimento, de um solo rico que não foi empobrecido por herbicidas e excesso de agricultura (busque fazendas regenerativas) e que foram cultivados à maneira tradicional ou sazonal em sua região.

Tais alimentos podem ficar caros demais muito rápido — sobretudo em grandes cadeias de lojas que afirmam fornecer esse tipo de produto. Mas ao preferir o mercado de um agricultor local a um grande supermercado de rede, você poderá se surpreender com alguns ingredientes de uma qualidade realmente boa que poderá encontrar sem que isso te custe uma fortuna.

Weston A. Price

Muita gente acha que eu comecei a comer carne por pressão de meu noivo carnívoro ou porque fiquei obcecada com o trabalho de Dave Asprey, mas a verdade é que comecei a comer carne por causa de Weston A. Price e seu trabalho. Quero dizer, os outros dois também foram importantes; Asprey é uma inspiração, e meu noivo é *fofo demais da conta*. Mas, acima de tudo, foi por causa de Weston A. Price.

Weston A. Price foi o biohacker original — um dentista canadense nos anos 1920 que não conseguia acreditar nas cáries dentárias até de seus pacientes mais jovens. Ele pensou: "Espere aí, não parece certo nem que eu tenha um trabalho, para começar. Dentistas ou ortodontistas não deveriam existir. A natureza não nos criaria para precisarmos de dentista."

No entanto, as cáries dentárias eram um problema tão sério já nos anos 1920 que chegavam a acontecer suicídios por dor de dente. O doutor Price achava esse fato bastante estranho, e por isso viajou pelo mundo para ver se o apodrecimento dos dentes com início na infância também acontecia em outros lugares. Ele suspeitava de que a dieta tivesse algo a ver com isso, então um de seus objetivos ao embarcar em sua jornada era encontrar a dieta perfeita.

O doutor Price foi primeiro a uma cidadezinha remota na Suíça, acessível apenas por trilhas a pé. A dieta lá incluía queijo, leite e pão de fermentação natural. ("Espere, Aggie, esses não são os alimentos que você está prestes a me dizer para não comer? Onde estavam os smoothies de acelga dos suíços? Isso pareceria adequado, dado o local." Aguente aí. Vamos falar sobre isso.)

O que ele encontrou? Zero cárie e dentes perfeitamente alinhados em todas as crianças. Ele também ficou impressionado com as maçãs do rosto altas. Price escreveu que nunca testemunhou um bebê chorando, e que as mulheres davam à luz bebês "com grande facilidade, muitas vezes à noite, com seus maridos ao lado dormindo profundamente". Hum... você está pensando que isso parece um livro de ficção científica? Porque, para mim, com certeza parece. Entretanto, as descobertas do doutor Price ofereceram uma hipótese fascinante.

Ele acreditava que uma dieta inadequada causava o subdesenvolvimento das estruturas ósseas, o que fazia com que as aberturas pélvicas de muitas mulheres fossem estreitas e ovais, em vez de redondas. E esse é um formato muito difícil para a cabeça do bebê passar. Era por esse motivo, ele especulou, que o parto havia se tornado tão difícil, tão doloroso e, muitas vezes, ameaçador à vida de muitas mulheres.

Visitar aquela cidadezinha remota e muitas outras indo do Círculo Ártico às florestas tropicais da Amazônia e ilhas remotas do Pacífico, ao longo da década seguinte, apresentou a ele alguns dos dentes e das pessoas mais saudáveis que Price já tinha visto. Ele estava tentando encontrar um ponto em comum entre todas essas culturas nativas, e aqui está sua conclusão: *Não existe uma dieta perfeita.*

A dieta em cada grupo era muito diferente, mas todos os grupos tinham algumas coisas em comum: nenhum era completamente vegetariano e nenhum consumia alimentos processados produzidos em massa (que já eram um problema nos anos 1920). Eles viviam da terra, evitavam carne magra e priorizavam gordura e carne de órgãos, assim como alimentos fermentados e em conserva. Nós *precisamos* de um pouco de proteína animal, mas, dependendo de onde você vive, não precisa ser muita.

Com base em sua pesquisa, o doutor Price documentou há quase cem anos o que o biohacking e a ciência "descobriram" muito mais recentemente: alimentos processados, óleos de sementes e dietas que estão muito distantes da fonte dos alimentos são a razão pela qual estamos lutando com problemas de saúde hoje.

Você não é apenas o que você come — você também é *o que seu alimento comeu*. A carne de animais alimentados com pasto e criados soltos vem de animais que puderam pastar em locais com plantas e gramíneas naturais durante toda a sua vida, em vez de serem criados em lugares confinados e alimentados principalmente com grãos. Legumes orgânicos e cultivados à maneira tradicional têm valores nutricionais mais altos porque não estão sendo forçados a crescer em solos empobrecidos ou a partir de sementes geneticamente modificadas.

Isso significa que como biohacker você não pode ser vegana? Garota, se uma couve-flor pode ser pizza, você também pode ser o que quiser! Mas, como alguém que já foi vegana e conhece muitos ex-veganos que se tornaram biohackers, acrescentar a sua dieta um pouco de carne criada de forma ética de vez em quando pode tornar mais fáceis muitos problemas de saúde.

Quer mais? Tente incorporar uma abordagem de "animal inteiro", usando carnes de vísceras e miúdos ricos em nutrientes, como fígado, baço, estômago e até mesmo o cérebro, e use o tutano ou faça caldo de ossos de boi para obter mais cálcio.

Isso é ótimo para mulheres que estão tentando engravidar, sem mencionar que comer o animal inteiro é uma abordagem mais sustentável e respeitosa ao consumo de carne. Reduz o desperdício e garante que o sacrifício do animal forneça o máximo de nutrição.

Rompendo a bolha vegana — o ciclo da vida

Minhas alunas costumam me perguntar se tudo bem ser vegana no estilo de alimentação biohacking. Como alguém que foi vegana por quase oito anos, eu entendo totalmente essa questão. Ser vegana era minha identidade. Eu me sentia muito bem (e às vezes melhor do que outras pessoas ou julgando-as) por saber que meu estilo de vida e minhas escolhas alimentares não contribuíam para o sofrimento dos animais. Ao longo do curso de sete anos, entretanto, eu pouco a pouco comecei a ficar mais dependente do café, de beliscar, de tirar sonecas e de "sobreviver" ao dia em vez de me sentir como se houvesse uma energia ilimitada fluindo por mim — como eu me sinto com frequência agora. Mas eu não queria desistir de ser vegana e me tornar uma "assassina de animais" ou contribuir para o tratamento horrível em fábricas de carne. Não mesmo, de jeito nenhum. Só por cima do meu cadáver.

Bem, essa foi uma afirmação um pouco irônica, porque meu corpo estava tendo cada vez mais dificuldades para se manter saudável. Quando escutei Dave Asprey falar em seu podcast sobre a importância da carne de animais alimentados com pasto, eu quis tanto que ele estivesse errado... Mas aí Dave contou sobre uma visita a um mosteiro budista no Laos, onde eles não somente bebiam chá com manteiga de iaque como também comiam carne. Quando Dave os questionou, eles disseram: "Uma morte, muitos jantares."

A diferença é que, se você for vegana, você realmente pode acabar matando mais animais do que uma pessoa carnívora por causa do dano colateral. Um carnívoro tira somente uma vida com seu jantar, enquanto há dúzias de coelhos, raposas, ratos, insetos, pássaros, minhocas e mais que são mortos no processo de extração de soja, trigo e milho. Quando você olha na relação morte-por-refeição, há muito mais vidas tiradas quando se produzem itens que são substituições de carne do que no abate de um único animal para o consumo humano.

Por mais que eu quisesse (e ainda queira) não compactuar com qualquer tipo de crueldade animal, nenhum ser humano é completamente isento da morte de animais. Isso é algo que o estilo de vida de alimentação biohacking e a dieta vegana têm em comum: nós temos uma profunda reverência aos animais, e nós não apoiamos as fazendas industriais cruéis. Agropecuária pequena e regenerativa, onde há uma profunda gratidão à vida dos animais, é um dos princípios básicos do consumo responsável nesse tipo de biohacking.

Coma produtos locais

Amiga, repita comigo: *Celebre suas estações e seu ciclo infradiano*. Em nosso mundo centrado nos homens, tudo está disponível em todos os lugares o tempo todo, e a oscilação crescente e minguante natural do ano significa muito pouco. Mas se você entrar em sua energia feminina, você vai se apaixonar pelas estações, pela impermanência da primavera e do verão, e começará a celebrá-las comendo sazonalmente. Frutas e vegetais podem ter um teor nutricional mais alto quando colhidos durante sua estação de crescimento natural.

Por exemplo, um estudo do *Journal of Agricultural and Food Chemistry* mostrou que a vitamina C contida no brócolis colhido no outono era duas vezes maior do que quando ele era colhido na primavera, o que segue o padrão natural do brócolis. As produções sazonais também tendem a ser mais frescas, já que não foram armazenadas por muito tempo nem transportadas para longe, o que proporcionará gosto e textura melhores.

Comer produtos sazonais em geral significa comer produtos locais. Os alimentos que cresceram fora da estação podem necessitar de mais auxílio químico em termos de pesticidas e herbicidas. Alimentos sazonais normalmente são mais abundantes e, portanto, em geral menos caros do que alimentos fora da estação, que foram transportados de outro lugar.

O estilo de vida de alimentação biohacking prioriza alimentos sazonais e de origem local, que acompanham as necessidades do corpo ao longo do ano. (Muitos planos alimentares fazem isso também. Não estou reivindicando ser totalmente original aqui.) Produtos cultivados localmente nos mercados dos agricultores viajaram uma distância média de 45 quilômetros para chegar até você, em comparação com os 2,5 mil quilômetros percorridos pela produção de fontes convencionais (de acordo com um estudo realizado em 2010 pelo Centro de Educação Urbana sobre Agricultura Sustentável — CUESA, na sigla em inglês).

Quando se permite que as frutas e os legumes amadureçam naturalmente, eles desenvolvem uma gama mais ampla de vitaminas, minerais e antioxidantes, que contribuem para uma saúde melhor. Por outro lado, a colheita dos produtos importados é feita prematuramente para compensar o tempo de viagem, o que significa que os alimentos não puderam maximizar seu crescimento. Escolher produtos locais também reduz a emissão de carbono associada ao transporte de alimentos. A prática ajuda a sustentar a agricultura local, preserva as terras de cultivo e cria oportunidades de emprego na comunidade.

Os legumes cultivados tradicionalmente são um pouco como tesouros de família estimados passados de geração em geração. Em vez de joias ou móveis antigos, entretanto, são sementes! Diferente dos vegetais híbridos, que são o resultado da polinização cruzada de duas variedades diferentes para produzir uma nova variedade, esses vegetais têm uma polinização aberta, o que significa que são polinizados por plantas da mesma espécie, cujo resultado são sementes quase idênticas às sementes de cem anos atrás ou até mais antigas. Muitos acreditam que esses vegetais são mais saborosos, pois oferecem sabores mais ricos e complexos.

No supermercado, procuramos os vegetais maiores, mais lisos e sem manchas, deixando para trás os feios, totalmente rejeitados. O curioso é que as manchas ou imperfeições nos vegetais podem ser o resultado de estresses ambientais, como mordidas de insetos ou exposição aos elementos da natureza. Quando as plantas enfrentam esses desafios, elas muitas vezes produzem fitoquímicos para se proteger.

Acontece que nosso intestino *ama* fitoquímicos naturais. Portanto, um vegetal com mais estresse pode estar cheio desses nutrientes incríveis. Pequenos agricultores ou fazendas orgânicas, que provavelmente produzem mais vegetais "imperfeitos", também podem estar usando práticas agrícolas que priorizam a saúde do solo em detrimento da aparência estética de suas plantas. O solo saudável contém uma variedade maior de micróbios e minerais benéficos, que podem ser incorporados aos vegetais durante o processo de crescimento, tornando-os mais densos em nutrientes do que seus primos das megafazendas corporativas.

Preferência 3: Alimente seu intestino

Compartilhamos 99,9% de nosso DNA com outros seres humanos, mas apenas 10% de nosso intestino. Provavelmente todos nós conhecemos alguém que pode comer o que quiser sem ganhar peso e tem uma barriga chata. Mas não inveje essa pessoa — inveje o intestino dela!

Quer saber outro fato curioso? Ao verificar as bactérias intestinais de alguém, é possível dizer se essa pessoa é obesa ou magra. Ainda mais louco? Se as fezes de uma pessoa magra forem transplantadas para o reto de uma pessoa obesa *ela vai emagrecer*! (Isso é chamado de transplante de matéria fecal, e é um negócio em expansão, embora ainda não esteja disponível em muitos países.)

Tudo isso para dizer que seu intestino é um assunto sério — e o microbioma intestinal das mulheres é ainda mais importante do que o dos homens! Nós herdamos nosso intestino de nossas mães e passamos nosso microbioma para nossos filhos, então se você não tem um intestino forte, talvez sua mãe também não tivesse.

Agora você pode ver por que eu amo e priorizo tanto meu intestino! Um intestino saudável é vital para seu bem-estar físico e mental de maneira geral. Ele se conecta a sua digestão e absorção de nutrientes, sistema imunológico, inflamação, equilíbrio de peso, hormônios e até humor e função cerebral. Esteja você doente ou saudável, preste atenção a seu intestino para alcançar a saúde incrível que você merece.

De fato, eu amo tanto meu intestino que iremos mergulhar na saúde intestinal em si.

O que é seu intestino?

Imagine que seu intestino é como a cidade de Nova York.

A cidade de Nova York é o lar de milhões de pessoas vindas do mundo todo, cada uma desempenhando seu papel único, assim como seu microbioma é o lar de trilhões de bactérias, vírus, fungos e outros microrganismos que coexistem. Há alguns caras bons e alguns maus, mas enquanto os bons forem maioria, a cidade estará sob controle e prosperando.

Ao andar pelas ruas de Nova York, você ouvirá idiomas do mundo todo. Da mesma forma, o microbioma é incrivelmente diversificado, com milhares de espécies coexistindo, cada uma contribuindo com suas próprias "habilidades" e "talentos" para a comunidade.

Cada indivíduo em Nova York tem seu papel, desde motoristas de táxi levando pessoas pela cidade até chefs preparando seu próximo pedido de Uber Eats, ou mulheres de terno arrasando nas finanças. Da mesma forma, no microbioma, cada bactéria tem uma função. Algumas quebram as fibras, outras produzem vitaminas essenciais, e algumas até ajudam a afastar invasores prejudiciais.

E assim como Nova York precisa de equilíbrio, o microbioma também precisa. Um crescimento excessivo de certas bactérias em seu intestino é como se, por exemplo, os ratos começassem a dominar a cidade. Da mesma forma, fatores como dieta, medicamentos (como antibióticos) e estresse podem alterar e moldar o microbioma, transformando sua paisagem e seu ambiente.

Apesar dos desafios, a cidade de Nova York parece sempre se recuperar, sempre evoluindo e se adaptando — assim como o microbioma. Quando recebe os "recursos" certos (prebióticos, probióticos e uma dieta saudável), ele pode se recuperar e prosperar depois de perturbações.

Se seu intestino está saudável, ele deve estar cheio de trilhões de diferentes bactérias, a maior parte, boas. Se você está lidando com problemas digestivos como inchaço, gases ou movimentos intestinais irregulares, porém, seu intestino pode não estar funcionando tão bem. De repente, descobrir que você não consegue digerir alimentos que nunca foram problema antes, como laticínios ou nozes, é outro sinal de que a saúde de seu intestino precisa de atenção. Até mesmo fadiga persistente e mudanças de humor podem frequentemente ter origem em problemas intestinais devido à forma como você absorve os nutrientes.

Sua pele também reflete sua saúde interna; surtos de acne ou eczema podem apontar para um desequilíbrio intestinal. Descobri isso quando minha pele começou a melhorar à medida que fui curando meu intestino. Mudanças inexplicáveis de peso e resfriados frequentes são pistas adicionais de que seu intestino pode estar descontrolado e contribuindo para desequilíbrios metabólicos e um sistema imunológico enfraquecido. Por fim, se você está constantemente lutando contra inflamação ou dores inexplicáveis, vale a pena considerar se — adivinhe — sua saúde intestinal pode ser um fator em potencial.

O que prejudica seu intestino?

Certo, então você sabe por que a saúde intestinal é crucial. Mas quais são os principais vilões que a prejudicam? (*Ainda estamos fazendo a analogia com Nova York? Eu ia transformar o assunto em uma metáfora de super-heróis. Não? Está batido? Tudo bem. Certo. Não, não estou brava — só decepcionada. ENFIM.*) No topo da lista está uma dieta não saudável — muita comida processada, açúcares refinados, gorduras ruins como óleos de sementes e quantidade insuficiente de fibras podem desorientar suas bactérias intestinais e inflamar seus intestinos. Fazer vários lanches também não dá uma pausa para seu intestino se restaurar. Em seguida temos os antibióticos, que são como uma bomba lançada numa selva exuberante da Costa Rica — eles dizimam não apenas as bactérias ruins em seu intestino como também as boas, tornando a recuperação difícil. Os antibióticos são salvadores, mas devem ser o último recurso, não a primeira linha de defesa.

O estresse crônico bagunça seu intestino também, alterando a motilidade gastrointestinal e o equilíbrio bacteriano — é por isso que controlar meu estresse ajudou a acalmar meus sintomas de SII. Não se esqueça das infecções e dos parasitas; esses hóspedes indesejados podem danificar a mucosa e a função de seu intestino. Você toma AINEs [anti-inflamatórios não esteroides] com frequência? Eles podem irritar seu estômago, aumentando o risco de úlceras e gastrite. E, sim, o álcool em excesso prejudica seu trato digestivo — então, vá com calma com aqueles drinques.

Se certos alimentos desencadeiam inflamação em você, como glúten ou lactose, eles não são amigos de seu intestino. Doenças autoimunes, como doença celíaca ou de Crohn, também podem atacar e inflamar seu intestino. E não é apenas o que você ingere; as toxinas ambientais, como pesticidas e metais pesados, também são inimigos da saúde intestinal. Por fim, não subestime o poder do sono; sem descanso suficiente, seu intestino pode ficar desajustado. Todos esses fatores têm o potencial de prejudicar a saúde de seu intestino, então mantenha-os sob controle para seu bem-estar geral.

Como alimentar seu intestino

Como há tantos benefícios em se ter um intestino saudável, incluindo perda de peso, redução de inflamação, melhor resistência à insulina, redução de alergias e infecções, biodisponibilidade de nutrientes e melhor saúde geral, vamos avaliar cuidadosamente como você pode alcançar isso.

Primeiro de tudo, coma o arco-íris! Tente consumir pelo menos 50 plantas diferentes por semana (e 30 gramas de fibra por dia).

Alguns micróbios são como comedores exigentes: eles se desenvolvem e crescem em certos alimentos e morrem quando você não come o suficiente dos alimentos preferidos deles. Quanto mais diversificada for a dieta, mais diversificado será o microbioma. Cinquenta plantas por semana totalizam 200 por mês. Sei que isso pode parecer selvagem para você, já que a mulher média nos EUA come uma fração disso — 75% do suprimento alimentar mundial vem de 12 plantas e cinco animais —, mas há muitas opções que **podem fazer a diversidade de seu consumo divertida e deliciosa.** Você pode até incluir alimentos fermentados como chucrute, kefir e kimchi, ricos em probióticos benéficos que ajudam na saúde intestinal.

Outras dicas para ajudar seu intestino:

- Diminuir o açúcar pode eliminar as bactérias ruins de seu intestino, então reduzir seu consumo pode levar a um microbioma mais saudável.

- Certifique-se de mastigar bem os alimentos para ajudar na digestão e alimentar as bactérias boas.

- A hidratação é essencial — ela ajuda a manter tudo funcionando corretamente.

- Considere fazer uma desintoxicação suave para reduzir a inflamação e dar uma pausa a seu intestino.

- O vinagre de maçã pode ser uma revolução para o ácido estomacal devido às formas como ele estimula a digestão.

- Probióticos de suplementos ou alimentos fermentados como iogurte e kimchi são aliados de seu intestino, assim como alimentos ricos em polifenóis, como frutas vermelhas, chocolate amargo e sementes de linhaça.

- Tente optar por orgânicos para evitar pesticidas prejudiciais ao intestino, e adote o jejum intermitente para permitir que seu sistema digestivo se restaure.

- Não se esqueça dos benefícios surpreendentes de ter um animal de estimação, colocar as mãos na terra e absorver um pouco de vitamina D ao ar livre. Essas atividades não apenas te expõem a micróbios benéficos como também ajudam a controlar o estresse — outro ganho para a saúde intestinal. Então, saia, seja ativo e deixe a natureza ser a melhor amiga de seu intestino.

Preferência 4: Cozimento lento

No biohacking, não se trata apenas da qualidade dos alimentos, mas também de como você os prepara. Você pode adquirir o melhor filé de gado alimentado com pasto, mas se ele for esturricado, você não vai obter nenhum benefício nutricional dele. É como minha avó costumava dizer: comida boa leva tempo. Ela fazia mágica com uma panela elétrica de cozimento lento, transformando uma simples coxa de frango em uma delícia macia em fogo brando. Mas hoje, com a correria da vida moderna, o cozimento lento parece um luxo. Nós nos direcionamos para soluções rápidas e, em troca, estamos deixando para trás os métodos de cozimento mais saudáveis.

Deveríamos focar no cozimento suave; experimente cozinhar legumes *al dente* no vapor, assar carnes em baixas temperaturas, cozinhar ensopados lentamente, ferver caldos, escalfar ovos, e grelhar levemente ou usar *sous vide* e panelas de pressão.

Por outro lado, é prudente evitar qualquer coisa frita com pouco ou muito óleo, salteada, grelhada, refogada, feita como churrasco, queimada, esturricada, torrada ou preparada no micro-ondas. A alta temperatura pode oxidar as gorduras, criando radicais livres prejudiciais e formando produtos finais de glicação avançada (AGEs, na sigla em inglês), que são compostos prejudiciais que podem acelerar o envelhecimento de dentro para fora.

Preferência 5: Mastigue suas calorias em vez de bebê-las

Não faz muito tempo, a Aggie convencional, pré-biohacking, quase nunca mastigava sua comida. Eu começava meu dia com um café com leite, suco de aipo e um smoothie, seguidos de torrada de abacate e talvez outro smoothie e um matcha. Mesmo os smoothies sendo saudáveis, eu acabava inchada e desconcertada.

Beber suas calorias, seja em forma de sucos de frutas, smoothies ou álcool, muitas vezes não sacia na mesma intensidade que comer alimentos inteiros. Pesquisas mostram que as calorias consumidas na forma líquida não satisfazem tanto quanto as consumidas em alimentos sólidos. Isso significa que você pode consumir mais calorias ao longo do dia, uma vez que seu corpo luta para se sentir saciado (principalmente quando você bebe com um canudo e ignora a língua).

Embora os sucos com 100% da fruta e os smoothies forneçam algumas vitaminas e minerais, eles carecem da fibra da fruta inteira. A fibra ajuda a retardar a digestão, mantém você saciada e estabiliza seus níveis de açúcar no sangue. Smoothies feitos com banana, quando ingeridos, atingem seu sistema digestivo muito mais rápido, levando a um pico de glicose massivo.

Além disso, o controle de porções é mais desafiador. Pode ser difícil controlar as porções quando você está bebendo suas calorias. Alguns goles podem ser equivalentes às calorias de uma refeição inteira, mas não o satisfarão como uma refeição faria. Pesquisas sugeriram que beber suas calorias pode levar a um aumento na resistência à insulina e na inflamação, o que pode afetar negativamente seu metabolismo.

Além disso, um estudo no *Journal of the American Dietetic Association* descobriu que, quando as pessoas consumiam uma refeição com uma bebida calórica, elas comiam aproximadamente a mesma quantidade de comida de quando consumiam uma refeição com uma bebida não calórica, o que levava a um aumento no consumo total de calorias.

Em um de meus livros preferidos, *Breath: The New Science of a Lost Art*, o autor James Nestor enfatiza a importância de mastigar. Lembra quando contei que Weston Price observou que os grupos com as dietas mais saudáveis geralmente tinham ancestrais saudáveis com maçãs do rosto altas e dentes retos? Price teorizou que eles comiam alimentos crus e mais duros, que exigiam uma mastigação significativa. Este exercício consistente ajudava a desenvolver seus músculos e ossos faciais.

Nossa dieta moderna de alimentos macios e processados como smoothies e massas, que exigem muito pouca mastigação, pode contribuir para dentes tortos e até vias aéreas mais apertadas. Em seu livro, Nestor analisa a conexão entre mastigação e respiração. Músculos mastigatórios fortes e bem desenvolvidos podem ajudar a manter as vias aéreas e o palato mole abertos, o que potencialmente levará a uma respiração melhor e mais saudável. (Vamos analisar por que a respiração é o biohack final em um capítulo mais adiante.)

Mastigar ativa a produção de saliva, que não só auxilia a digestão como também ajuda a manter a boca limpa, reduz o refluxo ácido e pode até aumentar a concentração e a memória.

Então, o que faço quando ouço meu corpo, e ele está pedindo educadamente um smoothie para suprir alguma necessidade nutricional?

- Faço ou peço para meus smoothies serem bem espessos, quase como tigelas de smoothie, e como com uma colher. Mantenho o smoothie dentro da boca antes de engolir para ativar as enzimas digestivas.

- Opto por smoothies estilo dieta cetogênica que não incluem açúcar adicionado (como mel) ou frutas muito doces, como banana, abacaxi ou manga, para evitar um grande pico de glicose.

- Sempre adiciono proteína a eles (ou proteína de colágeno).

- Mastigo uma goma de mascar saudável depois para ativar o ácido do estômago.

- Não tomo smoothies todos os dias. (Gosto de mastigar minha comida! Uma textura mais firme é mais satisfatória para mim, sem contar os benefícios à saúde trazidos pela mastigação.)

Preferência 6: Coma quando estiver relaxada

Eu costumava ser campeã em comer rápido, fazendo várias coisas durante as refeições, com um olho em meu telefone e outro em um vídeo de algum guru de estilo de vida em algum lugar, que sempre parecia estar muito mais organizado do que eu poderia esperar ser. Comer era apenas mais uma tarefa para ser marcada em minha lista de afazeres diários. Mas esse ritmo acarretava inchaços indesejados e indigestão.

E acontece que a luta era mais do que apenas física — meu nervo vago também estava lutando. O nervo vago é uma parte fascinante de nosso corpo. É o nervo mais comprido que temos: ele se estende do cérebro pelo pescoço e vai até o abdome. É como uma superautoestrada de comunicação bidirecional entre o cérebro e o intestino transmitindo sinais em ambos os sentidos. Pense nele como um fio telefônico biológico que ajuda a controlar e transmitir informações entre vários órgãos, incluindo o coração, os pulmões e o aparelho digestivo.

Mas por que isso importa, principalmente quando se trata de comer com atenção? O nervo vago é um jogador fundamental no sistema nervoso parassimpático — a parte de seu sistema nervoso que diz a seu corpo para "descansar e digerir". Ele ajuda a regular muitas funções que você não controla conscientemente, como a frequência cardíaca e os processos digestivos.

Ao praticar a alimentação com atenção, você está treinando seu nervo vago. Ao comer devagar, saboreando cada mordida e prestando atenção a sua comida, você ativa esse nervo, o que ajuda a melhorar a digestão e sinaliza a seu cérebro que você está saciada. Também ajuda a gerenciar o estresse promovendo um estado mais relaxado, que é o ideal para a digestão e o bem-estar geral.

Em outras palavras, ao prestar atenção àquilo que você come e como faz isso, você está sintonizando e tonificando seu nervo vago, o que pode levar a uma melhor digestão, uma sensação de calma e um diálogo mais harmonioso entre seu intestino e seu cérebro. É como enviar uma mensagem de "acalme-se, está tudo bem" passando por todo o seu corpo, o que não tem preço no mundo acelerado de hoje.

Eu me dei conta do poder de fazer uma pausa no modo "descansar e digerir", ou como prefiro dizer, "descansar e receber". Há uma lição profunda aqui, especialmente para nós, mulheres, em aceitar a abundância sem o reflexo de retribuir imediatamente — em acolher nosso merecimento de simplesmente receber. É uma tarefa difícil, que vai contra o instinto de perguntar na mesma hora: "O que eu posso fazer por você?" ou "Como posso retribuir?". Mas é fundamental para mergulhar em nossa energia feminina e desbloquear o verdadeiro relaxamento.

Dicas de alimentação com atenção plena

Ativar seu nervo vago e praticar a alimentação com atenção plena podem melhorar sua saúde digestiva e seu bem-estar geral. A exposição ao frio estimula seu nervo vago, então borrifar brevemente o rosto com água fria, segurar um cubo de gelo na mão ou simplesmente tirar uma camada de roupa antes de uma refeição pode ativar o nervo vago.

Gargarejar água ou cantarolar enquanto cozinha ou antes de comer pode estimular o nervo vago, já que ele passa diretamente atrás da garganta.

No estado de lutar ou fugir, nossos corpos entram em alerta máximo; nossas pupilas se contraem, nos concedendo uma espécie de visão de túnel. Pesquisas sugerem que, ao direcionarmos conscientemente nossos olhos para a esquerda, direita, para cima e para baixo, podemos estimular nosso corpo a sair desse estado intenso e entrar em um modo mais calmo de "descansar e digerir". (Ao contrário de cima-cima-baixo-baixo-esquerda-direita-esquerda-direita-B-A, que te dá vantagens em um jogo de Nintendo dos anos 1980.) À medida que relaxamos, nossas pupilas dilatam de volta para um estado de repouso, ampliando nosso campo de visão para interagirmos totalmente com o que está a nossa volta.

Por fim, comece sua refeição respirando profundamente várias vezes. A respiração profunda e diafragmática estimula o nervo vago e pode ajudar a colocar seu corpo em um estado calmo. Reserve um momento antes de comer para expressar gratidão por sua comida. Esta prática pode ajudar a mudar seu foco e sua consciência. Mastigue completamente cada pedaço e repouse o garfo e a faca entre as mordidas. Desacelerar ajuda seu corpo a digerir e absorver melhor os nutrientes, dando tempo a seu cérebro para reconhecer quando você estiver satisfeita. Preste atenção ao cheiro, sabor, textura e às cores de seus alimentos. Notar esses detalhes pode enriquecer a experiência alimentar e ajudá-lo a estar mais presente na refeição e no momento.

Principais conclusões

✓ Aceite aprender sobre macronutrientes, toxinas e mais no Nível 2 de sua jornada de biohacking. É como passar de aulas de italiano para fazer um pedido no restaurante em Roma — desafiador, mas enriquecedor. Lembre-se de que não há vergonha em revisitar o básico se você se sentir sobrecarregada.

✓ Dê preferência, mas não fique obcecada com uma dieta centrada em proteínas, e torne-se uma *"qualitarian"*, focando em alimentos de alta qualidade e ricos em nutrientes. Essa abordagem requer selecionar alimentos não processados, orgânicos e de origem local, e entender o impacto em seu corpo do que você come.

✓ Inclua proteínas animais em sua dieta, por menores que sejam, sobretudo carne de animais criados de forma ética, e os benefícios para a saúde de uma dieta equilibrada.

✓ Seu intestino é como uma agitada cidade de Nova York, com seu microbioma variado desempenhando um papel crucial na saúde geral. Um intestino saudável tem impacto em tudo, desde a digestão e o humor até o equilíbrio hormonal e a função imunológica.

✓ Coma o arco-íris e pratique a alimentação com atenção plena. Isso inclui mastigar suas calorias em vez de bebê--las, desfrutar uma variedade de alimentos para nutrir o intestino e adotar a arte do cozimento lento para preservar os valores nutricionais da comida.

✓ Coma em um estado relaxado para ativar o sistema nervoso parassimpático, usando técnicas como respiração profunda antes das refeições, exposição ao frio para estimular o nervo vago e reserva de um tempo para saborear e apreciar a comida, melhorando assim a digestão e o bem-estar geral.

5

O que não comer

"Não há nada de errado com você. Você é somente uma alma sensível vivendo em uma sociedade doente. Se você acha que não pertence a este mundo é porque você nasceu para ajudar a criar um mundo melhor."

—*Lalah Delia*

Evite toxinas e antinutrientes

"A sociedade está comendo tanta *junk food* que comer comida de verdade está sendo chamado de 'dieta'."

—Autoria desconhecida

No capítulo anterior, focamos no que comer; agora é hora de focar no que evitar *de preferência*. (Aí está essa palavra de novo. Lembre-se de que não há vergonha aqui. Trata-se de fazer o melhor que você puder e seguir em frente.)

Na sociedade atual, somos cercados por alimentos, substâncias químicas e toxinas que frequentemente são a raiz de todas as doenças. Entretanto, a medicina moderna foca nos sintomas, não na causa raiz.

A acne é um exemplo perfeito disso! As soluções preferidas em geral são tratamentos tópicos como peróxido de benzoíla ou ácido salicílico, ou, nos casos mais severos, medicamentos controlados, como Accutane. Enquanto esses tratamentos podem efetivamente reduzir ou eliminar os sintomas visíveis (espinhas, cravos etc.), eles nem sempre tratam o que está *causando* a acne em primeiro lugar.

A acne pode ser desencadeada por diferentes fatores, muitos dos quais são internos. Desequilíbrios hormonais, saúde intestinal ruim, sensibilidades a alimentos (como laticínios, glúten ou antinutrientes) e até mesmo o estresse podem ser a causa raiz da acne. Então, embora possa conseguir limpar sua pele temporariamente com tratamentos tópicos, se você não tratar a questão subjacente, a acne provavelmente voltará.

Há diversos alimentos que podem causar inflamações em seu corpo. Você já acordou inchada, com olhos inchados, sentiu os anéis apertados demais nos dedos ou experimentou a sensação de estar carregando um colchão de água extra em volta dos quadris? Isso é inflamação. Mas até mesmo bolhas, confusão mental ou falta de foco podem ser sinais. No biohacking, tentamos diminuir a inflamação o máximo possível porque ela pode causar ou agravar muitas doenças.

A inflamação é a resposta natural do corpo a patógenos, toxinas, estresse ou trauma. Por exemplo, quando você se corta, seu corpo sente o machucado, incha e sinaliza ao cérebro que ele precisa curar o corte. Isso é conhecido como inflamação aguda.

A inflamação crônica, porém, pode ser causada pela ingestão de alimentos que causam inflamação no corpo, colocando nossos corpos em um estado constante de "cura". Isso parece bom — quer dizer, nós todos queremos nos curar, certo? Mas tentar fazê-lo por anos a fio sem um descanso pode exaurir seu organismo. Não seria melhor *ser curado* do que ficar constantemente *tentando* curar? A solução é comer alimentos anti-inflamatórios.

A inflamação pode bagunçar seu metabolismo, levar a um ganho de peso inesperado e causar problemas como inchaço, gases ou até mesmo sintomas mais severos. A inflamação crônica pode resultar em músculos doloridos e minar sua energia, fazendo você se sentir cansada com mais facilidade.

Neste capítulo, quero compartilhar com você muitas das comidas que reconhecidamente são desencadeadoras de inflamação no corpo. Isso não deve assustá-la (embora algumas sensações de "Que diabos?" sejam normais e bem-vindas).

Vou explicar quais são essas comidas e mostrar como evitá-las, e também como ajudar seu corpo a removê-las naturalmente de seu sistema, portanto, eliminando a causa raiz de alguns dos problemas em potencial com os quais você possa estar lidando.

Obesogênicos

Os obesogênicos são substâncias químicas que confundem muito seus hormônios e seu corpo. Eles te fazem armazenar gordura extra, destroem seu metabolismo e literalmente causam obesidade (daí o nome. Eu sei. Não muito criativo, mas tão na cara). Os obesogênicos podem aumentar o número e o tamanho das células de gordura ao estimular a capacidade de armazenamento de gordura do corpo; lembre-se de que nós amamos nossa gordura — mas nós a amamos como a natureza a concebeu, não potencializada por meios artificiais. Essas substâncias químicas alteram a maneira como o corpo regula a sensação de fome e saciedade, o que pode levar a excessos alimentares e alterar a maneira como o organismo metaboliza as calorias, de modo que, em vez de usar a energia de forma eficiente, o corpo armazena mais energia em forma de gordura.

Eis alguns exemplos:

- pesticidas (como o glifosato, mais uma vez!);
- plásticos com BPA;
- xarope de milho com alto teor de frutose;
- substitutos do açúcar como NutraSweet;
- ftalatos e ácido perfluorooctanoico (PFOA, na sigla em inglês);
- até mesmo alguns elementos naturais, como os encontrados na soja, podem atuar como obesogênicos.

Locais onde você encontrará habitualmente ftalatos incluem:

- perfume;
- loções;
- maquiagem;
- desodorante;

- xampu;
- cortinas de chuveiro;
- **embalagens de alimentos;**
- **brinquedos infláveis;**
- **filme plástico.**

O PFOA especificamente também pode ser encontrado em uma longa lista de produtos industriais e de consumo:

- revestimentos de panelas antiaderentes, como Teflon;
- tecidos resistentes a manchas em tapetes, estofados e equipamentos ao ar livre;
- produtos de limpeza, como limpadores de tapete e removedores de manchas.

Óleos de sementes

Então, como começamos a usar óleos de sementes? Foi graças a alguns executivos da América do Norte no século XIX. No meio dos anos 1800, a indústria da moda dos EUA foi deixada com um subproduto da produção de algodão — o óleo da semente de algodão. Os produtores olharam para todo aquele material resultante de sua indústria já *profundamente* problemática (para dizer o mínimo) e tentaram descobrir alguma coisa para fazer com aquilo.

Afinal, depois de décadas de experimentação e diversos esforços em vão, em 1911, a Procter & Gamble percebeu que, após passar por um processo muito intenso de hidrogenação, o óleo de semente de algodão podia ser usado como sabão — e, ainda melhor, ele podia ser vendido também como uma "nova banha". Eles apresentaram um novo produto comercializado como "óleo de semente de algodão cristalizado", ou Crisco.

Um ano depois, a primeira ocorrência de um ataque cardíaco foi documentada nos diários médicos. Tudo bem, eu sei que correlação não é causa, mas o momento certamente foi interessante, uma vez que os médicos estavam se tornando cada vez mais cientes das maneiras como a saúde do coração era impactada por fatores ambientais.

Assim, em 1924, a Associação Americana do Coração (AHA, na sigla em inglês) foi fundada, pois o campo da cardiologia se tornou uma especialidade médica. Então, em 1961, a AHA anunciou o que ela alegou ser a resposta para as doenças do coração — depois de uma doação gigantesca da Procter & Gamble em um montante de 1,7 milhão de dólares (cerca de 17,5 milhões de dólares atualizados pela inflação).

E afinal qual foi a recomendação *totalmente isenta (cof, cof)* da AHA? Ela sugeriu que todos substituíssem as gorduras saturadas como sebo, manteiga e banha, que nossos ancestrais comeram por milhares de anos, por gorduras poli-insaturadas como aquelas encontradas em óleos vegetais, como o Crisco, "para prevenir infarto e derrame".

"Nossa, Aggie, deve ser difícil pensar em outras coisas com tantos pensamentos paranoicos."

Ok, entendi; chega de conversa sobre teorias da conspiração por hoje. Mas se você tiver tempo e vontade de ler mais sobre esse tema, ele é bem fascinante — e deprimente. Porém, esse não é o assunto deste capítulo. O assunto é que óleos de sementes são prejudiciais, e você deve evitá-los; portanto, vamos focar nisso.

Por que evitar óleos de sementes?

Óleos de sementes são uma grande questão porque nos deixam doentes e gordas. Eles nos envelhecem a um ritmo louco, fazem nossa pele enrugar, e com frequência são a raiz de muitos problemas de saúde com os quais você provavelmente luta.

Os óleos de sementes mais comumente usados nas dietas ocidentais incluem:

- óleo de milho;

- óleo de semente de uva;

- óleo de canola;

- óleo de soja;

- óleo de girassol;

- gordura vegetal;

- óleo de cártamo;

- óleo de farelo de arroz;
- óleo de semente de algodão.

Parecem inocentes, não é? Quer dizer, óleo de farelo de arroz? Óleo de girassol? Soam tão naturais e simpáticos. Claro, isso é algo que você quer em maior quantidade em sua dieta, certo? *Não.*

Óleos de sementes não são estáveis, o que significa que eles oxidam. A oxidação é literalmente o mesmo processo da ferrugem, mas, em vez de ser em um pedaço de metal, acontece dentro de seu corpo. O processo cria radicais livres (encrenqueiros que prejudicam suas células), que te fazem envelhecer prematuramente, além de causarem rugas e inflamação.

Infelizmente, eles estão em todo lugar. Quase todos os alimentos embalados e processados estão cheios de óleos vegetais. Não estou falando só de salgadinhos e batatas fritas de pacote; até mesmo as alternativas aparentemente saudáveis como hambúrgueres veganos, queijos veganos e leites à base de plantas incluem esses óleos.

Por quê? Bem, para começar, eles são baratos. É por isso que os restaurantes adoram usá-los. Além disso, eles não têm muito sabor, então podem fazer o trabalho pesado das gorduras animais sem interferir no gosto. Se o barista adicionasse mel ou açúcar branco em seu café de manhã, você saberia na mesma hora. Você tomaria um gole e diria: "Desculpe, meu café está com açúcar. Pode me dar outro?"

Mas quando o barista usa leite de aveia, que é cheio de óleo de canola, você não irá tomar um gole e dizer: "Desculpe, tem um óleo que causa câncer e induz à inflamação em meu café. Não quero." Você provavelmente beberia e pensaria: "Delicioso, cremoso, leitoso." O problema, claro, é que já que não conseguimos sentir o gosto desses óleos, não costumamos saber o quanto os consumimos. Na verdade, de acordo com os estudos mais recentes, os óleos de sementes em geral constituem 10% de nossa dieta.

O que fazer

E então, mesmo se você comer saudável em casa, como eu, provavelmente ainda comerá um monte de óleo de sementes diariamente, porque eles são prevalentes até mesmo em restaurantes de alto nível. E por que um ingrediente tão importante não é informado nos cardápios?

Ainda bem que alguns de meus restaurantes preferidos em Bali agora têm uma observação nos cardápios dizendo: "Nós nos orgulhamos de usar manteiga/ghee e óleo de coco. Conte para nós como prefere que preparemos seu prato." Amo isso demais porque me permite recuperar algum controle sobre minhas preferências quando estou fora de casa.

Eu sei que é frustrante "ser aquela pessoa" no restaurante. Todas nós nos sentimos pressionadas a sermos a garota legal que não faz perguntas desafiadoras ou pedidos especiais porque é recebido como grosseiro ou agressivo. Mas eu já sei que você trata os garçons com respeito, então por que isso mudaria quando você pede sua comida? Só continue sendo gentil quando fizer algumas perguntas.

É assim que provocamos mudanças: fazendo perguntas simples como: "Você pode me informar que tipo de óleo é usado para preparar esse prato?" Os melhores restaurantes em geral perguntam se há alguma alergia ou restrição alimentar que eles deveriam saber. Por favor, acredite em mim quando eu digo que a inflamação causada pelos óleos de sementes deveria ser levada tão a sério quando a intolerância à lactose. Esse óleos podem causar estragos em seu organismo, e eu não quero isso para você.

Existe um aplicativo que eu recomendo fortemente, chamado Seed Oil Scout, que permite que você "coma sem medo na selva urbana". Ele informa os restaurantes que usam e não usam óleos de sementes, o que pode ajudá-la a fazer escolhas mais conscientes.

Glifosato

O glifosato é como aquele nosso ex tóxico que fica simplesmente entrando pelas frestas e voltando para nossas vidas, não importa o que façamos para tentar nos livrar dele. Trata-se de um herbicida mais conhecido por seu uso no eliminador de ervas daninhas Roundup da Monsanto (ironicamente, um produto agora de propriedade da Bayer, produtora de vitaminas e medicamentos). Por que você deveria se importar com um herbicida?

Bem, o glifosato se tornou um personagem popular na indústria agrícola porque é bom no que faz — um pouco bom demais. Ele é utilizado amplamente em lavouras geneticamente modificadas (GM), como soja, milho e canola, que são manipuladas para resistir a seu veneno. Isso permite que os agricultores pulverizem seus campos com glifosato, matando as ervas daninhas, mas não as plantações. Resultado: resíduos de glifosato podem acabar em nossa comida e, assim, em nossos corpos (principalmente produzindo uma película de revestimento em nosso intestino).

O glifosato tem o poder de tumultuar seu microbioma intestinal. Assim como mata plantas, ele também pode destruir bactérias benéficas em seus intestinos, perturbando o delicado equilíbrio e com o potencial de levar a problemas de saúde, como um sistema imunológico enfraquecido ou distúrbios digestivos.

Algumas pesquisas sugeriram conexões entre a exposição ao glifosato e vários problemas de saúde, como doença celíaca, autismo e câncer, principalmente o linfoma não Hodgkin. Este ponto toca fundo, pois o amado avô de meu noivo, que adorava jardinagem e por anos pulverizou glifosato "seguro" em todas as suas plantas, morreu repentinamente de linfoma não Hodgkin. Essa forma de câncer se apresenta absurdamente em agricultores, e já foram registrados mais de 100 mil processos (e esse número só aumenta) contra a corporação Bayer por essa ligação.

Como limitar o glifosato em sua dieta? Comendo alimentos orgânicos (já que o glifosato não é permitido na agricultura orgânica), lavando e descascando os produtos, dando preferência a alimentos integrais em vez de processados e evitando alimentos conhecidos por serem tratados com esse produto químico, como aveia. Na verdade, o glifosato foi encontrado em uma taxa imensa das aveias, 99% do total.

Os "12 Condenados"

Uma lista publicada pelo Environmental Working Group (EWG) todo ano identifica as frutas e os legumes que alegadamente contêm o nível mais alto de resíduos de pesticida (incluindo glifosato) devido à maneira como são cultivados. Mesmo se você não puder pagar por orgânicos em todos os seus produtos, são estes aqui que a EWG recomenda que você sempre compre orgânicos, se puder:

1. morangos;

2. espinafre;

3. couve, couve kale e folhas de mostarda;

4. nectarinas;

5. maçãs;

6. uvas;

7. cerejas;

8. pêssegos;

9. peras;

10. pimentões e pimentas;

11. aipo;

12. tomates.

Glúten

O glúten disponível em nossos alimentos hoje em dia é drasticamente diferente da qualidade que era disponível a nossos avós no tempo deles. Isso me deixa triste porque amo pão, e cresci comendo pão em quase todas as refeições.

No entanto, por que tantas pessoas de repente se tornaram alérgicas ou são intolerantes a glúten quando sabemos que consumimos trigo há mais de 10 mil anos? Naquela época, nosso trigo existia de uma forma simples chamada de einkorn. Ao longo de milhares de anos, através da seleção artificial, mudamos o trigo para aumentar seu rendimento, melhorar suas qualidades para panificação e torná-lo resistente a doenças. Ele passou por modificações genéticas significativas durante esse tempo.

O trigo moderno tem muito mais cromossomos (42, comparado aos 14 do einkorn), o que nos dá o superamido e o superglúten. Esse teor de glúten reforçado nos dá um pão mais fofo, mais macio, mais atraente, mas também causa comportamento viciante e excessos. O amido reforçado na verdade aumenta a glicose no sangue mais do que o açúcar branco, e a alteração que o glúten causa no intestino tem como resultado a inflamação em muitas pessoas.

Mesmo que o trigo cresça organicamente, os genes modificados permanecem os mesmos. Entretanto, há uma pequena reviravolta no enredo: nossos corpos (principalmente nossos sistemas digestivos) são na verdade fãs incondicionais do glúten "clássico" para cuja digestão eles se desenvolveram. Todavia, para muitos, é como se eles estivessem presos no passado, sem reconhecer ou apreciar esse novo e "moderno" glúten.

Mofo

O mofo é um tipo de fungo que pode se desenvolver em diferentes tipos de alimentos, incluindo pão, queijo, frutas e legumes. Consumir comida com mofo pode causar diversos efeitos na saúde, alguns dos quais podem ser sérios.

A maioria dos mofos é inofensiva quando digerida, mas alguns produzem substâncias nocivas chamadas micotoxinas. As micotoxinas podem causar uma série de problemas de saúde, desde reações suaves como respostas alérgicas e desconforto digestivo até problemas mais graves, como a supressão imunológica, dano neurológico e câncer.

O conselho geral para o mofo na comida é: "Quando na dúvida, jogue fora." Alguns mofos podem ser cortados, tais como os dos queijos duros ou frutas e legumes firmes, mas outros, particularmente nas comidas macias como pão, frutas e legumes macios, podem penetrar profundamente no alimento e não devem ser consumidos.

O café e as nozes e castanhas, como outros alimentos, são suscetíveis ao mofo e também podem ficar contaminados. Isso é principalmente verdade se eles forem armazenados de maneira inadequada ou por tempo demais. Com o café em particular, a questão do mofo em geral é associada com grãos verdes de café armazenados inadequadamente. Se os grãos são mantidos em condições quentes e úmidas, o mofo pode crescer. O processo de torrar tem o potencial de matar o mofo, mas as micotoxinas podem permanecer, o que pode acabar em seu café preparado — e em seu corpo.

Metais pesados

Os metais pesados são mais frequentemente encontrados em peixes e pesticidas, mas também podem aparecer na água da torneira. A maior dica para evitar metais pesados é evitar a água encanada, já que 85% dos canos têm ferrugem e chumbo. É por isso que os biohackers sempre investem na água. Você não vai mais me ouvir falar: "A água da torneira é ótima![2]" Não é, na verdade!

Os metais pesados, tais como taxas elevadas de mercúrio, têm diversos efeitos colaterais, incluindo queda de cabelo (agora eu chamei sua atenção?). Se você sente que tem letargia e confusão mental, é uma boa ideia testar seus metais pesados.

---

2 Nota da editora: costume norte-americano. No Brasil culturalmente já se opta por beber água filtrada.

Robalo, cavala (de diversos tipos), peixe-espada, atum (ahi, albacora, albacora em lata) e o salmão (de cativeiro ou do Atlântico), todos tendem a ser muito altos em mercúrio e são especificamente contraindicados em casos de gravidez.

Peixes baixos em mercúrio, entretanto, incluem sardinhas (meu preferido), salmão (fresco, selvagem), haddock, linguado e truta. Dourado-do-mar, bacalhau fresco e pargo estão em algum lugar no meio e devem ser consumidos com menos regularidade do que os outros, mas eles não necessariamente precisam ser totalmente evitados.

Antinutrientes

Quando se trata de alimentação, estes são os três componentes essenciais: energia (calorias), nutrientes (vitaminas) e antinutrientes. O último pode surpreendê-la, mas os antinutrientes são elementos naturais ou sintéticos que impedem seu corpo de absorver nutrientes da comida que você ingere.

Infelizmente, os antinutrientes podem levar a um problema chamado "síndrome do intestino permeável", que resulta em inflamação elevada no corpo. Outro fato interessante é que sua fome pode variar conforme você consome mais antinutrientes! Isso acontece porque seu corpo não consegue obter os nutrientes que ele precisa desses alimentos, então seu cérebro diz a seu corpo que você ainda está com fome.

Pessoas diferentes reagem a antinutrientes de formas diferentes. Por exemplo, meu corpo pode conseguir digerir lectinas (encontradas nos feijões e nos amendoins) muito bem; entretanto, você pode descobrir que tem reação a elas.

Vamos passar pelos antinutrientes mais comuns, e então veremos como evitá-los (eu não vou te deixar sem soluções, não se preocupe!).

Lectinas

As lectinas são proteínas que grudam no revestimento do intestino, criando a síndrome do intestino permeável. Um intestino permeável significa que há "buracos" dentro dele que permitem que os alimentos vazem para a corrente sanguínea, causando inflamação e toxicidade.

As lectinas estão contidas na berinjela, nas pimentas, nos tomates, nas batatas, em grãos integrais como quinoa e arroz integral, lentilhas e feijões. A boa notícia é que você pode remover a maior parte das lectinas de seus alimentos simplesmente cozinhando-os. Idealmente, entretanto, procure substituir alguns desses alimentos que causam essa inflamação por versões menos inflamatórias.

Aqui estão alguns exemplos:

- Coma arroz branco em vez de integral. O arroz integral é cheio de lectinas, outros antinutrientes e arsênico. ("O quê?!" É verdade; todo arroz contém traços de arsênico, um mineral presente naturalmente no solo, mas o arroz integral contém cerca de 80% mais do que o arroz branco porque o arsênico tende a se concentrar na casca, que é retirada do arroz branco, mas não do integral.)

- Use batata-doce em vez de batata-inglesa. Batata-doce não tem lectinas e é melhor para controlar os níveis de açúcar no sangue.

- Substitua a manteiga de amendoim por manteiga de amêndoa.

Ácido fítico

O ácido fítico se junta ao magnésio, ferro, cálcio e zinco, impedindo-os de absorverem nutrientes.

Os alimentos ricos em ácido fítico incluem arroz integral, aveia, trigo, cevada, centeio, amêndoas, nozes, sementes de gergelim, sementes de linhaça, sementes de girassol, feijões, lentilhas, soja (incluindo os alimentos feitos com esses produtos, como tofu e tempeh) e alguns óleos de origem vegetal. Uma dica fácil é usar óleo de abacate, coco ou azeite de oliva em vez de óleo de canola ou óleos de sementes.

Oxalatos

Os oxalatos se juntam ao cálcio no sangue, criando cristais que podem virar cálculos renais. O cozimento por pressão ou o cozimento de forma geral pode eliminar os oxalatos, então evite consumir couve e espinafre crus; cozinhe-os em vez disso! Os oxalatos também estão presentes em brócolis, couve-flor, acelga, beterraba, salsa e chocolate. Germinar (permitir que as sementes comecem a brotar antes de consumi-las) pode ajudar a reduzir os oxalatos, assim como fermentar as plantas, o que pode ajudar a desintoxicar seus componentes de defesa naturais. Vamos discutir isso mais adiante neste capítulo!

Como remover os antinutrientes de sua dieta

Felizmente, você não precisa parar totalmente de comer vegetais com antinutrientes. Aqui estão algumas maneiras de se livrar dessas pestinhas indesejáveis:

- **Deixar de molho:** Deixar os vegetais de molho na água pode ajudar a reduzir certos antinutrientes, como fitatos e oxalatos. Por exemplo, deixar feijões e leguminosas de molho durante a noite antes de cozinhar pode reduzir a quantidade de fitato. (Lembre-se de descartar a água do molho e cozinhar os vegetais em água fresca.)

- **Fermentar:** Fermentar os vegetais pode quebrar alguns antinutrientes e aumentar a biodisponibilidade dos nutrientes. Alimentos fermentados, como chucrute e kimchi, são bons exemplos.

- **Cozinhar:** Cozinhar os vegetais pode neutralizar ou reduzir os antinutrientes. O calor pode quebrar componentes complexos, tornando os nutrientes mais acessíveis. Ferver, cozinhar no vapor ou assar são minhas opções preferidas quando consumo couve e espinafre.

- **Branquear:** O branqueamento envolve ferver brevemente os vegetais e, em seguida, mergulhá-los em água gelada. Esse método pode reduzir os antinutrientes, preservando a maior parte dos nutrientes.

- **Germinar:** Germinar sementes, grãos e leguminosas antes do consumo pode diminuir os níveis de antinutrientes. O processo de germinação ativa enzimas que quebram os compostos.

- **Combine com vitamina C:** A vitamina C pode aumentar a absorção de ferro e neutralizar os efeitos de certos antinutrientes, como os fitatos. Considere combinar vegetais ricos em ferro (por exemplo, espinafre) com alimentos ricos em vitamina C (por exemplo, frutas cítricas) em suas refeições.

Faxina orgânica

Quer desintoxicar seu corpo de todas essas substâncias químicas com as quais você é bombardeada? Vamos ao passo a passo!

Cuidado de limpeza

Uma das maneiras mais eficientes de ajudar na desintoxicação de seu corpo é (surpresa!) *não alimentá-lo com toxinas.* Quanto mais limpo for seu estilo de vida, menos haverá para desintoxicar. Além de pensar na alimentação, você pode usar aplicativos como o Yuki, que ajudam a decodificar o que há em seus produtos de pele e de corpo; lembre-se de que você absorve muito mais pela pele do que imagina.

Ame seu fígado e seu intestino

O fígado metaboliza hormônios e toxinas, portanto, é a principal potência de desintoxicação de seu organismo. Compressas de óleo de rícino, quando colocadas no fígado, ajudam no processo de desintoxicação. Se você fizer meus cursos, vai me ouvir repetir várias vezes: "Toda doença começa no intestino", como dizia o médico grego Hipócrates. Seu corpo elimina o estrogênio pelo intestino, então é fundamental ter fibra suficiente para que seu intestino e seu sistema digestivo funcionem com o máximo de eficiência possível. Se seu intestino estiver permeável, ele deixará que as toxinas escapem, e aí elas entra-rão em sua corrente sanguínea e *tcharã!* Mais inflamação ainda.

Elimine através do exercício

Transpire! Utilize qualquer forma de movimento ou transpiração: levantar peso, correr, dançar, praticar hot ioga, fazer sauna ou até mesmo sexo pode ajudar a eliminar essas toxinas. Lembre-se de limpar o suor enquanto se exercita para evitar que ele seja reabsorvido pela pele — e beba água! A água é um elixir natural para a desintoxicação. Se você lava uma camiseta à mão, não quer enxaguá-la bem? Então, faça o mesmo com seu corpo. Beber água rica em minerais enquanto você transpira pelo menos uma vez por dia é um biohack poderoso para eliminar toxinas. Manter-se bem hidratada ajuda os rins a eliminar resíduos e toxinas de seu organismo. Considere espremer um pouco de limão em sua água para aumentar a quantidade de vitamina C desintoxicante.

Adaptógenos e suplementos

Determinados chás de ervas, como de raiz de dente-de-leão, cardo mariano e urtiga, são conhecidos por suas propriedades desintoxicantes. Incorpore esses chás a sua rotina diária para ajudar a saúde do fígado e estimular a eliminação de toxinas. Você também pode consumi-los na forma de suplementos, se preferir.

Nutrição e jejum

Você é o que seu alimento comeu, lembra? Fique atento aos hormônios de crescimento em sua dieta, principalmente em laticínios industrializados e frangos. Evite também pesticidas, herbicidas e glifosato, que podem desestabilizar seu equilíbrio hormonal. Escolha alimentos orgânicos sempre que possível, lave bem os vegetais e evite trigo e aveia não orgânicos (que são cheios de glifosato). Cuide de sua água como uma louca (e evite água encanada, se possível, para reduzir os metais pesados). Faça jejuns intermitentes para dar um descanso tão necessário a seu sistema digestivo e permitir que seu corpo se concentre na desintoxicação e no reparo celular. Tente manter seu corpo em um estado de autofagia.

Respiração e hora de dormir

O estresse é uma toxina silenciosa que pode causar danos a seu organismo. Um estado parassimpático promove desintoxicação. Ter um sono de qualidade é essencial para os processos naturais de desintoxicação e de recuperação do corpo. Priorize o sono restaurador criando uma rotina relaxante para a hora de dormir e melhorando o mais possível o ambiente em que você dorme.

Bochecho com óleo e escovação a seco

Raspagem da língua e escovação a seco são duas técnicas muito antigas que são baratas, fáceis e eficazes.

A escovação a seco envolve passar uma escova de fibras naturais por seu corpo (sempre fazendo movimentos em direção ao coração). Isso estimula seu sistema linfático, ajudando na eliminação de toxinas. Pode melhorar a circulação, ajudar na desintoxicação, remover a pele morta, auxiliar na renovação celular, esfoliar a pele, reduzir o inchaço e a celulite, e aumentar a energia.

O bochecho com óleo de coco pode eliminar toxinas e bactérias orais, e a raspagem diária da língua usando uma ferramenta simples como um raspador é imprescindível. Sua língua inicia o processo digestivo ao detectar os sabores e enviar sinais ao estômago para se preparar para a ingestão de alimentos. Ao manter sua boca e língua saudáveis, você está se preparando para ter uma saúde melhor em geral.

Desintoxique seu aparelho digestivo diariamente

Vamos entrar em um assunto *beeeeem* íntimo por um minuto. Eu costumava pensar que ir ao banheiro uma vez por dia era bom, mas nunca dei muita importância a não evacuar com tanta frequência quanto meu namorado. Durante o evento Burning Man de 2019, eu não defequei por nove dias seguidos. Agora que sei o que sei (que todas as toxinas tentando sair de meu corpo foram reabsorvidas ao permanecerem em meu intestino por mais de uma semana), definitivamente me importo mais com a frequência com que evacuo.

Embora cada pessoa seja diferente, não ir ao banheiro regularmente pode ser um sinal de supercrescimento bacteriano no intestino delgado (SIBO, na sigla em inglês), supercrescimento intestinal de metanogênio (IMO, na sigla em inglês), doença inflamatória intestinal (DII), síndrome do intestino irritável (SII), desequilíbrios hormonais ou uma dieta ruim.

Notei que os hábitos intestinais das mulheres muitas vezes estão ligados a nosso senso de segurança. Ao me separar de meu parceiro de quatro anos (alerta de *spoiler*: nós dois ficamos emocionalmente mais saudáveis e nos reconciliamos, então essa história teve um final feliz), eu me mudei de casa diversas vezes, meu senso de segurança inferida ruiu e eu não conseguia ir ao banheiro. Era como se meu corpo estivesse tentando se agarrar a *literalmente tudo* para manter um certo controle.

Durante esse tempo, fiz uma cerimônia com ayahuasca, o remédio indígena das plantas; e ela me disse claramente: "Você precisa deixar essa merda ir embora. Está na hora." O que veio a mim foi uma visão de eu me segurando no passado, na ideia do que Jacob e eu costumávamos ser, de quem eu costumava ser. Eu estava desesperadamente tentando me agarrar àquilo tudo.

Desde essa experiência com a ayahuasca, posso ouvir a voz dela dizendo "Deixe essa merda ir embora" toda vez que sei que preciso me entregar. Não é de surpreender que nunca mais tenha tido problemas para ir ao banheiro desde então. Meu corpo e minha mente trabalham juntos para liberar o que precisa sair de minha vida — às vezes literalmente.

(Quero acrescentar aqui que outra forma de limpar seu sistema é um detox digital, no qual você permite que sua mente e seu corpo se desintoxiquem do fluxo constante de informações e exposição a telas. Adotar a desintoxicação como um estilo de vida, em vez de uma solução temporária, é o máximo de biohacking para administrar seus hormônios.)

Ainda

Você pode não estar pronta para introduzir muitos desses biohacks... ainda! E tudo bem! Lembre-se de que não estamos buscando a perfeição, e sim apenas ficarmos 1% melhor do que antes. Dentro do sistema de desintoxicação apresentado, escolha um item para se comprometer como ponto de partida. Isso é sobre VOCÊ, não é sobre mais ninguém.

Por exemplo, eu coloquei silicone há mais de dez anos. Quando as pessoas me perguntam se estou planejando retirá-lo porque "Agora que você é uma biohacker, você tem que fazer isso", eu não digo "Não" — eu digo "Ainda não". Eu me examino regularmente (sobretudo meus níveis de metais pesados) e, até agora, não há nada alarmante, então passar por uma cirurgia e tomar antibióticos parece mais invasivo para mim neste momento. Com certeza estou aberta a isso para o futuro. Apenas ainda não.

O biohacking é um processo que não é preto no branco. Lembre-se do que eu disse lá no início deste livro: "Não deixe que ninguém te constranja por 'ainda' usar ou fazer algo." Você é uma pessoa que faz suas próprias escolhas e rege sua própria vida; lembre-se disso e faça as escolhas que fazem mais sentido para você agora e reserve-se o direito de exercer o poder do "ainda" quando sentir necessidade.

Evite pessoas tóxicas

Você pode achar engraçado eu mencionar pessoas tóxicas no capítulo sobre toxinas, mas, *raios!* Elas não sugam sua energia, criam drama desnecessário e usam táticas manipuladoras ou abusivas que honestamente fazem você se sentir tão esgotada quanto ter metais pesados em seu corpo? Limpar sua dieta *e* seu círculo social são igualmente importantes.

Remover pessoas tóxicas de sua vida pode ser desafiador, mas é um passo essencial para criar um ambiente mais saudável e positivo para você.

É importante identificar comportamentos e padrões tóxicos. Isso pode incluir negatividade constante, manipulação, desrespeito, abuso psicológico e outros comportamentos sistematicamente exaustivos que drenam sua energia emocional ou física.

Se você cresceu em um ambiente onde esse comportamento era normal, pode pensar que pessoas tóxicas são a norma. Não são. Sinto muito se foi isso que você aprendeu como exemplo. Relacionamentos devem ser acolhedores e divertidos, e você deve se sentir celebrada.

Estabeleça limites claros e diga à pessoa tóxica quais comportamentos são inaceitáveis e quais consequências se seguirão se elas continuarem a agir como agem. Seja firme e consistente ao estabelecer seus limites.

Reduza suas interações com pessoas tóxicas o máximo possível. Isso pode envolver diminuir a comunicação, evitar certos eventos ou encontros onde elas estejam presentes, ou até mesmo cortar o contato completamente se o nível do relacionamento tóxico for grave.

Converse com amigos de confiança, membros da família ou um terapeuta sobre suas experiências. Eles podem fornecer apoio emocional, orientação e uma perspectiva objetiva. Por favor, por favor, por favor, priorize seu bem-estar e invista tempo e energia em atividades que tragam alegria, paz e realização. Pratique o autocuidado, como exercícios, atenção plena, hobbies e passar tempo com pessoas positivas e acolhedoras.

Cerque-se de gente que te eleve e inspire. Busque relacionamentos saudáveis que apoiem seu crescimento pessoal e bem-estar. Em alguns casos, remover pessoas tóxicas de sua vida pode exigir o fim do relacionamento completamente. Isso pode ser um desafio, ainda mais se a pessoa for um membro da família ou um amigo de longa data.

No entanto, priorizar sua saúde mental e emocional é crucial. Lembre-se de que remover pessoas tóxicas de seu convívio é um ato de amor-próprio e autopreservação. No início, pode ser difícil, mas, no final das contas, isso vai criar espaço para relacionamentos mais saudáveis e uma vida mais positiva e gratificante. Eu garanto.

Principais conclusões

✓ Evite alimentos inflamatórios e toxinas: afaste-se de obesogênicos, óleos de semente e glifosato em alimentos processados, certos plásticos e pesticidas.

✓ Limite a exposição a metais pesados e antinutrientes: escolha peixes com baixo teor de mercúrio, dê preferência a produtos orgânicos e prepare os alimentos para reduzir os efeitos dos antinutrientes.

✓ Siga o sistema de desintoxicação apresentado: adote escolhas de estilo de vida mais limpas; ajude na saúde do fígado e do intestino; exercite-se regularmente; e integre adaptógenos, suplementos e jejum.

✓ Reconheça a ligação entre saúde emocional e física: estados emocionais afetam significativamente as funções corporais, especialmente a digestão e os hábitos intestinais.

✓ Afaste-se de pessoas tóxicas: estabeleça limites e cerque-se de relacionamentos que a apoiem em sua saúde mental e emocional.

✓ Implemente aos poucos as práticas de biohacking: passe a praticar o biohacking em seu ritmo, focando em melhorias graduais e na abertura para mudanças futuras.

NÍVEL 3

acolha
SEU CICLO
menstrual

6

A Força está com você

Uau, olhe como você está indo! Você conseguiu passar pelos Níveis 1 e 2, então agora sabe quando comer e quais suas melhores opções para aquelas horas em que você *não* está fazendo biohacking. Agora, você chegou ao Nível 3. Esse é provavelmente o meu preferido, então aperte os cintos! Na verdade, pensando bem, não aperte os cintos — prepare-se para alçar voo, porque esse é o nível no qual você está prestes a liberar alguns poderes bem espetaculares que você pode nem ter percebido que tinha.

Quase todos os filmes de super-heróis têm o mesmo roteiro: alguém possui uma habilidade especial e acha que é sua maldição porque faz a pessoa ser diferente do resto do mundo. Ela odeia até encontrar alguém que a ajuda a entender que o dom não é uma maldição; é um superpoder.

Na verdade, esse enredo se estende até mesmo além do gênero de super-heróis. Pense em Luke Skywalker de *Guerra nas Estrelas*. A princípio, Luke tem um pequeno conhecimento da Força (seu dom). Apenas quando começa a treinar com seus mentores, Obi-Wan Kenobi e Yoda, ele se torna um Jedi poderoso que se torna, no fim das contas, imbatível. Ou pense em Elsa, de *Frozen*. No início, Elsa vê seus poderes com o gelo como uma maldição e tenta reprimi-los. Uma vez que ela aprende a aceitá-los, ela se torna poderosíssima.

Bem, adivinhe só. Você é uma super-heroína. E o que você acha que é sua criptonita — seu ciclo menstrual, seus hormônios, e essa coisa irritante que acontece uma vez por mês pela qual você com frequência fica com vergonha (sua menstruação) — é seu dom e seu superpoder. Vamos simplesmente dizer que o Lado Sombrio da Força fez uma lavagem cerebral em você para que pensasse o oposto, para que você não utilizasse seu poder total.

Porém, é hora de uma reviravolta. (Tã-nã-nã-*NÃÃÃÃÃ!*)

Deixe que o encontro deste livro seja sua versão de encontrar Obi-Wan Kenobi e o início de sua jornada de super-heroína. Você está aqui para deixar o legado de amor, cuidado e suavidade que apenas as mulheres podem trazer ao mundo, então aperte os cintos e prepare-se para conhecer suas "armas": seus hormônios. Vamos ensiná-la a usá-los para o bem.

Sistema endócrino

Primeiro, você precisa conhecer o sistema endócrino. O sistema endócrino é uma banda feminina de glândulas e órgãos que, como a doutora Alissa Vitti, especialista em hormônios e escritora, brilhantemente colocou: "Comunicam-se entre si via linguagem química chamada hormônios." Entretanto, eles frequentemente metabolizam (isto é, seu corpo se livra deles) através do fígado, do intestino ou da pele.

Há mais de 50 tipos de hormônios em seu corpo. Alguns dos mais importantes, que eu tenho certeza de que você já ouviu falar, são:

- insulina (o hormônio do açúcar);
- oxitocina (o hormônio do amor e dos abraços);
- serotonina (o hormônio da felicidade, de se sentir bem);
- dopamina (o hormônio quero mais!);
- adrenalina (o hormônio da empolgação);
- cortisol (o hormônio do estresse);
- estrogênio (o hormônio da feminilidade/bem-estar);
- testosterona (o hormônio masculino);

- progesterona (o hormônio da calma/gravidez);

- melatonina (o hormônio do sono).

Quando nós temos acne ou percebemos um ganho de peso ou sofremos com cólicas menstruais, em geral presumimos que apenas nossos hormônios do sexo estão com dificuldades, mas a verdade é que eles são tão interconectados que você provavelmente vai lutar para se sentir bem, controlar o estresse e dormir bem ao mesmo tempo.

Nós vivemos em um mundo cheio de disruptores endócrinos (uma maneira chique de dizer "um monte de toxinas absolutas") que confundem o sistema hormonal de nosso organismo e deixam tudo fora de controle.

Quando dizemos "Meus hormônios estão desregulados", estamos na verdade dizendo: "Minhas glândulas e meus órgãos estão com problemas de comunicação." Quando as outras substâncias químicas bagunçam a comunicação entre nossos órgãos, nós as chamamos de disruptores endócrinos.

Disruptores endócrinos/hormonais

Há muitos produtos, toxinas e alimentos em nosso ambiente que podem desregular nosso ciclo menstrual. Alguns dos principais são:

- Consumir produtos não orgânicos.

- Comer carne que não seja livre de antibióticos e hormônios.

- Comer peixe de cativeiro.

- Tocar em recibos de lojas, ou até pior, tocar em recibos de lojas depois de usar higienizador de mãos, já que sua pele absorve até mais BPAs.

- Beber de garrafas plásticas: (aparentemente, uma pessoa comum morando no mundo ocidental pode consumir até uma quantidade de plástico do tamanho de um cartão de crédito toda semana).

- Usar detergentes e produtos de limpeza para casa cheios de produtos químicos.

- Usar produtos de cuidado para a pele e cosméticos de farmácia.

- Usar esmaltes comuns e aromatizadores de ambiente que não são totalmente naturais.

- Usar absorventes externos e internos que não são orgânicos.

- Usar fragrâncias falsas em vez de utilizar aromas naturais.

- Beber água da torneira.

Sim, eu sei que é *muita coisa*. Não surte. Há sempre um jeito de contornar isso tudo, e é por isso que estamos aqui.

Primeiro, vejamos como reconhecer que seus hormônios estão desregulados.

Alguns sinais de um desequilíbrio hormonal e de não viver de acordo com o seu ciclo são:

- Mudanças de humor.

- Ganho de peso — particularmente no quadril ou na região da barriga.

- TPM.

- Cólicas menstruais (o que pode ser sinal de endometriose, síndrome do ovário policístico etc.).

- Seios doloridos.

- Inchaço.

- Qualidade ruim do sono.

- Fadiga.

- Desejos descontrolados.

- Crescimento anormal de pelos.

- Ciclos menstruais irregulares.

- Acne.

- Falta de motivação e energia.

A parte complicada é que esses sintomas também podem se dar devido a toxinas no ambiente, mas vamos focar nos hormônios por enquanto.

Hierarquia hormonal

Nem todos os hormônios são criados iguais. Em seu livro *The Hormone Fix*, Anna Cabeca explica a hierarquia hormonal e como alguns hormônios quase "sobrepõem-se" aos outros.

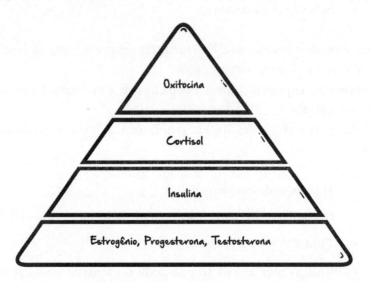

Oxitocina — O "hormônio do amor"

A oxitocina às vezes é chamada de rainha dos hormônios, e é sem dúvida um dos que são fáceis de sentir e estimular — além de ser muito bom de sentir! Frequentemente apelidada de "hormônio do amor" porque é estimulada (junto com a serotonina) quando abraçamos, nos aconchegamos, acariciamos nosso animal de estimação ou fazemos sexo, a oxitocina faz mais do que só manter você de bem com a vida. Ela age como uma reguladora mestre para seu corpo e sua mente, ajustando o cenário para uma melhor regulação hormonal. Aumentar seus níveis de oxitocina é mais do que uma dica para se sentir bem; é um biohack que ajuda a manter o sistema endócrino equilibrado. Não se preocupe, vamos mergulhar em maneiras divertidas e impactantes de elevar seus níveis de oxitocina mais para a frente!

Cortisol — O hormônio do estresse

O cortisol muitas vezes é rotulado como um cara mau, mas prefiro pensar nele como aquele amigo que é incrível em pequenas doses, mas é um pouco demais quando fica muito tempo. (Sim, você sabe de quem eu estou falando.) Quando a vida te dá uma rasteira, seja um projeto de última hora ou quando você quase sofre um acidente, o cortisol entra em ação assim: "Segure minha bolsa, eu cuido disso!" Isso é ótimo, não é? Claro que é. O cortisol está do seu lado!

O problema aparece quando o cortisol decide ficar para a festa depois do evento e a festa que vem depois da festa depois do evento... e então acaba acampando em seu sofá por tempo indefinido. Quando os níveis de cortisol permanecem altos porque estamos constantemente em "modo de ação", ele bagunça tudo, desde seu humor e sua energia até seu peso. Sejamos realistas, garota: conhecemos bem o estresse, mas saber como controlar o cortisol (e estabelecer limites com esse amigo) é um verdadeiro divisor de águas.

Insulina — O hormônio do açúcar

Mergulhamos na glicose em outro capítulo, mas quero que você entenda a diferença entre insulina e glicose. A glicose é um tipo de açúcar que você obtém dos alimentos que come, e é a principal fonte de energia de seu corpo. Pense nela como o combustível de seu carro — sem ela, você não vai a lugar algum.

A insulina, por outro lado, é o hormônio produzido por seu pâncreas que atua como um porteiro. Sua função é ajudar suas células a absorver a glicose da corrente sanguínea. Imagine-a como uma chave que destranca o tanque de combustível de seu carro; sem a chave (insulina), o combustível (glicose) não pode entrar, e o carro não vai funcionar corretamente. A glicose é o que você precisa para funcionar, e a insulina permite que seu corpo a utilize de forma eficaz, por isso é tão importante que seus níveis de insulina estejam saudáveis.

Os hormônios sexuais

Nossos hormônios sexuais são como irmãos. Espere aí — isso parece estranho mesmo. Só quero dizer que os hormônios que podem impactar nossos corpos de maneiras relacionadas à masculinidade ou feminilidade são semelhantes e vivem de forma simbiótica juntos, mas são personalidades separadas que gostam de coisas diferentes.

Por exemplo, minha irmã é morena e adora fazer bolos, assistir a filmes de ação e ficar em casa.

Eu sou exatamente o oposto. Sou uma loira que não faz bolo nenhum e não gosta de assistir a filmes, mas sou uma mulher supersociável, que ama paraquedismo e passa 300 dias *longe* de casa.

Se minha irmã e eu vamos a um restaurante, eu vou pedir um bife, salada e café. Minha irmã pedirá massa, sobremesa e chá de camomila.

Nós amamos coisas muito diferentes. Mas somos irmãs mesmo assim *(Certo, mãe? Isso não vai provocar alguma grande confissão, não é?)*, e certas coisas fariam as duas felizes.

Imagine que o estrogênio e a progesterona são irmãs

O estrogênio é muito parecido comigo: uma pessoa dinâmica, superativa, aventureira, extrovertida, que ama se desafiar e que sem dúvida adora devorar um bom bife.

A progesterona é muito parecida com minha irmã: mais caseira, que adora passar o tempo na cozinha, cuidando de si e dos outros a sua volta, priorizando momentos tranquilos sozinha e é louca por carboidratos. (Olá, desejos pré-menstruais!)

Elas também têm um irmão, o hormônio testosterona, que aparece durante a ovulação para garantir que nos reproduzamos e multipliquemos a espécie. O hormônio testosterona pode ser um pouco selvagem às vezes, mas mesmo assim é um membro importante do grupo.

Estrogênio

O estrogênio (que é muito parecido comigo) é apaixonado por todas as coisas "divertidas e empolgantes" e adora tirar você de sua zona de conforto.

Ele é o melhor amigo da feminilidade, pois faz você crescer, dando-lhe belas curvas e preparando seu corpo para todas as aventuras emocionantes que estão por vir.

Progesterona

A progesterona (que é muito parecida com minha irmã) ama todas as coisas "calmas e acolhedoras" e adora criar uma atmosfera pacífica para seu corpo se sentir à vontade. Como uma cuidadora, ela prepara seu útero para um potencial bebê que possa vir. Ela também está lá para fazer você se sentir calma e recolhida.

Testosterona

Embora a testosterona seja principalmente um hormônio masculino, ela também desempenha funções essenciais no corpo feminino. As mulheres têm níveis muito mais baixos de testosterona em comparação aos homens, mas mesmo assim precisam dela para várias funções que contribuem para a saúde e o bem-estar geral.

A testosterona atinge seu pico durante a ovulação (é por isso que ficamos tão excitadas), dá suporte a nossos ovários e estimula o metabolismo. Desequilíbrios ou níveis excessivos de testosterona, entretanto, podem levar a problemas de saúde. Por exemplo, problemas como a síndrome dos ovários policísticos (SOP) podem estar associados a níveis mais altos de testosterona, levando a sintomas como ciclos menstruais irregulares, acne e excesso de pelos faciais. Muitas vezes, os médicos prescrevem pílula anticoncepcional para sintomas como esses, que podem ser resultado de disruptores endócrinos, em vez de apenas uma crise.

A pílula anticoncepcional (Aviso de conteúdo: ideação suicida)

A pílula anticoncepcional simultaneamente liberou e adoeceu mulheres em todo o mundo. É uma invenção incrível com uma relação complicada com a saúde das mulheres.

Você já se perguntou sobre o verdadeiro custo daquela pequena pílula que você engole diariamente? Ela mudou inquestionavelmente a vida de inúmeras mulheres. Mas aqui está uma surpresa: a FDA aprovou seu uso por alguns anos na vida de uma mulher, não pelas décadas estendidas que muitas de nós a tomamos.

Quando pedi para usar pílula, minha médica não pensou duas vezes. Ela também não me avisou sobre os possíveis efeitos colaterais. E — *uau* — há muitos.

Minha decisão sobre tomar pílula não foi nem um pouco consciente. Fui à médica porque estava desesperada para não engravidar, além de achar minha menstruação nojenta e extremamente inconveniente. Ela também nunca foi celebrada por meu parceiro na época: "Ai, você está menstruada de novo? Eca..." Eu não estava em sintonia com a inteligência de meu corpo, não era a melhor aliada de meu útero e não tinha coragem de me impor. Confiava nos médicos, no sistema de saúde, no governo e nas empresas farmacêuticas, e presumia que eles nunca lançariam um medicamento que me fizesse mal. Nossa, como eu estava errada.

A princípio, adorei não menstruar, o que (naquela época) eu considerava mais uma chatice do que algo a ser celebrado. Contudo, ao longo dos meses seguintes, fui ficando cada vez mais deprimida até questionar realmente se queria viver. "Eu não me importaria de morrer agora", falei mais de uma vez. "Na verdade, acho que é uma ótima ideia."

Eu havia terminado com meu antigo parceiro, que tinha nojo de minha menstruação e era imaturo, e comecei a namorar meu futuro noivo, e esse lado de mim o aterrorizava. "Você não pode estar falando sério. Por favor, nunca diga essas palavras de novo", Jacob implorou. Mas eu falava sério, sim. Eu não conseguia pensar em um motivo bom o suficiente para continuar por aqui. Levei mais um mês nesse estado zumbi de depressão até decidir parar de tomar pílula. Claro, meus pensamentos suicidas cessaram logo depois. Eu não estou sozinha. Um estudo descobriu que o motivo mais comum para as mulheres pararem de tomar pílula era a depressão.

Não estou aqui para convencê-la a parar de tomar pílula ou julgá-la por usar. Estou aqui para compartilhar alguns fatos que seu médico deveria ter lhe comunicado antes de prescrevê-la.

As pílulas anticoncepcionais fazem sua "mágica" inundando seu organismo com hormônios sintéticos, enganando seu corpo para pensar que ele está constantemente em um estado pré-gravidez. O resultado? Você está se privando de um dos eventos mais poderosos da natureza: a ovulação.

Ao tomar pílula você não ovula. E aposto que ninguém lhe disse que a ovulação é sua arma secreta. Não se trata apenas de uma possível maternidade; esse é o período de aceleração de seu corpo, quando você se torna mais afiada, mais energética, mais *você*. No entanto, a narrativa que liga a menstruação apenas à feminilidade e à maternidade é desatualizada e reducionista.

A ovulação é sua vantagem injusta sobre os homens. Ela lhe dá um impulso extra que a torna magnética, mais saudável e mais forte. Dizer a uma mulher que ela não precisa ovular a menos que queira ter filhos é como dizer a um homem que ele não precisa ejacular a menos que esteja pronto para ser pai. (Do ponto de vista do biohacking, na verdade, seria mais saudável para os homens ejacularem menos e para as mulheres ovularem mais, mas isso é uma história para outro livro.) Resumindo, precisamos ovular.

Além disso, quando está tomando pílula, você não está produzindo progesterona — o hormônio do "bem-estar". Sabe aqueles momentos em que você se encontra totalmente em sintonia consigo mesma, sentindo-se calma e centrada, mesmo quando o mundo está uma loucura? Agradeça à progesterona. Esse hormônio incrível é produzido após a ovulação e tem uma maneira mágica de se misturar com o receptor de ácido gama-aminobutírico (GABA, na sigla em inglês) de seu cérebro. A vibração do GABA é sobre calma e relaxamento. Se você curte os tipos do eneagrama, o GABA é um 9 que quer se enroscar com um cobertor pesado e uma vela de cera de abelha naturalmente perfumada ou alguns palitos de incenso. A progesterona basicamente diz: "É isso aí, e deixe-me trazer um chá de camomila e fazer uma massagem profunda enquanto isso." A progesterona atua como o botão de desestresse da natureza.

Enquanto a progesterona é criada naturalmente em seu organismo, a progestina (tão perto, e ainda assim, tão longe) é criada em laboratórios, e é o principal ingrediente em muitos métodos anticoncepcionais. Uma das progestinas mais usadas é o levonorgestrel. Estruturalmente, ele é mais parecido com a testosterona do que com nossa própria progesterona, e isso pode, às vezes, resultar em efeitos colaterais que são mais "hormônio masculino" do que "hormônio feminino" — pense em possível queda de cabelo ou ganho de peso. Seu corpo é projetado para um hormônio, mas acaba recebendo um substituto quase-igual-mas-que-não-é-de-verdade. É como esperar um encontro tranquilo em um café e ir a um show de rock.

Nem todo o mundo experimenta reações físicas complicadas, mas é importante estar ciente de que esses hormônios artificiais podem atrapalhar seus hormônios naturais, até mesmo (principalmente) a insulina. Por incrível que pareça, enquanto o estrogênio natural em seu corpo ajuda sua resposta à insulina, o equivalente sintético da pílula torna mais provável que você tenha um pico de glicose. Isso mesmo — a pílula também pode interferir na forma como seu corpo lida com o açúcar! Alguns estudos sugerem que os hormônios sintéticos nela contidos (como estrogênio e insulina) podem interagir de maneiras que causam resistência à insulina nas mulheres. Isso significa que seu corpo talvez venha a ter dificuldade em usar a insulina corretamente, o que pode causar altos níveis de açúcar no sangue.

A pílula também suga de seu organismo minerais essenciais para a vida, como ácido fólico, selênio e zinco. Como efeito cascata temos caos hormonal, pele com problemas, inchaço e ganho de peso sorrateiro.

Novamente, não estou aqui para julgá-la por suas escolhas. Quero apenas levantar algumas questões e abrir sua consciência acerca de alguns problemas sérios sobre os quais você pode não ter sido devidamente avisada. Por exemplo, seu médico lhe disse que a pílula pode influenciar em sua capacidade de responder aos feromônios dos homens e que você pode acabar escolhendo o parceiro errado?

Quando Abby Epstein, diretora de Hollywood, e Ricki Lake, a lendária apresentadora de *talk show*, participaram de meu podcast para falar sobre seu filme *The Business of Birth Control*, Abby dividiu conosco que, depois de parar de tomar pílula, ela sentiu "repulsa" por seu parceiro. "E não foi só comigo, Aggie", ela continuou. "Muitas, muitas mulheres que entrevistamos deixaram de sentir atração por seu parceiro depois de parar de tomar pílula, em geral ao tentar engravidar."

Depois de vários anos sem tomar pílula, estou feliz em relatar que me encontro em um relacionamento saudável e apaixonado com um homem que acho profundamente atraente e que celebra minha menstruação ainda mais do que eu. Ele não se esquiva dela, mas a trata como um convidado de honra em nossas brincadeiras. Homens que agem como se a menstruação fosse algo antinatural e nojento precisam amadurecer, se tornar homens de verdade ou se instruir. Sua menstruação é um milagre, e deve ser celebrada e acolhida como tal.

Se há uma lição que você deve guardar deste livro, que seja esta: você é seu próprio Príncipe Encantado. Você precisa cuidar de si mesma, questionar, verificar, duvidar e criticar tudo o que ouve e conferir com sua bússola interna — incluindo as preferências que compartilhei aqui com você. Proteja-*se*. Questione. Observe. Teste coisas. Veja por si mesma.

A noção de que a menstruação define a feminilidade ou a maternidade é desatualizada e injusta. Se você está lendo isto e não menstrua há algum tempo, quero lembrá-la de que seu valor como mulher vai muito além de suas capacidades reprodutivas. Precisamos escrever uma nova narrativa sobre o que define ser mulher, que vai muito além de simplesmente ser mãe e ter ovários ou seios.

Ser mulher é uma energia — uma frequência na qual você pode sintonizar. E não importa se você toma pílula, se fica menstruada ou não, eu a encorajo fortemente a viver de acordo com seu próprio ciclo menstrual — seja lá como ele for.

Seu ciclo infradiano

Costumo ver especialistas de boa forma expondo como amam seus exercícios físicos e dieta, e apenas comentam de passagem que não menstruam há anos! Sua menstruação é um dos guias mais importantes de seus ciclos hormonais e é considerada seu quinto sinal vital, junto com a temperatura do corpo, a frequência do pulso, o ritmo da respiração e a pressão sanguínea. Isso significa que a menstruação é uma das principais maneiras do corpo de indicar o que seu equilíbrio hormonal está fazendo. Se seu ciclo menstrual estiver irregular, inconstante, atrasado, extremamente pesado, doloroso ou parar de vez sem uma explicação clara, é hora de levar isso muito a sério. Não importa que tipo de conselho "Aguenta firme aí" você recebeu no passado sobre sua menstruação, você precisa saber que cólicas menstruais *não são normais*.

Seu ciclo: O que é normal, afinal?

O ciclo de cada mulher é único para ela, mas é importante ter certeza de que o seu está no âmbito do "normal". A duração de seu ciclo deve ser algo entre 28 e 32 dias — algum espaço entre isso é normal contanto que seja regular e consistente para você. Idealmente, sua menstruação deve durar de quatro a sete dias.

Sendo assim, como você consegue rastrear seus níveis de hormônio para saber como você está, principalmente se vem sentindo sinais e sintomas de que alguma coisa pode estar errada — e o que pode ajudá-la a equilibrá-los de novo? Quando eu estava pesquisando hormônios, descobri que muitos dos dados disponíveis são direcionados a mulheres que se encontram na menopausa, o que é ótimo para elas, mas não é muito útil para nós que não estamos nesse estágio da vida ainda.

Infra... O quê?

Eu tinha trinta e quatro anos quando ouvi falar pela primeira vez no termo ciclo "infradiano". Como biohacker, eu conhecia o ciclo circadiano (nosso ciclo diário das 24 horas), mas o ciclo infradiano era novidade para mim.

Diferente do ciclo circadiano, o infradiano é seu ciclo mensal. É seu ciclo interno, de 28 dias, que regula o ciclo menstrual, que as culturas antigas perceberam que replicava a lua. Como mulheres, nosso superpoder é o fato de que estamos sincronizadas com a natureza. Podemos tentar lutar contra isso e nos sentir terríveis ou dançar conforme a música e nos sentir como deusas.

Obviamente, não somos como os homens, ainda que nossa sociedade seja construída em volta do ciclo do homem, que é fundamentado no ciclo circadiano (isto é, um ciclo diário). Os hormônios dos homens são muito mais como o sol; a testosterona sobe de manhã e cai de tarde.

Ao contrário, as mulheres são lunares. Não é coincidência que a duração de nossos ciclos menstruais seja sincronizada com o crescente e o minguante da lua, ocorrendo a cada 28 dias aproximadamente. Nosso ritmo, mais do que ser exclusivamente circadiano, é tanto circadiano *quanto* infradiano. (Olhe para nossos corpos incríveis naturalmente multitarefas como chefonas poderosas!)

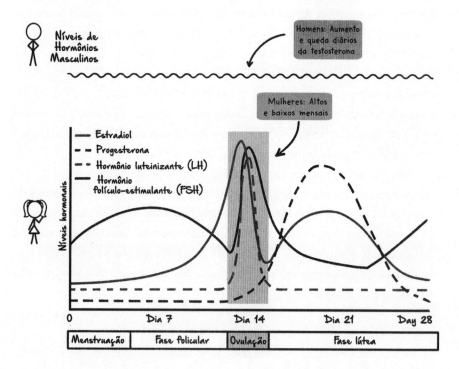

Como você pode ver claramente, nossos hormônios não são nem um pouco similares aos dos homens. Na verdade, eles quase nunca são os mesmos por até alguns dias consecutivos.

Nós somos como rios: constantemente fluindo e mudando. Se você não está aproveitando seu ciclo, então você provavelmente está trabalhando contra ele.

Ciclos de energia (yin e yang)

Uma das muitas razões pelas quais eu amo viver de acordo com meu ciclo é que posso circular entre as energias yin e yang ao longo do mês em vez de tentar encaixar todas elas em um dia. Na verdade, é assim que nossos corpos foram projetados.

Tenho certeza de que você já ouviu falar em yin e yang antes. A filosofia chinesa se aprofunda na ideia de que forças opostas não são apenas interconectadas, mas também complementares. Uma não pode viver sem a outra.

A energia masculina (yang) em geral tem a ver com atitudes. É aquela força que a leva a conseguir, a resolver problemas, a entrar em ação. É interessada no "como" e no "por que" das coisas. A energia yang adora um bom desafio e frequentemente foca em ganhar ou melhorar. Pense em disciplina, regras e estruturas. A energia yang adora um planejamento bem-organizado.

A energia feminina (yin), por outro lado, tem a ver com ser. Ela é aberta, disposta a receber, e focada no momento presente. Essa é a energia que a guia quando você "simplesmente sabe" alguma coisa, mas não consegue explicar por quê. O yin é a intuição e a sabedoria interna profunda. Diferente da competitiva energia yang, a yin consiste em cooperação e comunidade. Ela é mais fluida e adaptável. É como a água; ela pode se adaptar à forma de qualquer recipiente onde se encontre.

É um grande equívoco pensar que as mulheres só deviam viver a energia feminina e os homens deviam permanecer sendo estritamente masculinos. Isso vem da noção de que "Você é minha outra metade; você me completa". Se, como mulher, eu só posso explorar a energia feminina, preciso depender de meu parceiro para fazer as coisas para mim, para me trazer estabilidade e para me oferecer direção; isso significa que não posso experimentar o amor verdadeiro sem um propósito, porque eu preciso de meu parceiro para sobreviver. Há uma expectativa a preencher — uma condição que precisa ser atendida. Uma mulher que não pode explorar a energia masculina saudável em sua vida se coloca na codependência e nega a si mesma a dádiva de ser uma pessoa inteira.

Nós estamos aqui para sermos inteiros. Todo o mundo tem tanto a energia yin quanto a yang, independentemente do gênero. O segredo é encontrar o equilíbrio. Muito yang e você pode se ver estressada, competitiva além da conta e esgotada. Muito yin e você pode acabar se sentindo improdutiva ou travada em uma rotina.

Então, por exemplo, se você está dando duro todos os dias o dia inteiro (yang ao máximo), você pode precisar explorar o yin fazendo respirações profundas, meditando ou até mesmo apenas tendo um dia relaxante. Ao contrário, se você está se sentindo letárgica ou desmotivada (muito yin), pode ser hora de você ativar aquela energia yang com alguma definição de metas ou exercícios físicos intensos.

Queremos experimentar tanto a energia masculina quanto a feminina em cada uma de nós, para não precisarmos de nosso parceiro para sobrevivermos. Em vez disso, queremos escolher um parceiro que fique do nosso lado para nos amar incondicionalmente — e vice-versa.

Conheça seu ciclo

Como mulheres, temos quatro fases no ciclo de 28 dias.

Fase 1: Fase Menstrual/Inverno Interno: Energia yin, foco no interior, reflexão, intuição, repouso ativo.

Fase 2: Fase Folicular/Primavera Interna: Energia yang, foco no exterior, curiosidade, ação, disciplina e gosto por disciplina e estrutura, competição consigo mesma.

Fase 3: Fase Ovulatória/Verão Interno: Pico da energia yang, realização, atração, ímpeto (incluindo sexual), energia máxima, perseguir seus sonhos.

Fase 4: Fase Lútea/Outono Interno: Energia yin, foco no interior, autorreflexão, sintonização com as necessidades emocionais, intuição aumentada, atrair em vez de caçar.

Sincronize com a lua

Se já passou pela menopausa, não menstrua ou toma pílula, mesmo assim você pode sincronizar com o ciclo lunar e começar os passos da Fase 1 no primeiro dia da lua nova. Essas práticas ainda se alinham com seus ritmos naturais e podem servir como uma linda celebração de sua feminilidade, já que você vai seguir a sabedoria ancestral de honrar o crescente e o minguante natural da lua.

Fase 1: Fase Menstrual/Inverno Interno

Energia yin, foco no interior, reflexão, intuição, repouso ativo.

- Hora de se livrar de tudo o que não te serve mais.
- Reconecte-se com a mulher selvagem dentro de você.
- Hora de se lembrar de que você já possui todas as respostas dentro de si mesma.

Momento
Dias 1-7 de seu ciclo.

A Fase 1 vai do dia em que sua menstruação desce, até por volta do Dia 7 (isso pode variar um ou dois dias). Esta é a fase de seu ciclo para você se lembrar de quem você é, afinal de contas, e se conectar com sua natureza. Sua curandeira primitiva não está domada, mas estabilizada. Ela faz parte do ciclo da vida como aquela que dá a vida. Toda vez que você menstruar, lembre-se de seu verdadeiro poder e do belo presente que lhe foi dado.

Biologia

Quando nossos níveis de estrogênio e progesterona caem, eles sinalizam a seu corpo que é hora de começar a descamar o revestimento uterino. O revestimento uterino que foi feito como preparação para uma possível gravidez agora sai do corpo pela vagina. Essa é a parte "da menstruação" propriamente dita. Você pode sentir cólicas devido às contrações uterinas, fadiga devido às mudanças hormonais e outros sintomas como dores de cabeça ou seios sensíveis.

Energia

Alinhada com a energia yin, você pode sentir uma inclinação natural para desacelerar, refletir e ir com calma. Como você já está na fase de eliminação, este também é um momento de liberar situações, pessoas e dinâmicas que não estão servindo a seu Eu Superior.

Se você me segue no Instagram, pode notar que geralmente não posto uns dois ou três dias por mês. *Agora você sabe por quê!* Tento usar esse tempo para me reorganizar e me perguntar o que realmente importa e o que é relevante de verdade para mim agora. Este é o momento de suprir meu próprio corpo, em vez de suprir os dos outros — um tempo para olhar para dentro de mim e me reconectar com meu Eu Superior.

Quero incentivá-la a se sentir confortável com o desconforto dessa fase. Está tudo bem se você tomar um analgésico de vez em quando, mas tente não fazer disso um hábito. Como a pesquisadora Brené Brown costuma dizer: "Não podemos entorpecer seletivamente as emoções." Se você entorpece a tristeza, também vai entorpecer a alegria. Se você entorpece a dor, entorpecerá o prazer e o êxtase. Ficamos sensíveis, e talvez não gostemos de sentir nada que não seja agradável, mas nosso verdadeiro crescimento está em nossa sombra — a parte de nós que é difícil de amar e aceitar. Esse é um belo desafio mensal que a natureza nos oferece; adoro ir para dentro de mim e tentar me amar quando não estou sendo superprodutiva. Eu adoraria que você abraçasse essa oportunidade também. E se a dor for realmente insuportável — isso é um sinal para ir ao médico o mais rápido possível.

Dieta

Esta fase de seu ciclo adora uma dieta cetogênica limpa sem laticínios: foque em gorduras e proteínas. Pense em filés de gado alimentado com pasto e miúdos para fazer ensopados, e aproveite gorduras boas como abacate, manteiga, coco e azeite. Além disso, certifique-se de incluir verduras mais grossas, legumes, frutas vermelho-escuras e minerais. Limite os carboidratos e tente evitar todo açúcar.

Jejum

À medida que seus níveis de estrogênio começam a subir, eles podem tornar o jejum mais suportável. Comece com jejuns mais curtos e aumente gradualmente a janela conforme o dia de sua menstruação for se afastando, prestando atenção a seu corpo e esperando até que os efeitos imediatos da menstruação desapareçam. Comece com um jejum mais curto, talvez na faixa de 13-16 horas, e depois aumente gradualmente para até 72 horas se você tiver experiência com jejum e se sentir bem fazendo isso.

Exercício

Este não é o momento de se forçar e tentar chegar a seu máximo, mas também não é o momento de grudar no sofá.

Cardio de baixo impacto: Pense em caminhar, pedalar ou nadar. Esses exercícios de baixo impacto podem melhorar seu humor e sua resistência sem exigir muito do corpo.

Ioga e alongamento: Algumas posições suaves de ioga podem ajudar com cólicas e inchaço. Apenas evite as inversões; elas podem ser desconfortáveis durante a menstruação.

Exercícios com peso corporal: Pense em agachamentos, afundos ou flexões. Se você não se sentir com muita energia, exercícios com peso corporal talvez sejam uma ótima maneira de se manter ativa sem se sobrecarregar.

Pilates: Eis outra opção de baixo impacto que foca na força do core e na flexibilidade, o que pode ser especialmente bom se você estiver sentindo dores nas costas junto com as cólicas menstruais.

Levantamento de peso leve: Se você se sentir disposta, levantar pesos leves a moderados também pode ser benéfico. Apenas evite buscar seu máximo de repetições durante essa fase.

Estilo de vida

Dê a si mesma permissão para deixar seu útero decidir o que parece certo. Se ficar em casa e se aconchegar no sofá é o que você precisa, faça isso. Você pode usar esse tempo para colocar em dia a meditação, escrever em um diário e praticar a manifestação para atrair o que deseja, lembrando-se de que, no campo quântico, aquilo já é seu e sempre foi destinado a você.

Sexo

A menstruação não significa que você não pode fazer sexo, mas algumas mulheres não gostam muito dessa ideia neste ponto do ciclo. Eu mencionei que energeticamente nos voltamos para dentro, o que significa que tendemos a desejar mais *intimidade* do que sexo nesse momento. A verdadeira conexão com nosso parceiro é o que realmente nos excita e nos faz sentir notadas, em vez de uma rapidinha ou sexo por rotina.

Em meu aplicativo, Cycle Bestie, compartilhamos algumas ideias de como conectar-se com seu parceiro em um nível mais profundo sem penetração, e sugerimos algumas posições sexuais divertidas que você pode experimentar!

Observação: A maneira de diferenciar um menino de um homem é esta: meninos têm medo ou nojo da menstruação, fazem piadas e não querem nada com ela. Homens valorizam, celebram e amam a menstruação de sua mulher. Além disso, você não está fértil quando menstruada, então, se está tentando evitar gravidez, pode aproveitar de verdade se quiser! E se não quiser, tudo bem também! Muitas mulheres preferem o autoprazer nessa fase. "Mas e a sujeirada?" Garota, lençóis mais escuros, toalhas e aquela maravilhosa invenção chamada máquina de lavar têm sido minhas soluções. Então você vai ter um pouco de roupa extra para lavar — o que é isso comparado à chance de deixar seu corpo buscar prazer do jeito que quiser, sem se envergonhar de algo perfeitamente natural?

Muco cervical

Sabe aquelas videntes que fazem leituras a partir de folhas de chá? Bem, essa pode ser você, só que você estará lendo sua saúde a partir da cor de seu sangue menstrual. Olha você toda mágica!

Lembre-se de que a cor de sua menstruação pode ser afetada por muitos fatores, incluindo dieta, exercício, idade, uso de contraceptivos e saúde em geral. Durante a menstruação em si, você pode notar vários tipos de fluxo:

Vermelho vivo ou carmesim — indica um fluxo normal e saudável. Parabéns! Você tem uma vagina feliz.

Vermelho-escuro ou bordô — geralmente ocorre no início ou no final do ciclo menstrual. É sangue mais antigo que demora mais para sair do útero, e não é motivo de preocupação. Mais uma vez, parabéns pelas partes femininas saudáveis.

Marrom ou preto — geralmente visto no final do período menstrual quando o sangue é mais antigo e teve tempo de oxidar. É frequentemente visto de manhã, depois de você passar deitada a noite toda. Isso também pode acontecer com manchas no início do ciclo, enquanto seu corpo elimina qualquer sangue que não saiu completamente no ciclo anterior. Normalmente, não é motivo de preocupação.

Rosa — pode significar baixos níveis de estrogênio, má nutrição ou exercício intenso. Também pode ser um sinal de anemia. Pense nas mudanças que você pode fazer em seu nível de atividade e nutrição para aumentar seus níveis de ferro ou equilibrar seus hormônios novamente.

Laranja ou amarelo-escuro — essa cor pode indicar uma infecção, principalmente se houver um cheiro ruim ou textura incomum. Também pode ser um sinal de menstruação irregular, especialmente se ocorrer junto com outros sintomas como dor, ardência, coceira ou secreção incomum. Fique atenta e procure um profissional de saúde se algo não parecer certo.

Cinza — secreção cinza pode ser um sinal de vaginose bacteriana ou outras infecções. Se está vendo cinza, principalmente se estiver acompanhado de um cheiro ruim ou febre, você deve procurar um profissional de saúde imediatamente. Por favor, priorize sua saúde.

Lembre-se de que seu muco cervical muda ao longo do ciclo. Logo após o término do período, o muco cervical ou a secreção vaginal será branca ou amarela, e vai parecer seca ou pegajosa.

Biohacks para um período menstrual melhor

- Compressas de óleo de rícino ou bolsas térmicas. (Elas fornecem uma forma suave de melhorar o fluxo sanguíneo para os órgãos na pelve, mas não use se estiver com fluxo intenso.)

- Diário.

- Meditação.

- Drenagem linfática.

- Escovação a seco.

Mantra para a Fase 1

"Mudei meu ponto de vista. Eu não tenho *medo* de estar perdendo algo; eu sinto *alegria* por estar perdendo algo."

Fase 2: Fase Folicular/Primavera Interna

Energia yang, foco no exterior, curiosidade, ação.

- Lembrar ao mundo seu legado.

- Amar disciplina e estrutura.

- Você vai ficar um pouco competitiva, mas lembre-se de que a única competição é sempre entre você e você.

Momento
Dias 7-11 de seu ciclo.

Biologia
Seus níveis de estrogênio começam a subir, preparando seu útero para uma possível gravidez, enquanto o hormônio folículo-estimulante (FSH) trabalha em seus ovários para maturar um novo lote de óvulos. O estrogênio tem um efeito estimulante, então você provavelmente sentirá um aumento de energia. É como um shot de expresso natural de seu corpo. Muitas mulheres se percebem mais alertas e focadas durante essa fase. Fisicamente, você pode notar um fortalecimento progressivo de seu vigor e de seu tônus muscular.

Energia
Entrar na fase da primavera interna é como se o botão de "atualizar" em sua energia fosse acionado. Você se sentirá mais leve e aventureira, e há um impulso magnético inegável para socializar e se conectar. Afinal, é primavera! É um momento para gerar novas ideias, expandir seus horizontes e seguir sua curiosidade aonde quer que ela te leve. Aproveite a jovialidade que borbulha dentro de você — deixe-a guiar suas ações e esteja preparada para sonhar alto. A cada dia que passa, você se sentirá mais forte, mais motivada e pronta para conquistar o que vier pela frente. É sua hora de brilhar, construir e aproveitar as oportunidades.

Dieta
O estrogênio melhora sua capacidade de usar insulina e regula os níveis de açúcar no sangue. Mas isso não significa que devemos abusar! Durante essa fase, você notará um aumento na taxa metabólica. Continue com uma dieta focada principalmente em proteínas e gorduras saudáveis, mas, dado o aumento da energia e do foco, adicione uma gama mais ampla de vegetais frescos a suas refeições. Vamos atrás de alimentos ligeiramente mais leves, que sejam fáceis de digerir e ricos em nutrientes — pense em tigelas de proteínas, saladas, frutas vermelhas, cacau e muitas proteínas boas (vísceras, bife, cordeiro e peixe). Opte por vegetais ricos em nutrientes, como abobrinha, brócolis e couve-de-bruxelas, juntamente com um toque de cor das cenouras. Frutas vermelhas e cítricas (particularmente limão siciliano, limão tahiti e toranja) podem complementar sua dieta com doçura natural e antioxidantes

NÍVEL 3: ACOLHA SEU CICLO MENSTRUAL | **165**

vitais. Para nozes e sementes, foque em abóbora, linhaça, castanha-do-pará e castanha-de-caju para adicionar tanto textura quanto ácidos graxos essenciais a suas refeições. Uma variedade de ervas, como salsa, urtiga e manjericão-sagrado, pode adicionar não apenas sabor, mas também potenciais benefícios à saúde. Alimentos fermentados, como vegetais em conserva, chucrute e kimchi, também acrescentam sabor e ajudam na saúde intestinal.

Biohackers avançados miram nesta divisão macro: 15% carboidratos, 25% proteínas, 60% gorduras.

Jejum

Já quis se desafiar durante o jejum? Bem, a hora é agora. Se você é nova no jejum, comece estendendo seu jejum por uma a duas horas no Dia 7 e depois prolongue mais meia hora nos dias seguintes (ou a cada dois dias, se parecer muito).

Exercício

É hora de pegar aqueles pesos pesados e realmente se desafiar com treino intervalado de alta intensidade (HIIT, na sigla em inglês), treino de alta intensidade com redução de esforço (REHIT, na sigla em inglês) e treino intervalado de sprint (SIT, na sigla em inglês). Você está com uma tolerância maior para resistência e dor, sua absorção de oxigênio está aumentada e você também consegue se recuperar melhor, alcançando muito progresso no treino. É hora de tentar seu recorde pessoal com os pesos mais pesados ou a corrida mais longa.

Estilo de vida

Aproveite seu foco e níveis de energia elevados para iniciar novos projetos, marcar reuniões com clientes, expandir sua rede e mergulhar em tarefas complexas que exigem atenção sustentada. Use esta fase como um trampolim para avançar em seus objetivos profissionais, investir em seu crescimento pessoal e fazer mudanças proativas no estilo de vida que se alinhem com seus objetivos. Sonhe alto!

Sexo

Pouco a pouco, você notará que vai desejar ter relações sexuais sem precisar primeiro olhar nos olhos do parceiro durante horas. Agora que estamos habitando uma energia mais masculina, podemos nos sentir "caçando" nossa presa. Biologicamente, nossos cérebros querem continuar a espécie, então podemos nos sentir naturalmente mais sedutoras e excitadas. Meu primeiro conselho é: flerte com a vida! Não quero dizer com todos os caras que você vê. Quero dizer com *a vida*. Seja divertida, inicie uma conversa, ria, sinta-se poderosa e aproveite a oportunidade que a vida lhe oferece. Apenas lembre-se de que esse é um ótimo momento para fazer sexo, mas também o mais perigoso. O esperma pode sobreviver até cinco dias dentro de seu corpo, e você pode ovular já no Dia 11 ou 12 de seu ciclo, dependendo de você ser muito regular ou não. Tome as devidas precauções se estiver tentando evitar gravidez.

Muco cervical

Nos Dias 7-9 de seu ciclo, seu muco se tornará cremoso, com uma consistência semelhante a iogurte. Vai parecer úmido e com um aspecto nublado lá embaixo.

Mantra para a Fase 2

"Meus sonhos me foram dados por uma razão. Meu propósito na vida é ir atrás deles."

Fase 3: Fase Ovulatória/Verão Interno

Pico da energia yang, realização, atração, ímpeto (incluindo sexual), pico de energia.

Momento

Dias 12-15 de seu ciclo.

Biologia

Durante a ovulação, seu corpo passa por uma série de mudanças hormonais que o preparam para uma possível gravidez. Seu estrogênio e hormônio luteinizante (HL) têm seu pico por volta desse momento para facilitar a liberação do óvulo maduro de um dos ovários para dentro da trompa de Falópio. A temperatura do corpo aumenta ligeiramente depois de o óvulo ser liberado, uma indicação que algumas pessoas usam para monitorar a fertilidade. Você também pode achar que está com os sentidos mais apurados, a energia mais alta e até mesmo a libido elevada devido ao pico de testosterona. Sua tolerância à dor pode aumentar, assim como seu desempenho físico geral, o que vai deixá-la irrefreável. (Lembra-se de quando eu disse que esse era seu superpoder?)

Energia

Durante a ovulação, você está em sua energia yang, que é tradicionalmente associada a atributos como ação, calor e brilho. Isso repercute nas mudanças físicas e surtos hormonais pelos quais seu corpo passa durante essa fase. Energeticamente, você pode se sentir mais extrovertida, sociável e motivada a enfrentar desafios, quer eles sejam em sua vida pessoal, nos exercícios físicos ou no trabalho. O aumento da energia yang durante a ovulação pode deixá-la mais viva, alerta, e em sintonia com seus desejos e ambições. É um momento poderoso para se reconectar com seu "excitador" pessoal, sua energia vital sexual. Vá fundo atrás de seus sonhos!

Dieta

Durante o verão interno, quando seus hormônios estão no auge e a temperatura de seu corpo está elevada, opte por vegetais crus e alimentos mais leves para resfriar seu corpo. Legumes como couve-de-bruxelas e brócolis são escolhas excelentes, junto com frutas como coco, melancia e frutas vermelhas. Proteínas como salmão selvagem e aves podem ser benéficas, assim como ervas como raiz de dente-de-leão e cúrcuma. Sementes como gergelim são ricas em lignanas e minerais que podem bloquear o excesso de estrogênio, enquanto sementes de girassol, ricas em selênio e vitamina E, podem ajudar na produção de progesterona e auxiliar na desintoxicação do fígado.

Distribuição dos macros: 40% carboidratos, 40% proteínas, 30% gorduras.

Jejum

Pare o jejum prolongado e diminua um pouco o ritmo. Não faça mais de 17 horas seguidas de jejum.

Exercícios

Você provavelmente vai ter mais energia, aumento da força e uma melhor tolerância à dor durante essa fase. Essa é a época ideal para exercícios físicos intensos e levantar pesos mais pesados. A maior tolerância à dor em seu corpo pode ajudá-la a encarar séries mais desafiadoras e fazê-la perseguir seu melhor desempenho pessoal. Você também pode optar por sessões de cardio mais longas ou mais intensas. Seja correndo, pedalando ou nadando, sua resistência provavelmente estará melhor durante essa fase. Com suas habilidades sociais e de comunicação também obtendo um estímulo hormonal, esse é um excelente momento para se exercitar em aulas coletivas, onde você pode se alimentar da energia dos outros.

Estilo de vida

Você sabia que os cientistas descobriram que as *strippers* ganham mais gorjetas quando estão ovulando? (Mulheres que tomam pílula foram as que ganharam menos.) O que isso quer dizer? Durante a ovulação, as mulheres são consideradas mais bonitas e mais atraentes. Use isso a seu favor (in)justamente durante esse período: peça um aumento, agende suas apresentações em público, tire fotos novas ou (como eu pretendo fazer) planeje seu casamento!

Você também pode descobrir que está mais inclinada a tomar a liderança em situações sociais e ser mais assertiva em expressar suas necessidades e seus desejos. Você sentirá mais facilidade para tomar decisões e agir nos planos que tem feito. Você pode se sentir mais aventureira e propensa a riscos calculados, como tentar uma nova série de exercícios físicos, enfrentar um novo projeto no trabalho ou até mesmo iniciar conversas em suas relações pessoais que você vinha adiando.

Sexo

Durante seu verão interno, reconecte-se com sua energia sexual em vez de podá-la ou se sentir como se ela fosse seu lado sombra. É perfeitamente normal sentir-se excitada, então aceite isso. Não é errado ou ruim. Tire proveito dessa energia com vontade — seja com um parceiro ou sozinha. O autoprazer pode ser uma grande parte de seu empoderamento. Se você ficar excitada, aproveite! Se você está tentando engravidar, essa é a hora. Se não, tome decisões responsáveis.

Uma excelente dica de biohack é que seu parceiro aprenda o orgasmo sem ejaculação. Sim, isso existe. O taoismo, a ayurveda e o tantra acreditam que ejacular com frequência esgota a energia vital do homem e o "enfraquece"; por isso, incentivam os homens a aprenderem como chegar ao clímax sem ejacular. Com um pouco de prática, seu parceiro poderá se tornar muito bom nisso, o que não só vai melhorar sua vida sexual como também melhorará a maneira como ele interage com o mundo.

Muco cervical

O muco estará elástico e se parecerá com claras de ovo cruas. O muco fica mais escorregadio e elástico logo antes da liberação do óvulo. Você está em seu pico de fertilidade, e seu muco cervical se encontra no auge no modo de aceitar os espermatozoides nesse momento.

Mantra para a Fase 3

"Eu abraço minha sexualidade e celebro o poder de minha vagina."

Fase 4: Fase Lútea/Outono Interno

Energia yin, foco no interior, autorreflexão, intuição aguçada.

Momento

1ª metade (Dias 16-21).
2ª metade (Dias 22-28).

A primeira metade desta fase (seu "outono interno") é chamada de fase lútea inicial (Dias 16 a 21), e a segunda metade é a fase lútea tardia (Dias 21 a 28), quando algumas mulheres têm TPM.

Biologia

Durante a fase lútea, que ocorre após a ovulação e antes do início da menstruação, seu estrogênio aumenta primeiro durante a parte inicial da fase lútea, trabalhando em conjunto com a progesterona para preparar ainda mais o revestimento uterino. Se uma gravidez não ocorrer, tanto a progesterona quanto o estrogênio caem, e os sintomas pré-menstruais como mudanças de humor, inchaço e sensibilidade nos seios podem começar a aparecer. Sua temperatura corporal basal geralmente será mais alta.

Energia

À medida que você migra para sua energia yin durante a fase lútea de seu ciclo menstrual, você está se movendo do externo para o interno.

Energeticamente, esse é o momento em que você pode sentir uma necessidade de desacelerar, guardar energia e honrar seu mundo emocional interior. Enquanto a energia yang é sobre construir e conquistar, a energia yin é sobre nutrir e reservar um espaço para si mesma. Você pode achar benéfico se afastar de atividades excessivamente sociais ou extenuantes e priorizar o autocuidado e o relaxamento. Eu prefiro círculos menores e conversas mais profundas durante minha fase lútea. Este foco no interior não é um sinal de fraqueza ou retraimento, mas sim um ajuste natural aos ciclos de seu corpo. Ao honrar sua energia yin, você cria um equilíbrio que permite a restauração emocional e física, preparando o cenário para o próximo ciclo de energia yang quando chegar a hora.

Dieta

Durante a primeira parte desta fase, você pode continuar com a ingestão baixa de carboidratos. Mas à medida que se aproxima da fase menstrual e seus níveis de progesterona sobem, talvez você se flagre desejando mais carboidratos — e também se tornando um pouco resistente à insulina. Isso significa que um biscoito que normalmente causaria apenas um pequeno pico em sua glicose agora terá um efeito muito mais forte em seu corpo, o que pode levar a ainda mais desejos descontrolados. Batatas fritas, biscoitos e macarrão só vão piorar sua TPM; você terá ainda mais cólicas, ficará mais irritada e com mais fome. Para ajudar a evitar a TPM, foque em calorias que queimam lentamente, incorporando gorduras boas e proteínas, que causam menos picos de glicose.

Alguns especialistas aconselham não comer carboidratos por causa disso, mas eu prefiro confiar na inteligência da natureza. A progesterona precisa de bons carboidratos "naturais", não de quaisquer carboidratos. Foque em carbos como abóbora, abóbora-moranga, abóbora-batã, cenoura, araruta, batata-doce, batata-asterix, inhame, banana-da-terra e arroz branco. Vegetais que você pode incluir são repolho, couve-flor, aipo, pepino, couve e mostarda. Para proteínas, experimente peru, salmão selvagem, carne bovina alimentada com pasto, cordeiro, assim como chocolate amargo. Açúcares aprovados para os desejos compulsivos incluem xilitol (mas tome cuidado com seus animais de estimação porque o xilitol é letal para cães), eritritol, fruta-dos-monges, d-ribose, sorbitol, mel cru e álcool de açúcar como maltitol.

Para biohackers avançados:

Distribuição de macros na Parte 1 dessa fase: 15% carboidratos, 25% proteínas, 60% gorduras.

Distribuição de macros na Parte 2 desta fase: 40% carboidratos, 40% proteínas, 30% gorduras.

Jejum

Na primeira parte da fase, você ainda pode fazer jejum intermitente (esses eu costumo chamar de "últimos dias de pressão"). Mas sete dias antes de sua menstruação, esqueça o jejum intencional. Porém, isso não significa jantares às dez da noite (a menos que você esteja na Espanha). Tente fazer sua última refeição do dia entre 18h e 19h, e depois tomar café da manhã ao acordar.

Exercício

Na primeira metade da fase lútea, quando você ainda tem relativamente mais energia, uma abordagem moderada ao treino de força e cardio pode ser ótima; experimente exercícios que não sejam muito extenuantes nem muito relaxados. Isso permite uma transição harmoniosa da fase folicular de alta energia para a fase lútea mais introspectiva.

À medida que você se aproxima da menstruação, considere mudar seu foco inteiramente para o autocuidado e o alívio do estresse. Pilates, ioga e longas caminhadas se tornam seus melhores amigos nesse momento. Não é hora de ultrapassar limites ou estabelecer recordes pessoais na academia. Por quê? Porque queremos manter o cortisol — o hormônio do "estresse" — mais baixo. Níveis elevados de cortisol podem intensificar a resistência à insulina, e a sensibilidade à insulina já é naturalmente reduzida durante esta fase. Você ainda pode fazer treino de força, mas opte por pesos mais leves e séries menos intensas. Esqueça treinos em jejum ou sessões prolongadas de cardio; eles podem elevar demais seus níveis de cortisol.

Estilo de vida

Yin, a energia feminina, é a energia "receptora", mas pelo visto, nós, mulheres modernas, esquecemos como recebê-la. Vivemos em um mundo onde a produtividade é uma medalha de honra. Nós nos sentimos frágeis e fracas quando precisamos descansar e repor as energias. Diferente da fase yang, quando você talvez tenha se sentido mais motivada para iniciar projetos e liderar equipes, a energia yin incentiva um tipo diferente de produtividade. Você pode se perceber mais focada em aperfeiçoar projetos existentes em vez de lançar novos. É um momento para tarefas com mais detalhes, revendo, refletindo e revisando. Você pode se sentir mais sintonizada com as necessidades e os sentimentos de seus colegas. A energia yin apoia o papel de "cuidadora" — você fica ótima para resolver problemas a partir de uma perspectiva compassiva, garantindo que as necessidades emocionais e práticas da equipe sejam atendidas.

Além disso, sua inclinação para o autocuidado e o gerenciamento do estresse pode ser uma força no trabalho. Você pode estabelecer o tom para um ambiente de trabalho equilibrado e saudável, priorizando o bem-estar. Tente sugerir reuniões mais curtas e mais focadas ou introduzir técnicas de relaxamento para combater o estresse no trabalho. Mesmo que você não esteja em modo "vai-vai-vai", sua energia yin durante a fase lútea pode ser um ativo especial, ao ajudar a equilibrar a cultura corporativa em geral dominada por yang.

Sexo

No início de sua fase lútea, você poderá estar no clima para uma rapidinha; mas à medida que se aproximar do final da fase, você sentirá mais necessidade de intimidade do que de sexo. Você talvez se sinta um pouco seca e não muito disposta a ter relações sexuais, então tente usar bastante óleo de coco como lubrificante e gastar mais tempo com as preliminares se quiser tentar.

Seu colo do útero estará mais baixo na segunda metade, portanto, se fizer sexo com penetração, poderá ser desconfortável em certas posições (ou em todas). Lembre-se de que sexo vai além de penetração. Sexo oral, sexo sem penetração, autoprazer e massagem erótica ou não erótica podem atender a sua necessidade de intimidade enquanto respeitam o conforto de seu corpo.

Muco cervical

Seu muco cervical ficará seco até a menstruação descer, então (de novo) faça do óleo de coco ou do lubrificante de sua escolha seu melhor amigo.

Mantra para a Fase 4:

"Descansar não é fraqueza, e receber não é vergonha."

Maneiras de equilibrar seus hormônios

A seguir, apresento algumas formas de ajudar seus hormônios intencionalmente.

Honre o feminino dentro de você

Ajude seu ciclo infradiano vivendo, comendo, jejuando e funcionando de acordo com sua menstruação. Nós somos diferentes dos homens, e é hora de acolher isso. Em vez de tentarmos ser versões menos cabeludas deles, vamos celebrar e honrar nossos ciclos, nossos úteros e nossas vaginas. Esses hormônios não são somente químicas naturais que nosso corpo produz; são superpoderes. Use aplicativos ou diários para monitorar seu ciclo menstrual, sintomas e bem-estar geral. Entender os padrões de seu ciclo pode empoderá-la para reivindicar seu poder de volta.

Aceite a oxitocina

Acolha sua oxitocina (hormônio do amor) e se encha com esse hormônio de bem-estar que ajudará seu sistema endócrino como um todo. Ele não somente faz você se sentir bem no momento. Ao elevar seus níveis de oxitocina com coisas como aninhar-se, abraçar, acariciar, beijar e massagear, você está fazendo mais do que simplesmente trazer alegria. Você está essencialmente colocando as bases para seu corpo encontrar aquele estado tão necessário de equilíbrio. Então, vá em frente e se aconchegue; seus hormônios agradecerão!

Remova as toxinas

Faça uma desintoxicação de seu corpo e ajude seu fígado. Seu fígado metaboliza o estrogênio, então é sempre bom assegurar que você não esteja sobrecarregando-o com outras toxinas, tais como álcool ou produtos químicos processados. Tente evitar sobrecarregá-lo, sobretudo se você já está sentindo que seus hormônios estão desequilibrados. O mesmo acontece com seu intestino. Continue lendo; mais adiante tenho algumas dicas de biohack para você sobre como desintoxicar como uma profissional.

Mantenha a glicose sob controle

Gerencie e controle picos de glicose e regule a insulina. Essa é uma das maneiras mais eficientes de combater sinais de um desequilíbrio hormonal.

A insulina é um hormônio que vai "anular" e atrapalhar os hormônios do sexo com frequência, mas é fácil regular com pequenos ajustes em sua dieta.

Otimize sua rotina

O objetivo é otimizar, e não traumatizar. A chave é a moderação. Biohacks como jejum e exposição ao frio são incríveis para regular seus hormônios, mas o impacto deles é altamente dependente de como eles são utilizados. Mergulhar precipitadamente em um jejum de 72 horas ou passar tempo excessivo na água gelada pode fazer você ter do que se gabar no Instagram, mas também pode ser um choque para seu organismo e desordenar seus hormônios. Comece com jejum intermitente ou passe apenas alguns minutos em um chuveiro frio antes de aumentar *gradativamente*. O objetivo é guiar seu corpo com delicadeza para um estado de equilíbrio no qual a produção de hormônio seja auxiliada.

Nutra

Nutrir é uma de minhas palavras preferidas. Ela simplesmente faz com que me sinta compreendida e segura. Mulheres desabrocham quando são nutridas. Garanta que você não esteja faminta por aí; nutra seu corpo comendo o suficiente de gordura boa como abacate, sementes, ghee, óleo de coco e manteiga.

Cuidado com a exposição a eletrônicos

Nós nos tornamos uma espécie que vive em ambientes internos, mas nossos hormônios estão intrinsecamente ligados à luz natural. Muitas de nós passam horas incontáveis sob o brilho artificial de luzes fluorescentes ou grudadas nas telas de nossos telefones, dos primeiros segundos em que acordamos de manhã até tarde da noite — comportamentos que estão desestabilizando nosso equilíbrio hormonal. Não é apenas a melatonina, o hormônio do sono, que é afetado; o dano se estende por todo nosso sistema endócrino. Além de nosso ciclo circadiano, a luz artificial pode bagunçar nossos ciclos infradianos também! Um estudo recente descobriu uma possível ligação entre luzes azuis (tais como aquelas usadas em telas eletrônicas) e a chegada precoce da puberdade.

Um dos biohacks mais simples é sair ao ar livre e usar óculos bloqueadores de luz azul sempre que possível. A exposição constante à luz natural não apenas eleva o ânimo como também ajuda a produzir vitamina D, um componente essencial para a síntese hormonal. Considerando que somos provavelmente a geração mais privada de sol da história, fazer um esforço consciente para pegar alguns raios de sol não é apenas luxo — é uma necessidade para controlar seus hormônios.

Controle seu estresse

O estresse é um fator muito importante no equilíbrio hormonal, e vamos mergulhar fundo no estresse em outro capítulo! Quando seu cortisol está alto, seus hormônios do sexo ficam descontrolados. Se seu corpo não se sentir seguro, ele não vai ovular e menstruar porque, mais uma vez, sua biologia está ligada a propagar a espécie, e condições inseguras não são a hora ideal para trazer um novo ser humano ao mundo!

Principais conclusões

✓ **Encare seu ciclo menstrual como um superpoder:** Entenda e respeite as diferentes fases de seu ciclo menstrual — menstrual, folicular, ovulatória e lútea —, cada uma com sua energia e suas necessidades únicas. Esse ciclo não é uma maldição, mas uma ferramenta poderosa para entender seu corpo e otimizar sua saúde e seu bem-estar.

✓ **Entenda o sistema endócrino e o equilíbrio hormonal:** Hormônios como insulina, oxitocina, serotonina, dopamina, adrenalina, cortisol, estrogênio, testosterona, progesterona e melatonina desempenham papéis fundamentais na saúde geral. Desregulações nesses hormônios podem se manifestar como mudanças de humor, ganho de peso, TPM, fadiga e ainda mais.

✓ **Identifique e evite disruptores endócrinos:** Disruptores comuns incluem produtos não orgânicos, carne e laticínios com hormônios, embalagens de plástico, produtos de limpeza químicos e itens de cuidado pessoal não naturais. Reduzir a exposição a esses disruptores pode melhorar significativamente o equilíbrio hormonal.

✓ **Honre os ciclos naturais de seu corpo:** Sintonize-se com o ciclo infradiano (seu ciclo de 28 dias) e o ciclo circadiano de seu corpo. Honre as energias yin e yang ao longo do mês para equilibrar atividade e descanso.

✓ **Ajustes na dieta e na nutrição de acordo com as fases do ciclo:** Adapte sua dieta a cada fase do ciclo, focando em diferentes macronutrientes e alimentos que se alinhem com as necessidades de transformação de seu corpo, desde proteínas e gorduras na fase menstrual até gorduras, proteínas e carboidratos equilibrados na fase lútea.

✓ **Gerencie o estresse e o bem-estar emocional:** Níveis elevados de estresse podem desregular o equilíbrio hormonal, principalmente o cortisol. Incorporar técnicas de redução de estresse como meditação, ioga e práticas de atenção plena é essencial.

✓ **Exercício regular adaptado às fases menstruais:** Ajuste sua rotina de exercícios para corresponder aos níveis de energia de cada fase menstrual, desde atividades de baixo impacto durante a menstruação até exercícios mais intensos durante as fases folicular e ovulatória.

✓ **Gestão da tecnologia e exposição à luz:** Preste atenção à exposição excessiva à luz azul de telas, que pode desregular os ciclos circadiano e infradiano. Receber luz solar natural e usar óculos bloqueadores de luz azul podem ajudar a regular os hormônios.

NÍVEL 4

VIVA COMO UMA
biohacker

7

Treine como uma biohacker

"Sempre acreditei que, se você investir no trabalho, os resultados virão. Eu não faço coisas pela metade. Porque sei que, se eu fizer, deverei esperar resultados pela metade."

—Michael Jordan

Aqui estamos nós! Você chegou ao Nível 4! Agora você sabe quando comer suas refeições, quais são suas opções mais nutritivas e como trabalhar com seu ciclo para celebrar seu superpoder feminino! Vamos dar uma olhada em como tudo isso se junta com alguns toques finais de biohacking enquanto você acolhe sua nova identidade e se transforma em seu eu mais poderoso! Comecemos com treinos.

Forte > magra

Agora vem a parte divertida. Você está comendo como uma biohacker, prestando atenção a seus hormônios como uma biohacker e agora é hora de viver como uma. Como biohackers, nós amamos movimentar nossos corpos, mas não vivemos na academia. Praticamos exercícios que de fato fazem a diferença, não investimos simplesmente horas em aulas para poder dizer que passamos um tempo na academia.

Meu objetivo era ver quão mais magra eu conseguia ficar. Eu achava que isso era tudo o que importava. Quando cheguei a 40 quilos (tenho 1,60 m, mas assim mesmo), achei que estaria no auge, cheia de energia, e tudo estaria maravilhoso. Mas descobri que eu não me sentia forte e não estava tonificada. Como eu não queria ficar corpulenta como um rato de academia, tinha medo de levantar peso.

Minha mentalidade de "quanto mais magra, melhor" me assusta agora. Eu não me peso mais com muita frequência; na verdade, nem tenho balança. Sei que, como mulher, meu peso flutua de acordo com minha menstruação, com o que comi e com a retenção de água — há uma dúzia de diferentes razões. Não quero passar a vida obcecada por uma flutuação natural de um ou dois quilos. Não gosto do termo "perder peso", embora eu o use neste livro porque é comumente usado para significar "entrar em forma", mas eu quero realmente que você entenda que *essas duas coisas em geral não são a mesma.*

No biohacking, nós medimos a composição do corpo e priorizamos os músculos porque eles tornam estar em forma bem mais fácil.

Quando eu estava em meu corpo "mais magro", eu não estava em forma. Tinha muito pouco músculo. Você pode ter qualquer peso e estar em forma se tiver uma quantidade saudável de *músculos* e os sistemas de seu corpo estiverem trabalhando como devem. Em meu principal desafio de biohacking, o *Fit as F*uck*, onde eu já instruí mais de 20 mil mulheres, inúmeras delas vinham com objetivo de perder peso, mas elas logo entenderam como seria mais fácil se formassem músculos antes.

Nem todo o mundo quer ou gosta da aparência atlética de uma bunda grande, mas não é disso que estamos falando aqui. Quero que você foque em músculos fortes do esqueleto, que são necessários para se desenvolver fisicamente.

Primeiro de tudo, a gordura é menos metabolicamente ativa do que o músculo. Isso significa que um quilograma de gordura queima menos calorias em repouso do que um quilograma de músculo. O tecido do músculo é metabolicamene ativo, o que significa que ele requer mais energia (calorias) para se manter, mesmo quando você está em repouso. Acima de tudo isso, lembre: quanto mais músculos, mais receptores de insulina você tem para armazenar insulina durante uma refeição de carboidratos, o que significa menos picos de glicose. Quanto menos picos de glicose, melhor você se sente. Quanto melhor você se sente, mais energia você tem para fazer as coisas que ama. Está vendo aonde eu quero chegar?

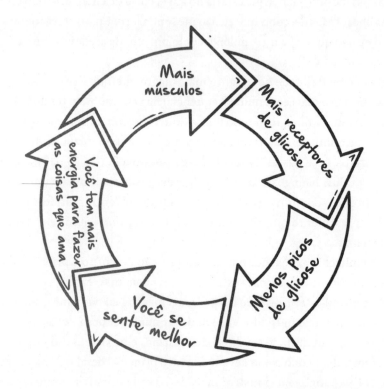

Lembre-se de que *nós não estamos aqui para perder peso*. Bem, deixe-me dar uma reformulada nisso: nós não estamos aqui para medir nosso valor por um número na balança. Nós *estamos* aqui para perder o peso que colocamos em nós mesmas com responsabilidades infinitas onde podemos sentir como se estivéssemos sempre falhando: casa, trabalho, filhos, pensar que somos responsáveis pela felicidade e bem-estar de todo o mundo. *Esse* é o peso que se manifesta em nossas células de gordura (mais sobre isso adiante). É hora de olhar para o peso dessas pressões externas e largá-las como se estivessem quentes. (Obrigada por esse sábio conselho, Snoop Dogg!)

Não vou amenizar as coisas: você pode mesmo ganhar peso quando faz exercícios. (Meio que secretamente espero que você ganhe, porque isso significa quase com certeza que você está ganhando músculos.)

Agora, isso pode ser um gatilho para muitas mulheres porque fomos criadas com uma lavagem cerebral profunda sobre um certo número que devíamos ter para parecermos bem. Qual é para você? Abaixo de 65? Abaixo de 70? Quando minhas alunas começam a malhar e ganhar músculos, elas quase sempre ganham peso — e então começam a surtar e querer desistir. Por favor, desista. Vamos curar isso juntas.

Para começar, jogue fora sua balança. O número ali está ligado ao valor e bem-estar das mulheres há tempo demais. Ele não representa quem você é, como sua alma é mágica e que coisas incríveis vão estar diante de você uma vez que você se livre das dietas de fome da moda que te mantêm estressada e vivendo em busca de um suposto tamanho pequeno — não importa qual seu tamanho físico.

Enquanto eu escrevia este livro, levei minha mãe para uma viagem de aposentadoria nas Maldivas. Passamos tanto tempo nadando no quente Oceano Índico, fazendo esportes, comendo frutos do mar frescos e deliciosos e sendo mimadas... Vi minha mãe ficar cada vez mais relaxada ao mesmo tempo que se tornava mais energizada e cheia de energia vital *chi*.

Certa noite, ela comentou comigo: "Uau, meu maiô está tão largo... Acho que perdi peso." Ela foi até a balança no banheiro do hotel, puxou-a de debaixo da pia e se pesou. Meu corpo começou a ficar tenso. Tive uma lembrança de minha infância e de todos os momentos quando minha mãe subiu na balança e murchou os ombros, decepcionada. "Nem um quilo a menos", ela me disse. (Somos europeias; falamos em quilos uma com a outra.) "Mas, mãe, como você está se sentindo?", repliquei. "Você está maravilhosa! Você parece estar melhor." Não adiantou; ela continuou decepcionada pelo resto da noite, embora estivesse fisicamente muito melhor do que uma semana antes.

Este é meu ponto: Nós não fazemos exercícios para perder peso, mas sim para a longevidade, a tonificação, o antienvelhecimento, o controle da glicose, a postura, as endorfinas e a flexibilidade metabólica (essa é a metáfora sobre galhos e lenha que discutimos mais no início deste livro). Por favor, lembre-se de que isso é sobre sua saúde, e não apenas (ou até mesmo principalmente) sobre sua aparência.

Comece

Por que me preocupo tanto com me movimentar? Antes de mais nada, movimentar-se ao longo do dia ajuda a controlar a insulina (*Oba! Nós queremos isso*), reduzir o cortisol (*como um calmante natural, então... é isso mesmo, nós queremos isso*) e equilibrar os hormônios (*Pode crer, queremos isso também*). A parte engraçada sobre fazer exercícios é que é difícil começar, mas uma vez que tornamos isso um hábito, ficamos viciadas. Para mim, um dia sem me movimentar é horrível. Mas eu me lembro dos dias quando ir à academia parecia intimidante, entediante e simplesmente muito desanimador.

Eis como eu operei a mudança.

Frequência e forma

Não é suficiente fazer uma grande sessão de duas horas de exercícios físicos uma vez por semana. É muito melhor fazer sessões mais curtas e mais frequentes com múltiplas formas de se movimentar ao longo do dia. Por mais clichê que soe, suba escadas, trabalhe em pé e faça um esforço para esticar as pernas a cada 40 ou 60 minutos.

Há um estudo com 84 mulheres que eram faxineiras por profissão. Os cientistas disseram à metade do grupo (o grupo informado) que o trabalho delas era um bom exercício e contava como uma ótima malhação. O grupo de controle fez o trabalho de rotina sem feedback. Quatro semanas depois, as mulheres do grupo informado perderam peso, e o índice de massa corporal de seus corpos bem como a pressão sanguínea diminuíram, ao passo que o grupo de controle permaneceu como era antes.

O que isso significa para você? Transforme cada tarefa de casa em uma malhação. Varrer o chão? Imagine que você acabou de se inscrever no programa de malhação de algum personal trainer da moda em Hollywood, e ele está dizendo: "1, 2, 3, 4 para a esquerda e 1, 2, 3, 4 para a direita", junto com uma de suas músicas preferidas. Lavar roupa? Ótimo, isso é malhação também; pense em todo o peso que você levanta e a quantidade de vezes que dobra os braços. Levar o lixo para fora? *Deixa que eu faço, amor!* Mas seja cuidadosa, porque é importantíssimo fazer os exercícios corretamente para evitar lesões e problemas nas costas.

Identidade

Você se lembra de quando eu disse que mudar sua identidade tem mais poder do que "se motivar"? Posso te dar dez razões por que você deveria se exercitar, mas você provavelmente já sabe de todas. Mas e se eu dissesse que, a partir de hoje, você é uma atleta, e atletas treinam, veja como você sente isso no corpo. Você se sente com mais propósito e poder? Fitness é quem você é, e não alguma coisa que você faz uma hora por dia na academia. Da próxima vez que alguém lhe perguntar por que você treina, diga: "Porque eu sou uma atleta. Dã!" E aja de acordo.

Momento

Escolher o momento do exercício de acordo com a maneira natural do fluxo de seus hormônios vai deixá-lo muito mais fácil e mais eficaz. Como mulheres, temos tanto o ciclo circadiano quanto o infradiano, como discutimos acima; então, sincronizar seu exercício com suas flutuações hormonais naturais pode ser um divisor de águas. Certos hormônios que ajudam na recuperação e no crescimento dos músculos, como a testosterona e o cortisol, têm picos de manhã, o que a torna o período ideal para treino de força e exercícios intensos, e agora você sabe como combinar melhor seus exercícios com seu ciclo mensal também.

Nutrição

Comida é combustível, mas comer perto demais de se exercitar pode deixá-la se sentindo mole, ao passo que não comer o suficiente pode resultar em uma sessão de exercícios menos eficaz. O momento de suas refeições e de seus lanches pode impactar drasticamente o desempenho e a recuperação de seu treino (falaremos sobre isso um pouco mais adiante), e vamos explorar os detalhes disso em breve. Certifique-se de repor todos os nutrientes após o exercício, principalmente proteína; caso contrário, você só estará exaurindo seu corpo, não adquirindo boa forma.

Endorfinas e diversão

Lembre-se de que não fazemos coisas que nos causam sofrimento. Isso já não é mais bem-estar. Encontre um exercício que você goste e que te anime a sair do sofá; mais adiante no capítulo, falarei de alguns que eu amo, mas a lista é infinita.

Além disso, as endorfinas — os hormônios da felicidade que são liberados quando você movimenta seu corpo (o que é também conhecido como "euforia do corredor") —melhoram o humor e são analgésicos naturais do organismo. Movimentar-se faz você se sentir bem, e quando você se sente bem, corre atrás de seus sonhos. Nem o maior palestrante motivacional do mundo consegue tirar você de uma fossa se você não mudar seu estado e começar a se movimentar. O movimento traz felicidade e euforia de graça, então por que não usar isso?

Suor

Eu odiei transpirar por anos, mas agora faço tudo o que posso para suar pelo menos uma vez ao dia. O suor elimina as toxinas com as quais você é bombardeada diariamente. Também combate germes, desobstrui os poros e libera endorfinas. Por que gastar dinheiro em produtos de biohacking caros quando um dos melhores é gratuito e está sempre disponível?

Priorizar-se

Autoestima, autoconfiança e autorrespeito. Entrar em forma é uma promessa que você faz para si mesma. É entre você e você. Quando cumpre sua própria promessa para si mesma você prova que se considera importante e que se colocar em primeiro lugar não é egoísmo. É um ato de bondade para consigo mesma e um investimento a longo prazo em você e em sua saúde. Não é fácil ir à academia ou a uma aula. Toda vez que você vai, mostra a seu Eu Superior que você consegue, o que é ótimo para construir autoestima, autoconfiança e autorrespeito — e isso se traduzirá em outras áreas de sua vida. Você sabe que pode contar consigo mesma!

Andar

Somos a geração dos que ficam sentados demais, comem demais e respiram demais. De acordo com o Centers for Disease Control and Prevention (CDC), apenas 23% dos americanos se exercitam com regularidade — e isso não significa ir à academia para um treino direcionado, mas sim qualquer tipo de exercício regular.

Qual a maneira mais simples para a maioria de nós fazer essa mudança? Bem, todos precisamos chegar a algum local, certo? E como estamos a esse respeito?

Foi aí que eu experimentei o maior choque cultural quando me mudei da Europa para Los Angeles. Ninguém parecia andar em lugar nenhum.

Agora, eu entendo que nem todos vivem em áreas urbanas onde é prático (ou até mesmo possível) ir caminhando para o trabalho ou para a mercearia, mas isso não significa que você não consiga mesmo assim achar maneiras de aumentar seus passos. E falando nisso, você realmente precisa de 10 mil passos por dia? Aparentemente, não. Um estudo de 2019 publicado na *JAMA Internal Medicine* descobriu que as mulheres que davam em média 4,4 mil passos por dia tinham taxas de mortalidade significativamente mais baixas do que as mulheres que davam por volta de 2,7 mil passos. As taxas de mortalidade melhoraram progressivamente até se estabilizarem em um número por volta de 7,5 mil passos. Armada desse conhecimento, eu pessoalmente tenho por objetivo 8 mil por dia, e tem sido ótimo para minha saúde. Normalmente, atinjo essa marca apenas em minhas atividades diárias, mas não é tão alto que eu tenha que me esforçar no fim do dia para atingir a meta.

E seus passos não precisam ser só caminhada prática para ir e voltar do trabalho, do mercado, da escola. Andar, principalmente na natureza, pode aumentar o pensamento criativo. A combinação de atividade física, relaxamento e uma mudança no cenário tem a capacidade de estimular ideias criativas. Mas isso não é tudo! Em uma entrevista recente, o doutor Andrew Huberman, da Universidade Stanford, sugeriu: da próxima vez que você sentir ansiedade, caminhe em um espaço aberto. O movimento para a frente dispara no cérebro o "caminho da vitória", que é associado com bravura, coragem e audácia. Isso também permite que você saia de sua visão de túnel (o que pode acontecer quando você está estressada).

O movimento cancela sua refeição biodesleixada

Há um antigo ditado chinês que diz "散步走一走，活到九十九", cuja tradução é: "Faça uma caminhada depois da refeição e viva até os noventa e nove." Essa é uma prática tradicional baseada na crença de que fazer uma caminhada curta depois de comer pode ajudar a digestão e o bem-estar geral. (*Observação:* Estou escrevendo isso neste momento na China, e ontem meus anfitriões sugeriram uma caminhada rápida pela cidade depois de nosso almoço, para confusão de meus amigos americanos. Portanto, posso confirmar que essa prática é real.)

Pesquisas modernas agora provam que esse ditado chinês é verdade: *Movimentar-se depois de uma refeição ajuda a baixar nossa glicose*. (Leia isso de novo.) O que significa que, se você fizer um jantar pesado, cheio de carboidratos, vá andar depois, passe aspirador de pó, dance ou arrume a casa para ajudar a "cancelá-lo". Não apenas esse movimento físico baixará o estresse contido em seu corpo como também será uma maneira rápida e certa de queimar o excesso das reservas de açúcares em sua corrente sanguínea. E o que isso significa? Sim, você adivinhou: redução nos níveis de insulina!

Se você conseguir se livrar do estresse e se exercitar com uma atitude positiva, qualquer tipo de atividade poderá promover perda de peso e melhora da saúde. Pense em todas as atividades que você pratica todos os dias e trate tudo como se fosse parte de uma rotina de boa forma. Você vai ficar admirada com as mudanças positivas que verá.

Dicas de movimento

Aqui estão vinte ideias para costurar mais movimento no tecido de sua rotina diária:

1. **Alongamento da manhã:** Comece o dia com uma sessão de alongamento de cinco minutos para acordar seus músculos.

2. **Exercícios da mesa:** Enquanto está sentada à mesa, faça elevação de pernas sentada, flexões na mesa, torção sentada ou até mesmo se mexer de forma simples.

3. **Reuniões andando:** Em vez de ficar sentada em uma sala, faça suas reuniões ao ar livre e ande enquanto discute o assunto. Minhas amigas sabem que eu detesto ficar sentada por horas e, em Bali e em Los Angeles, sempre planejo sessões estratégicas de encontros com caminhada na praia em vez de em algum café.

4. **Use as escadas:** Sempre que puder, opte pelas escadas em vez do elevador.

5. **Estacione mais longe:** Quando for fazer compras ou trabalhar, estacione o carro longe da entrada para acrescentar passos extras. Eles acumulam.

6. **Intervalos de dança:** Faça um intervalo de dança a cada hora enquanto estiver sentada à mesa. Coloque sua música preferida e dance com vigor enquanto ela durar.

7. **Use uma mesa para trabalhar em pé:** Alterne entre sentar e ficar em pé enquanto trabalha. Eu amo tanto minha mesa para trabalhar em pé que recentemente aprimorei para uma mesa de caminhada — uma estação de trabalho em uma esteira.

8. **Cozinha fitness:** Faça elevação de panturrilhas ou agachamentos enquanto espera a comida cozinhar.

9. **Faça um treino SIT durante os intervalos na tevê:** Fique animada com um intervalo comercial, não o pule! Faça um treino SIT (vamos falar sobre isso em um segundo) durante os intervalos comerciais ou entre episódios se você estiver assistindo no *streaming*. Melhor ainda se seu parceiro ou a pessoa com quem você mora se juntar!

10. **Caminhadas diárias:** Faça uma caminhada depois das refeições, ou dedique uma hora específica do dia para andar, mesmo se for de apenas 10-15 minutos.

11. **Tarefas domésticas:** Passar aspirador de pó, fazer jardinagem e até mesmo lavar a louça podem ser oportunidades para se mexer e se alongar.

12. **Tarefas na rua de bicicleta ou a pé:** Em vez de dirigir, considere andar ou ir de bicicleta para afazeres por perto.

13. **Brinque com seus bichos de estimação:** Se você tem um cachorro, brinque de jogar coisas ou faça passeios mais longos. Os gatos também podem ser entretidos com brinquedos que fazem os dois se movimentarem.

14. **Seja gentil:** Alguém esqueceu alguma coisa no outro cômodo? Eu sou a primeira a oferecer "Deixe que eu pego para você" para ganhar uns passos extras! Queimo calorias extras e pareço uma pessoa altruísta. Só vantagens.

15. **Pegue um caminho novo:** Mude seu caminho habitual ou percurso de deslocamento para o trabalho de forma a renovar as coisas.

16. **Brinque com crianças:** Se você tiver filhos ou membros jovens na família, brinque de jogos ativos como pega-pega ou esconde-esconde.

17. **Use aplicativos fitness:** Baixe aplicativos que te lembrem de se movimentar ou te guiam por exercícios curtos.

18. **Atividades sociais:** Em vez de atividades sedentárias com amigos, considere ir jogar boliche, minigolfe, dançar ou pedalar.

19. **Voluntarie-se:** Participe de serviços da comunidade que requerem movimento, como ajudar nos jardins da comunidade ou organizar eventos.

20. **Coloque lembretes:** Use seu telefone celular ou computador para colocar lembretes de hora em hora encorajando-a a esticar as pernas ou andar por alguns minutos.

Lembre-se de que não é sobre a intensidade ou a duração tanto quanto a consistência. Cada pequeno movimento representa um acréscimo ao longo do dia

O exercício perfeito do biohacking: treine de acordo com seu ciclo

Se alguma mulher me pergunta qual o melhor exercício para ela, sempre respondo: depende de que dia de seu ciclo você está! No capítulo sobre viver de acordo com seu ciclo, eu falei quais fases precisam de qual(is) tipo(s) de atividades. Agora, deixe-me indicar alguns dos diferentes tipos de exercícios entre os quais você pode escolher.

Os três próximos treinos (HIIT, REHIT e SIT) não apenas *aumentam seu metabolismo* durante o treino como também o mantém elevado depois de concluído, o que significa que seu corpo está queimando mais calorias do que o resto.

HIIT

O treino intervalado de alta intensidade (HIIT, na sigla em inglês) em geral envolve exercícios como *sprints, burpees* ou *jump squats*. Estudos mostraram que um treino de 15 minutos de HIIT pode queimar mais calorias por minuto do que um treino cardiovascular estável de 40 minutos.

O HIIT tradicional consiste em explosões curtas de exercício intenso seguido por breves períodos de recuperação. Por exemplo, você pega pesado por 40 segundos e descansa por 15. E então repete por 15-20 minutos.

O HIIT é ótimo, mas, na verdade, existe um treino melhor disponível.

REHIT

O que é ainda melhor do que pegar pesado por 40 segundos? Aceleração máxima, muita intensidade, com o máximo de vigor que você conseguir por 15 a 20 segundos. Você deve estar pensando: "Espere, qual a diferença disso?" A resposta é que se você conseguir "ir com tudo" em um minuto, na verdade essa não é sua capacidade máxima de 100%. Diversos estudos indicaram que seres humanos podem dar seu esforço máximo absoluto por apenas 15 a 20 segundos.

Agora, é aqui que o REHIT (HIIT com redução de esforço) melhora ainda mais. Com o HIIT, você descansa por 15-20 segundos entre os exercícios. Com o REHIT, você pode descansar entre dois a quatro minutos. A razão para essa diferença é que, enquanto 15-20 segundos entre exercícios pode ser o suficiente para um atleta, a maioria das pessoas (inclusive eu) não consegue fazer sua frequência cardíaca voltar a um ritmo de repouso em um período de tempo tão curto. O período de repouso maior permite que a frequência cardíaca volte a um ritmo mais lento. Por que isso importa? Porque você quer conseguir exercitar sua habilidade de voltar à "homeostase" — seu estado de repouso. Uma vez que sua pulsação estiver normal de novo (por volta de 60-75 batimentos por minuto), você irá com tudo, exercício no máximo vigor absoluto por 15-20 segundos mais uma vez, e você continuará nesse ciclo pelo tempo que conseguir ou pelo tempo que sua agenda permitir.

Mais SIT

O treino intervalado de sprint (SIT, na sigla em inglês) é quase como uma corrida combinada com o treino REHIT, e é meu preferido porque não preciso pensar em qual exercício é o próximo. Enquanto a corrida de longa duração pode sobrecarregar muito as articulações e ser até mesmo catabólica ao queimar massa muscular em vez de gordura, o SIT é uma ótima opção.

Como funciona? Faça uma corrida de velocidade com o máximo de força que conseguir por 15-20 segundos, seguida de um período de recuperação pelo tempo necessário para sua pulsação retornar ao normal, e repita quantas vezes puder. É excelente de verdade para aumentar a queima de gordura. (Lembre-se de que nós amamos nossa gordura, mas também não queremos deixar que ela fique no comando.)

Treino com peso

O mesmo conceito que discutimos antes sobre exercícios de cardio também se aplica a treinos com peso. Em vez de fazer 50 repetições com um peso leve que não te empurra até sua capacidade máxima, pegue pesos mais pesados (mas certifique-se de que não são tão pesados a ponto de prejudicar sua forma ou sobrecarregar de maneira desnecessária suas articulações), e realize menos repetições com mais intensidade até você alcançar sua capacidade máxima. Seguido de... Sim! Você adivinhou: descanso e recuperação.

Ganhos em força muscular são maiores quando o peso da carga é maior, *não necessariamente* quando as repetições são maiores. A sobrecarga de peso mais intensa força seus músculos a adicionar mais células para evitar que essa sobrecarga aconteça de novo. (Seu sistema nervoso simpático entra em ação com uma resposta de lutar ou fugir, acreditando que você está falhando em algo crítico, como afastar um urso ou lutar com uma onça-parda!) Aumentar gradualmente o peso força seus músculos a uma sobrecarga; isso te ajuda a continuar crescendo em vez de permitir que seu corpo se acostume com a quantidade de peso que você está levantando e simplesmente mantenha a mesma massa muscular.

Treinamento funcional

Treinos funcionais são um de meus tipos favoritos de treino! Eles se concentram em movimentos que imitam atividades da vida real e melhoram a aptidão funcional geral. Eles enfatizam a estabilidade do core, o equilíbrio, a coordenação e a flexibilidade. Os exercícios podem incluir agachamentos, afundos, *kettlebell swings* e arremessos com *medicine ball*. Treinos funcionais são geralmente meus preferidos por volta de meu período menstrual porque complementam bem essa fase de meu ciclo.

Pilates

O pilates é um método de exercício de baixo impacto que se concentra na força do core, na flexibilidade e no condicionamento geral do corpo. Ele envolve movimentos controlados e enfatiza o alinhamento adequado e as técnicas de respiração. Os exercícios de pilates são frequentemente realizados em um colchonete ou usando equipamentos especializados. Meu favorito é o Reformer (as máquinas são um pouco diferentes da forma tradicional), e eu sempre noto meus músculos superdoloridos em lugares que eu nem sabia que existiam!

Ioga

Existem muitos tipos de ioga, como hatha, vinyasa, ashtanga, bikram, aéreo e yin — então, antes de dizer que você não gosta, certifique-se de experimentar cada um para tentar encontrar seu preferido. A ioga combina posturas físicas (*asanas*), exercícios de respiração e meditação para promover flexibilidade, força, equilíbrio, relaxamento e bem-estar mental. Minha modalidade favorita é a hot ioga, que combina sauna e ioga. Após muitas experimentações, descobri que a yin ioga às 20h30 em uma sala aquecida é profundamente espiritual e relaxante para meu corpo, já que eu libero as demandas do dia e preparo minha mente e meu corpo para o sono.

Quando se exercitar

Qual é a melhor hora para se exercitar? Depende, embora seu cortisol naturalmente aumente pela manhã, então você pode usá-lo como um impulso extra de energia durante o treino.

E também: "Comer ou não comer antes de um treino matinal?" Essa é uma pergunta que recebo muito. A resposta curta é (mais uma vez): depende. Nesse caso, depende de qual é seu objetivo!

Treinos em jejum ou sem jejum

Há muitos conselhos conflitantes sobre se exercitar em jejum ou não. Algumas pesquisas mostram que o exercício em jejum coloca seu corpo em mais cetose e queima gordura de forma mais eficiente, pois você já eliminou grande parte dos estoques de glicogênio nos músculos e no fígado.

No entanto, o exercício é, como discutimos, um estressor para o corpo, assim como o jejum. Sendo assim, o que acontece quando você combina dois estressores (ou adiciona o terceiro: fase 4 de seu ciclo)? *No bueno*. A chave aqui é o equilíbrio. Exercitar-se em jejum todos os dias pode ser um caso de exagero de uma coisa boa. Em dias em que você se sente bem descansada antes do exercício, com relativamente baixa exposição a outros estressores, uma sessão de exercícios em jejum será produtiva e não vai colocar seu corpo (ou seus níveis de cortisol) em desalinho.

Da mesma forma, é importante enfatizar que, uma refeição rica em nutrientes, com gorduras, proteínas e fibras (em vez de shakes cheios de açúcar ou adoçantes artificiais, ou lanches pré-treino açucarados), é essencial para reabastecer seu corpo após um estado de jejum para evitar colocá-lo em um estado de estresse de nível alto de glicose e insulina.

Minha regra de ouro é: tudo bem se exercitar em jejum se forem treinos mais leves; deixe o levantamento de peso para depois do café da manhã. Falaremos mais sobre gestão de estresse no capítulo dedicado ao estresse, mas, por enquanto, você deve estar vendo todas as partes maravilhosas do biohacking se juntando para mostrar a flexibilidade, o controle e a liberdade que ele oferece quando você assume o controle de seu corpo e usa o biohack para força, bem-estar e eficiência.

Microtreinos 3x3

Tivemos microjejuns e agora temos... microtreinos! Lembra quando eu disse que fitness é quem você é, não o que você faz? Bem, em vez de reservar uma hora por dia para se exercitar e depois não conseguir seguir, planeje três treinos de três minutos antes de uma refeição. Lembre-se de que você pode turbinar suas habilidades de queima de gordura se exercitar-se quando sentir os primeiros sinais de fome. Então, antes do café da manhã, almoço e jantar (talvez até enquanto a comida está cozinhando, se você conseguir fazer isso funcionar), faça alguns saltos *high knees* ou *burpees* por 20-30 segundos. Repita três vezes e aproveite sua refeição!

Recuperação e alongamento

Ficar sentada tempo demais faz mal, mas treinar demais também. Sou uma grande defensora da ideia de que queremos nos *exercitar*, não *exaurir* nossos corpos. Garanta que seu corpo tenha tempo suficiente para se recuperar. Não se recuperar coloca seu corpo em um estado de estresse crônico, o que eleva hormônios como o cortisol, que, por sua vez, promove o aumento do armazenamento de gordura em vez da queima de gordura. Portanto, assim como com HIIT/REHIT/SIT e treino com pesos, descanso e recuperação andam de mãos dadas — não apenas durante os exercícios, mas depois deles também.

Eu pessoalmente não gosto de alongamento, mas depois de fazer paraquedismo por alguns dias, seguido por três dias de mountain bike na Suíça, seguido por um voo de 16 horas para Nova York, eu mal consegui me mexer por uma semana. Sentia tanta dor na lombar que não era capaz de ficar em pé ou sentada. O que meu acupunturista me perguntou quando fui me tratar? "Você fez algum alongamento?" Claro que não. Eu estava "ocupada demais", e alongar era chato porque, às vezes, eu volto a ser uma menina de doze anos, e acho que sou legal demais para fazer coisas humanas básicas.

Você pensaria que aprendi algo durante aquela semana rígida e dolorosa em NYC, mas não. Demorou mais alguns meses e mais dores na lombar para eu perceber que talvez devesse parar de pensar que poderia de alguma maneira evitar magicamente a necessidade de preparar meus músculos para atividade física intensa, e na verdade, sabe... *preparar meus músculos para atividade física intensa.*

O alongamento agora é minha prioridade antes de malhar. É incrível como eu me sinto melhor imediatamente depois, bem como durante meus períodos de recuperação, quando realmente faço o que devo fazer. Alongar não precisa ser algo complicado; basta gastar alguns minutos movendo-se com delicadeza, se dobrando e, em geral, apenas aquecendo os músculos antes de começar um treino.

O que você iria preferir? Uma amiga te mandando uma mensagem perguntando se você gostaria de malhar junto com ela e se aprontar porque ela vai passar em dez minutos? Ou uma amiga te acordando com um megafone, gritando: "LEVANTA! VAMOS CORRER UMA MARATONA AGORA!" Seja uma boa amiga para si mesma.

E, por favor, lembre-se de que a recuperação é igualmente importante. Eu faço todo tipo de movimento todos os dias, mas você deve levar seus dias de descanso tão a sério quanto os dias de exercício. Sigo muitos influenciadores fitness supersarados que correm 15 quilômetros todas as manhãs depois de levantar peso por uma hora, e eu quero fazer o mesmo. Bem, quer dizer, eu *quero* querer fazer o mesmo, porque, ei, está funcionando para eles, não é? Mas também quero respeitar meu corpo e, quando prometi a ele um dia de descanso para se recuperar e se preparar para o próximo treino, acho que devo honrar esse compromisso.

Treinar demais é na verdade mais problemático para as mulheres do que treinar de menos, ainda mais durante seu período menstrual. Existe uma coisa chamada síndrome da tríade da mulher atleta que é frequentemente vista em meninas e mulheres fisicamente ativas e envolve três condições interconectadas: 1) baixa energia devido à ingestão insuficiente de calorias; 2) desequilíbrio hormonal (menstruação ausente ou irregular); e 3) baixa densidade óssea.

Para concluir

A coisa mais importante que você pode tirar deste capítulo é que o modo de pensar que estamos buscando é *saúde primeiro*. Ficar magra, ficar sarada, "pegar pesado" — nada disso significa que você está saudável. Se sua única motivação para o biohacking for ter uma aparência tal, você quase com certeza acabará fazendo coisas para seu corpo que causam mais danos do que benefícios.

Claro, eu quero que você ame sua aparência, mas é mais importante para mim que você ame a maneira como você *se sente*. Se você seguir as sugestões que estou oferecendo aqui, certamente começará a ver mudanças positivas em seu corpo, mas isso será apenas a cereja do bolo nutritivo, bem-sucedido e lindo que você terá criado através de exercícios bem pensados e alimentação consciente. (Sim, eu sei. Comecei a frase, e depois não funcionou até o fim, mas eu já me comprometi com ela, então... bem, vamos nos desculpar por todas as coisas. Até pelas metáforas ruins.)

Principais conclusões

✓ **Foque na saúde, não apenas no tamanho:** Mude a ênfase em obter um certo peso para construir força e músculos para uma composição corporal mais saudável.

✓ **Adapte os exercícios ao ciclo menstrual:** Adapte sua rotina de exercícios para se alinhar com as diferentes fases de seu ciclo menstrual, utilizando treinos como HIIT, REHIT e SIT por seus benefícios especiais.

✓ **Adote microtreinos:** Incorpore exercícios curtos e frequentes em suas atividades diárias, o que tornará ficar em forma mais prático e viável.

✓ **Equilibre exercícios com e sem jejum:** Considere o tipo de treino e as necessidades de seu corpo quando escolher o exercício em um jejum ou após comer.

✓ **Priorize a recuperação e o alongamento:** Reconheça a importância do descanso, da recuperação e do alongamento como componentes essenciais para um esquema fitness completo.

8

Durma bem

"Será que conta mesmo 'dormir com ele' se eu não tiver nenhum sono REM?"

—Minha amiga biohacker, depois de um encontro

Todos nós conhecemos aquela pessoa que vive acelerada, apressada e indo a mil por hora, todos os dias da semana. Podemos até admirar seu espírito "Durma quando estiver morta".

Mas o negócio é que nós todos vamos morrer mais cedo — ou pelo menos provocar em nós uma doença crônica — se adotarmos essa mentalidade. Pense um instante: em condições extremas, você pode passar quase um mês sem comida, quase uma semana sem água, mas apenas poucos dias sem dormir. Apenas o oxigênio ganha do sono em termos das coisas que nosso corpo precisa para sobreviver.

Biohackers são obcecados pelo sono, e eu espero que você também fique em breve. Muitas de minhas alunas são mães de crianças pequenas que imediatamente querem pular essa parte. "Aggie, eu tenho dois filhos com menos de dois anos", escuto. "Não tenho nove horas em um dia para ficar na cama." Eu entendo, isso é real. E é também por esse motivo que precisamos fazer de você uma ninja do sono para você garantir que cada segundo de seu sono importe. Para você, minha amiga sem horas suficientes no dia: este capítulo é *principalmente* para você!

Bryan Johnson é um biohacker que gasta 2 milhões de dólares por ano "tentando não morrer" (palavras dele), e para isso testa todas as tecnologias e todos os tratamentos no planeta para reverter sua idade biológica (que agora é muito menor do que sua idade cronológica). Ele também teve uma sequência de seis meses atingindo o placar de sono perfeito em um dos dispositivos vestíveis mais populares, o que lhe conferiu o título de melhor dorminhoco da história. Quer adivinhar qual a dica antienvelhecimento número 1 de Bryan? Sim: dormir!

Ele diz que não fica motivado para se exercitar, comer bem ou até mesmo ser gentil consigo mesmo quando não atinge seu placar de sono de 100% perfeito. Bryan descreve a vida de dormir muito bem como mágica.

Surpreende você que tenha dificuldade para manter uma alimentação saudável ou ser gentil com seu parceiro quando está operando em um déficit de sono crônico?

A maioria de nós (retiro isso), *todos* nós — me incluo nessa — estamos muito longe do placar de sono de Bryan. Se você é mãe, mora em uma cidade grande ou tem essa coisa irritante chamada *vida real* acontecendo, tenho certeza de que poderia dormir melhor.

Mas por que nosso sono coletivamente é uma droga como sociedade? Porque estamos cercados de luz artificial, eletrônicos, campos eletromagnéticos (EMFs, na sigla em inglês), quartos quentes e jantares tardios (Bryan janta ao meio-dia! Isso é um pouco extremo, se quiser saber minha opinião, mas claramente funciona para ele).

Se bem que, de uma perspectiva evolutiva, o sono não faça nenhum sentido, pois por que você passaria um terço de sua vida em um estado vulnerável no qual não pode fazer muita coisa? Porém, os cientistas estão começando devagar a entender por que nos tornamos mais inteligentes, mais em forma e mais gentis quando dormimos o suficiente.

O sono precisa realmente se tornar uma *trend* viral no TikTok; talvez assim todos começassem a obter o que precisam. Imagine um mundo em que "Desculpe pelo atraso, eu só precisava dormir mais hoje" é um motivo válido para perder uma reunião, e a resposta seja: "Claro! Leve o tempo que precisar."

Em vez disso, vivemos em um mundo onde dormir até seu corpo estar satisfeito é visto como um sinal de preguiça, e seus amigos te chamam de "vovó" quando você sugere um jantar às quatro da tarde porque quer que a comida se assente antes de ir para a cama. (Pergunte-me como eu sei disso.)

Quando seu corpo e mente estão descansados, você tende a ver as coisas de forma muito diferente do que quando sua energia está esgotada. Dormindo bem, você provavelmente olha em volta e se sente mais expansiva, e vê o mundo como mais acolhedor, amigável e cheio de oportunidades. Até mesmo seu sistema imunológico fica melhor. Vamos encarar, o sono é praticamente o super-herói da saúde. Sem ele, você não fica só cansado, você se coloca em um efeito dominó que pode destruir sua saúde, sua produtividade e seu bem-estar.

Quando você melhora a qualidade de seu sono, várias mudanças positivas ocorrem:

- **Perder peso se torna mais fácil.** A falta de sono atrapalha a capacidade de seu corpo de saber quando você está satisfeita. O sono aumenta a leptina, um supressor de apetite, e diminui a grelina, um estimulante de apetite. O sono ruim inverte isso, o que leva ao aumento da fome. Se está acontecendo de você assaltar a geladeira tarde da noite, pode ser devido à falta de sono.

- **Os músculos aumentam mais rápido.** O sono é crucial para a recuperação e o crescimento muscular, pois o corpo produz hormônios de crescimento predominantemente durante o sono. Esses hormônios consertam os tecidos e auxiliam no desenvolvimento muscular. Os atletas em geral precisam de cerca de oito horas de sono para a recuperação ideal e a melhoria de desempenho. Sendo alguém que está acolhendo sua identidade de atleta agora e querendo criar músculos, essa deve ser uma ótima notícia para você.

- **Lidamos melhor com as emoções.** Um sono melhor leva a menos reatividade e melhor processamento emocional, o que afeta positivamente seus relacionamentos. É por isso que o velho conselho de "dormir pensando no assunto" é tão sábio!

- **Gerenciamos melhor o açúcar no sangue.** Dormir pouco pode fazer com que seus níveis de açúcar no sangue aumentem, mesmo em resposta a alimentos saudáveis. Embora possa parecer algo saído de um livro de ficção científica, é verdade; dormir pouco pode levar a picos inesperados de açúcar no sangue, levando a um aumento dos desejos descontrolados por açúcar.

- **Somos mais produtivos.** Ao contrário da crença de que quem passa noites em claro é produtivo, o sono de qualidade na verdade melhora a concentração, a produtividade e a capacidade para resolver problemas. Além disso, as tarefas geralmente se expandem para preencher o tempo alocado para elas, então é mais eficiente definir prazos mais curtos e garantir um bom sono.

- **Ficamos menos estressados.** Dormir adequadamente todas as noites desempenha um papel fundamental na gestão do estresse. Pode também aliviar a ansiedade, a depressão e outros problemas de saúde mental relacionados ao estresse. O sono de qualidade é um pilar da boa saúde mental.

Disruptores do sono

Então, por que nosso sono é tão ruim? Se fosse um filme da Marvel, seria assim: o Sono reinou sobre o mundo até Thomas Edison inventar a luz artificial, e aí nossos corpos ficaram completamente confusos, e dormir começou a ser considerado desnecessário e anticapitalista.

Minha vida é dividida entre Bali e Los Angeles, e eu viajo 300 dias por ano. Com mudanças constantes de fuso horário, luto para ter um bom sono, e o principal motivo é a luz! Quando trata-se de dormir, a luz é um (se não *o*) fator decisivo. Deixe-me explicar com um pouco de minha vida de *jet-setter* como exemplo.

Imagine isto: eu desembarco em Bali, e o fuso é de 17 horas à frente dos EUA. Meu relógio biológico está gritando: "São 11 da manhã" porque realmente são... em Los Angeles. Mas em Bali, são três da manhã. Estou funcionando com apenas cinco horas de sono, mas aqui estou eu, completamente acordada, mesmo que todos em Bali estejam dormindo profundamente. Isso é meu ciclo circadiano em ação. Ele é como um maestro interno, orquestrando a liberação de hormônios como a melatonina, o hormônio do sono que mencionamos no capítulo dos hormônios.

É aqui que a luz entra em cena, e não se trata apenas de quando o *jet lag* e a mudança de fusos horários estão no meio. A luz afeta nosso sono *diariamente*. Nossas vidas modernas estão inundadas de luzes artificiais como telefones, lâmpadas, tevês e até mesmo postes de rua. Esses são os culpados sorrateiros que bagunçam nosso ciclo circadiano.

Quando estou tentando combater o *jet lag*, ou apenas buscando ter uma boa noite de sono em minha própria cama, gerenciar a exposição à luz é fundamental. Quer eu tenha acabado de voar para Bali ou esteja acordando em uma terça-feira normal em LA, tento me expor à luz natural logo de manhã. É como enviar um sinal a meu cérebro, recalibrando-o para o horário local. Isso pode significar esperar algumas horas para o sol nascer uma vez que eu tenha desembarcado em algum lugar, mas prefiro fazer isso a fechar todas as cortinas de meu quarto e dormir até o meio-dia. Também evito telas brilhantes e luzes fortes antes de dormir — o que é sempre uma boa ideia, mas *principalmente* quando estou viajando e sei que meus fusos horários estão um pouco embaralhados. O intuito é sempre imitar o ciclo natural de luz-escuridão, e dizer a nossos corpos quando é hora de relaxar e quando é hora de despertar.

Seja combatendo o *jet lag* ou apenas tirando alguns cochilos de qualidade em nossas vidas agitadas, lembre-se: a luz é mais do que apenas brilho. É o sinal natural que define nossos ritmos de sono. Mas não é o único fator.

Você ficaria surpresa ao saber que o álcool é na verdade um dos maiores disruptores do sono? Ouvi muitas mulheres afirmarem que gostam de tomar uma ou duas taças de vinho à noite para relaxar e ajudá-las a dormir. Embora isso possa parecer bom, o consumo excessivo de álcool manterá seu sono mais leve, de forma que você não obterá o ciclo REM benéfico.

A cafeína é outra culpada. Embora ela seja ótima para nos acordar de manhã, se tomarmos um café à tarde, metade dele ainda estará em nossos corpos à meia-noite! Juntamente com o café, a cafeína também está presente em refrigerantes do tipo cola, chocolates e certos chás (preto e verde são particularmente altos em cafeína). Cada corpo metaboliza a cafeína de forma diferente, mas um bom medidor de quando parar de consumi-la no dia é geralmente por volta das 13-14 horas, e lembre-se de que a capacidade do organismo de metabolizar a cafeína tende a diminuir com a idade. Assim, enquanto um cappuccino à tarde pudesse ser rapidamente eliminado de seu sistema quando você tinha dezoito anos, aos trinta anos poderá demorar muito mais.

Do mesmo modo, junto com os muitos outros motivos para parar de fumar, a nicotina é um estimulante que pode fazer com que seus usuários tenham um sono mais leve durante a noite e acordem cedo demais porque seus corpos estão passando por abstinência de nicotina.

Por fim, até mesmo algo aparentemente inofensivo como comer uma grande refeição tarde da noite pode atrapalhar seu intestino, causando indigestão, o que pode mantê-la acordada. E você se lembra de nossa conversa sobre "exagero de uma coisa boa"? Beber muito líquido antes de dormir talvez faça com que você acorde várias vezes para ir ao banheiro, o que interromperá seus ciclos de sono. Então, beba sua água, mas diminua o ritmo cerca de 60-90 minutos antes de ir para a cama.

Medindo o sono

A quantidade de sono que você obtém pode ser um bom indicador de que você está dormindo o suficiente, mas a *qualidade do sono* que vem tendo é um fator importante também. Monitores de sono podem ser úteis para analisar seu sono. Eu uso um anel Oura, que pode ajudar a monitorar quanto tempo eu fico em cada ciclo ou tipo de sono, se minha frequência cardíaca está alta ou baixa, e quanto tempo levo para adormecer. Idealmente, seu objetivo é dormir de sete a nove horas por noite, com pelo menos 90 minutos de sono REM e 90 minutos de sono profundo. Por isso é importante medir. Você pode conseguir oito horas seguidas de sono, mas apenas 20-30 minutos de sono profundo (o que é muito comum após uma noite em que você saiu), e então ficar confusa sobre por que está tão cansada no dia seguinte.

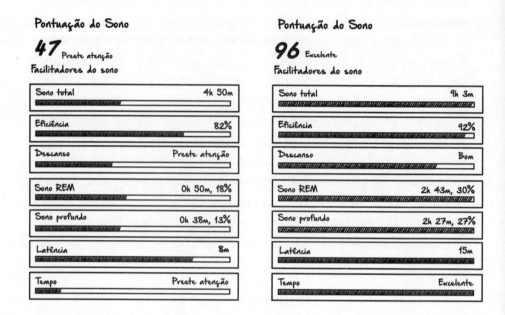

Um exemplo de uma noite de sono ruim e uma noite de sono bom usando meu anel Oura.

Ciclos do sono

Suas noites são compostas de estágios de sono recorrentes, incluindo fases de sono leve, sono pesado e sono REM. O sono leve compõe cerca de metade de seu tempo na terra dos sonhos, e (idealmente) a outra metade é composta de 50% REM e 50% sono profundo.

Durante o sono leve, sua respiração e seus batimentos cardíacos diminuem, mas o cérebro tem ondas periódicas de atividade elétrica que supostamente ajudam a organizar as informações obtidas durante o dia, para permitir que você aprenda e retenha o que for mais importante enquanto elimina as coisas menos significativas.

O "REM", sigla em inglês para movimento rápido dos olhos, descreve os rápidos movimentos dos olhos, de um lado para o outro, durante essa fase do sono. Embora os sonhos sejam mais comumente associados ao sono REM, eles podem ocorrer em outros momentos também. Esse estágio é fundamental para o processamento emocional, a retenção de memória e a criatividade. Muitos dos cientistas do sono consideram o REM o estágio mais importante do ciclo do sono para a função cognitiva durante nossas horas de vigília. Um déficit de sono REM pode deixá-la se sentindo cansada, mal-humorada e estressada depois de acordar.

O sono profundo, ou sono de ondas lentas (SWS, na sigla em inglês), é uma fase restaurativa, na qual o corpo realiza uma limpeza interna: cura órgãos, reduz a pressão sanguínea, desintoxica, repara músculos e processa a glicose. Durante o SWS, o cérebro exibe padrões de onda delta, indicativos do sono profundo, não REM. Esse estágio é vital para o rejuvenescimento físico e mental, marcado por uma liberação significativa de hormônio do crescimento, que promove o reparo dos tecidos e o aprimoramento cognitivo. O SWS também envolve o sistema nervoso parassimpático, reduzindo as respostas de estresse e promovendo a saúde cardiovascular através de taxas desaceleradas da respiração e dos batimentos cardíacos. Esse sono profundo ocorre predominantemente na parte inicial da noite, enquanto o sono REM aumenta perto da manhã.

Há um outro tipo de repouso que você precisa conhecer. Entretanto, esse é um descanso profundo sem dormir (NSDR, na sigla em inglês), que opera desacelerando as ondas do cérebro, parecido com o que ocorre durante o sono restaurativo, ou SWS. O NSDR espelha esses efeitos, fazendo a transição das ondas do cérebro de estado beta de alerta, passando pelo relaxado alfa para o estado theta de meditação profunda. Extraordinariamente, o NSDR pode até evocar frequências delta, tipicamente exclusivas do SWS, o que lhe permite replicar os benefícios restaurativos do sono profundo *enquanto você está acordada*.

Isso é particularmente benéfico, já que muitas pessoas não alcançam o SWS de uma maneira significativa durante seu sono noturno.

O NSDR ajuda na retenção da memória, aumenta a neuroplasticidade para melhorar o aprendizado, alivia o estresse, estimula a função cognitiva e pode até ajudar no controle da dor. Para conseguir chegar ao NSDR, você pode praticar ioga nidra e hipnose. A ioga nidra é uma meditação guiada que leva a um estado entre vigília e sono, auxiliando no relaxamento e alcançando aquele estágio profundo de repouso — sobretudo se seu corpo luta para alcançá-lo durante o sono regular.

Como alternativa, a hipnose induz a um estado de transe de profundo foco e relaxamento, útil para tratar a ansiedade, o estresse e transtornos de humor. Ambos os métodos exigem que se pratique com disciplina e dedicação, em um ambiente livre de distrações, mas eles podem oferecer um caminho para experimentar os marcantes benefícios de um descanso profundo separado do sono.

Cronotipos do sono

Você não precisa ser uma pessoa matinal para dormir bem, embora nós, pessoas matinais, sejamos definitivamente irritantes ao fazer com que os outros cronotipos se sintam mal por não acordarem às cinco da manhã. (Desculpe por isso.) Todos têm um cronotipo de sono pessoal, que afeta seus horários de funcionamento máximo, então, se você não ama as manhãs, não se preocupe. Os cronotipos de sono se dividem em três grupos: madrugadores, notívagos e aqueles que ficam entre os dois.

Os madrugadores, ou cronotipos matutinos, têm energia nas primeiras horas e são mais produtivos no início do dia; em geral adormecem logo após o anoitecer e acordam naturalmente pouco antes do nascer do sol.

Os cronotipos vespertinos, ou notívagos, tendem a acordar mais tarde e se sentem mais ativos à tarde e à noite; costumam acordar mais tarde e continuam trabalhando até bem depois do pôr do sol.

Se você é o terceiro cronotipo, o intermediário, tem alguma flexibilidade nos horários de sono e vigília. Você pode não se sentir excepcionalmente animada logo de manhã, nem se sentir melhor tarde da noite. Em vez disso, seus horários de pico estão em algum lugar no meio do dia.

Cada um de nós opera em um ciclo circadiano, aquele relógio interno de 24 horas que alterna entre vigilância e sonolência, que discutimos anteriormente. Também conhecido como ciclo sono/vigília, esse ciclo é único para cada pessoa. Entender seu ciclo circadiano natural e se ajustar a ele é essencial, pois ignorá-lo pode afetar negativamente seu bem-estar geral. (Lembre-se, no entanto, de que seu cronotipo não é imutável; você pode realmente mudar seu tipo estabelecendo novos hábitos, seja intencionalmente cultivando práticas diferentes, ou involuntariamente, apenas por comportamentos repetidos.)

Como usar o biohack em seu sono

Vou falar novamente para quem está lá atrás: *o sono é o biohack mais fácil, mais barato e o melhor*. Aprender a dominá-lo pode ser crucial para seu progresso.

Primeiro, crie seu santuário do sono. Priorize um quarto que seja fresco, escuro e silencioso. Uma temperatura ligeiramente mais baixa no quarto pode facilitar a queda natural da temperatura central do corpo, o que auxilia no sono. Cortinas com blecaute são essenciais, assim como desligar todos os eletrônicos no quarto que emitam luz azul. Se você algum dia compartilhar um quarto de hotel comigo, verá que cubro maniacamente a iluminação do ar-condicionado com uma toalha ou a luz vermelha da tevê com uma caixa de lenços — qualquer coisa que impeça a escuridão total. Além disso, qualquer luz acima do nível dos olhos confundirá seu ciclo sono-vigília, então use abajures de cabeceira ou qualquer coisa abaixo do nível dos olhos.

Configure seu telefone. No iPhone, há uma configuração de "preto e branco" que você pode programar para ligar automaticamente após o pôr do sol. Isso faz com que pegar o telefone e rolar por vídeos de gatos seja muito menos atraente. Também há um filtro que você pode definir para reduzir a quantidade de luz azul emitida pela tela após o pôr do sol.

Defina um horário regular de sono. Consistência é fundamental. Infelizmente, dormir pouco durante a semana e compensar nos fins de semana não vai funcionar. Tente dormir e acordar em horários semelhantes para dar a seu corpo a previsibilidade de que ele precisa.

Preste atenção a sua dieta e ao sono. Tenha cuidado com a ingestão de cafeína e álcool, especialmente perto da hora de dormir. Evite grandes refeições tarde da noite.

Potencialize a luz matinal para um sono melhor. Exponha-se à luz natural dentro de 20 minutos após acordar. Isso sinaliza a seu cérebro que é para despertar e alinhar seu ciclo circadiano. Diminua as luzes e diminua o tempo de tela à noite. Isso ajuda a preparar seu corpo para dormir, aumentando a produção natural de melatonina.

Pratique atividade física diária. Exercícios regulares, de preferência sem ser perto da hora de dormir, podem melhorar significativamente a qualidade do sono. Se você quiser se exercitar mais perto da hora de dormir, eu adoro caminhadas pré-sono com Peanut Butter, meu cachorro.

Modere nos cochilos. Um cochilo curto de 20 minutos à tarde pode ser revigorante. Entretanto, evite cochilos mais longos que possam atrapalhar sua rotina de sono noturno.

Defina seu alarme para as 21h (!), não para as 9h. Sério! Digo a minhas alunas que, assim como você define um alarme para acordar, defina também para a hora de dormir, para iniciar sua rotina pré-sono. Isso permite que você tenha mais tempo para se preparar para dormir — talvez tomar um banho quente ou passar um tempinho com terapia com luz infravermelha antes de se aconchegar na cama.

Quando estou mergulhada em mais uma série da Netflix e meu alarme dispara, eu levo tão a sério quanto um alarme matinal — sem soneca, sem "só mais alguns minutos". E agora (sei que você vai me odiar por isso, e sinto muito, mas), eu na verdade não coloco mais alarme matinal. Acordo naturalmente entre 6h e 6h30 todas as manhãs, completamente descansada e pronta para enfrentar um novo dia.

Se você não consegue adormecer, recomendo qualquer coisa que ajude a relaxar: escrever num diário, exercícios de respiração ou até mesmo histórias para dormir. (Quem disse que crescemos e não precisamos mais delas?)

Além disso, lembre-se de que a qualidade do sono pode mudar durante diferentes fases de seu ciclo. Pode ser mais difícil adormecer ou continuar dormindo na fase lútea (pós-ovulatória) de seu ciclo devido às mudanças hormonais. Quanto mais você estiver ciente por viver de acordo com seu ciclo, mais preparada você estará para essa mudança mensal, e poderá se preparar para se adaptar de acordo.

Lembre-se de que dormir é ótimo. Mesmo que você não seja uma perfeccionista do sono como Bryan Johnson, ainda assim poderá tomar certas medidas que lhe permitam usar a seu favor aquele terço de sua vida em que você não está consciente.

Talvez você nunca venha a amar as manhãs, e tudo bem. Mas quem sabe, com alguma intencionalidade, você possa pelo menos aprender a odiá-las menos? Isso já será um progresso.

Principais conclusões

✓ **Sono — Um pilar de saúde não negociável:** O sono é crucial para a sobrevivência, superando a necessidade de comida e água a curto prazo. Dormir bem desencadeia uma melhor saúde mental, física e emocional.

✓ **Gestão da luz para um sono melhor:** Gerenciar a exposição à luz, tanto natural quanto artificial, é importante para regular o ciclo circadiano e melhorar a qualidade do sono.

✓ **Impacto da dieta e do estilo de vida no sono:** Álcool, cafeína e comer tarde da noite podem atrapalhar o sono. Adote hábitos alimentares e de bebida conscientes para ajudar a ter um sono melhor.

✓ **Poder de monitorar o sono e entender os ciclos:** Incentive o uso de monitores de sono para analisar a qualidade de seu sono e entender seus diferentes estágios (sono leve, REM, sono profundo) para o bem-estar geral.

✓ **Personalize sua higiene do sono:** Adapte as práticas de dormir a suas necessidades individuais, incluindo reconhecer seu cronotipo de sono e criar um ambiente adequado para dormir. Destaque o papel da atividade física e das rotinas pré-sono na melhoria da qualidade do sono.

9

Estresse

"Você não está fazendo demais, você está fazendo muito pouco do que incendeia sua alma."

—*Aggie Lal*

Não lembro onde ouvi pela primeira vez essa frase, mas ela reverberou em mim por anos. Tento incorporá-la em minha orientação como coaching pessoal porque vi de primeira mão como essa sabedoria profunda pode ser transformadora.

Tomemos, por exemplo, Molly. Molly tentou todo biohack do planeta. Ela ajustou sua dieta baseada em seu DNA, agendou treinos intensos com os melhores personal trainers, fez jejum como uma verdadeira campeã — e mesmo assim não via nenhum resultado. "O biohacking é uma farsa?", ela finalmente me perguntou desesperada certo dia. "O que mais eu posso fazer?"

Olhei a agenda dela, cheia até a borda de demandas de trabalho e biohacks, e o problema imediatamente ficou claro. "Molly, faça menos", eu lhe disse, "não mais". Agendamos uma hora de *dolce far niente* para ela ("a delícia de não fazer nada" em italiano, porque os italianos entendem!). Sem telefone. Sem exercícios físicos. Só uma hora do lado de fora, andando, sem se fixar em nada — em vez de fazer, ser. Discutimos a importância disso como uma prática regular em sua vida.

Um mês depois, Molly me mandou uma mensagem: "Aggie, perdi 7 quilos. Como isso é possível? Eu não fiz nada!"

Exatamente. Ela vinha trabalhando demais e treinando demais. O cortisol alto estava fazendo Molly se segurar na gordura da barriga, desejar ardentemente alimentos açucarados e muito salgados, e mantinha seu inchaço e sua tristeza. É sobre a regra da Cachinhos Dourados: nem tanto, nem tão pouco — apeeeeenas o adequado.

Olhe, eu não sou vidente, mas tentarei adivinhar: você também se sente um tanto estressada demais? E nem estou falando do cara da contabilidade fazendo um comentário machista e te irritando (embora isso seja real, e sinto muito que você tenha que lidar com aquele idiota todos os dias). Estou falando em geral. Você se tornou tão resiliente em arrasar quando está cansada e com privação de sono que nem percebe como está exausta até deixar de lado o café e o telefone por algumas horas. De repente, sua exaustão e o excesso de compromissos se tornam claramente evidentes.

O estresse se infiltrou como um espião na biologia de nosso corpo tão profundamente que ele não é mais apenas um visitante passageiro, como o coração acelerado que sentimos quando temos um quase acidente na estrada. O estresse não mais vem e vai; agora, ele é mais como um ruído de fundo que nunca desaparece totalmente, um burburinho persistente que está subjacente em todos os momentos, muito como o zumbido incessante da eletricidade em uma cidade que nunca dorme. Onipresente, ele se infiltra nos cantos e recantos de nosso dia, um sussurro sutil mas constante nos lembrando dos intermináveis "e se", "deveria ter feito" e "preciso fazer" até eles se tornarem a trilha sonora de nossas vidas cotidianas.

Embora sejamos muito bons com estresses intensos (de pouca duração), que nos ajudam tanto a lutar, fugir ou paralisar quando atacados por um tigre, a natureza não nos preparou para o estresse crônico (prolongado). Só que essa é a condição na qual estamos vivendo entra dia e sai dia em nosso mundo moderno.

Estamos tão acostumados ao estresse crônico e tão resilientes a respeito dele que é realmente difícil dizer se estamos estressados de verdade ou não. Nossa referência anda tão ferrada *assim*. Nosso sistema nervoso autônomo (SNA) engloba dois grandes ramos: o sistema nervoso simpático, que orquestra a reação de "lutar ou fugir" durante um estresse ou perigo percebido, e o sistema nervoso parassimpático, que promove as atividades de "descansar e digerir" (que eu gosto de chamar de "descansar e receber") que ocorrem quando o corpo está em repouso.

É bem fácil dizer se você está extrema e ativamente estressada. Embora eu tenha saltado de paraquedas mais de 300 vezes, ainda experimento uma reação de lutar ou fugir típica enquanto estou parada na beira de um avião com o paraquedas nas costas: batimentos cardíacos aumentados, suor, boca seca, adrenalina e necessidade de urinar. E todos esses sintomas somem no momento em que abro o paraquedas.

Mas e o estresse crônico? O estresse crônico e prolongado é quando seu corpo produz níveis altos de cortisol por longos períodos de tempo, tal como quando você se sente sobrecarregada e pressionada por coisas em sua vida, e você vive naquele espaço até ele quase começar a parecer normal.

O estresse crônico é muito mais sutil. Talvez você leve horas para se levantar da cama e começar o dia, então acaba achando que não é uma pessoa matutina. Você precisa de uma quantidade obscena de café para se erguer e correr, mas fica acordada de noite, distraída e tentando anestesiar seus sentimentos olhando mais um tutorial de maquiagem no TikTok.

Talvez você lute com o inchaço, a indigestão, a doença do refluxo gastroesofágico ou enxaquecas. Talvez você esteja cansada o tempo todo ou ansiosa. Ou pode ser que fique resfriada toda hora ou acorde para fazer xixi cinco vezes de noite. Ou ainda que não tenha paciência quando sua amiga Kate demora 20 minutos para contar outra história de um encontro que você sabe que vai terminar exatamente da mesma maneira, com o cara muito longe de ser bom o suficiente para ela, mas ela pensando: "É possível que haja algum potencial aqui." Ou talvez você se esforce para querer fazer sexo ou até mesmo apenas estar perto de outros seres humanos.

Esses níveis persistentes e elevados de cortisol podem levar à fadiga crônica, que resulta no armazenamento de gordura em nosso corpo, especialmente em volta do abdômen. O cortisol alto também impacta a glicose. Estar estressada é quase como comer um biscoito recheado extra todos os dias, mesmo que você só coma saladas. É como um botão de "ligar" que ativa problemas de saúde de longo prazo que geralmente ficam adormecidos e se manifestam após períodos prolongados de estresse.

É possível medir o estresse? Sim. Do mesmo modo que um sensor contínuo de glicose mede sua glicose, diferentes dispositivos vestíveis, como o anel Oura, monitoram sua VFC (variabilidade da frequência cardíaca), que é o intervalo entre seus batimentos cardíacos. Não existe um número certo; no entanto, quanto menor a VFC, mais estressado seu corpo tende a estar.

Se você não fizer nada para controlar o estresse, seu cortisol pode começar a subir e cair nos momentos errados do dia, deixando-a grogue pela manhã e totalmente desperta à noite. Com a fadiga crônica, seu cortisol está sempre baixo, deixando você exausta, não importa quanto durma. Você pode se ver cada vez mais dependente das xícaras de café para passar o dia.

Níveis elevados também podem ativar certas doenças que talvez estejam presentes em sua família. Se você tem uma predisposição genética para certas doenças que estão latentes, esses níveis aumentados podem ativar esses genes. (Isso é o estudo da epigenética: como seu comportamento e o ambiente podem causar mudanças que afetam seus genes, o que é todo um tópico para outra ocasião. Mas é real e vale a pena considerar quando falamos sobre o impacto de longo prazo do estresse crônico.)

Como lidar com o estresse

Há diversas maneiras diferentes de lidar com o estresse. A primeira seria: estressar-se menos. Eu sei, eu sei. Isso é tão útil quando dizer a alguém: "Acalme-se", "Apenas relaxe" ou "Não ligue para besteiras". Ou "Nossa, por que você não consegue relaxar?".

Ai, meu deus, você já ficou irritada? Apenas olhe para todas as diferentes maneiras que a sociedade encontrou para nos dizer para ignorar nossos sentimentos porque estamos sendo "muito emotivas" ou tornando as coisas mais complicadas do que precisam ser. Sabe qual a consequência disso? *Simplesmente nos deixa mais estressadas*. A questão é que o estresse não vive em nossas cabeças, ele vive em nossos corpos. São nossos corpos que carregam o peso e mostram os sinais de todo esse estresse, então queremos ter certeza de usar o biohacking onde ele acontece. Precisamos de técnicas relacionadas ao corpo para nos ajudar a expulsá-lo — não apenas "ter pensamentos felizes".

Cure o estresse com um suspiro

A melhor solução em tempo real é ajustar sua respiração. Isso não é exatamente uma respiração consciente, sobre a qual falaremos um pouco mais tarde; isso é usar o biohack em seu diafragma para ativar seu sistema nervoso parassimpático.

Existem duas maneiras de fazer isso. Uma é tornar a expiração mais longa do que a inspiração. Por exemplo, inspire por três segundos e expire por seis.

Ou você pode praticar um suspiro fisiológico, que é uma técnica específica de respiração identificada por neurocientistas como o doutor Andrew Huberman, neurocientista da Universidade Stanford, como uma maneira natural e eficaz de regular o estresse e as respostas emocionais. Esse padrão de respiração é algo que muitas vezes fazemos inconscientemente, sobretudo quando nos sentimos aliviadas ou consoladas — por exemplo, após um bom choro ou logo antes de adormecermos.

O suspiro fisiológico consiste em uma dupla inspiração seguida de uma expiração mais longa e lenta. Veja como funciona:

- **Primeira inspiração:** Respire fundo pelo nariz.

- **Segunda inspiração:** Antes de expirar, faça outra pequena inspiração em cima da primeira. Essa geralmente é uma respiração mais curta e mais rápida.

- **Expiração:** Por fim, exale lentamente pela boca, de preferência deixando a expiração mais longa do que as duas inspirações combinadas.

O objetivo desse padrão de respiração é reoxigenar rapidamente o corpo e, de forma mais eficaz, expelir o dióxido de carbono. A dupla inspiração ajuda a reinflar quaisquer alvéolos — pequenos sacos de ar nos pulmões — que podem ter colapsado durante a respiração superficial, o que é comum em estado de estresse. A expiração mais longa então auxilia na remoção do dióxido de carbono e desencadeia a resposta de relaxamento do corpo.

Cure o estresse com... mais estresse

Existe uma quantidade bem grande de biohacks para ajudá-la a reduzir seu estresse no dia a dia. A chave é encontrar os que têm a ver com você para que os incorpore em sua rotina. Alguns deles realmente curam o estresse com mais estresse. Sério! Isso porque nem todo estresse é ruim para nós.

Existe um tipo de estresse chamado hormese, que é um primo distante do estresse crônico que queremos eliminar. A hormese é o estresse que nos desafia — nos pressiona só um pouco, como um coach motivacional —, mas não nos exaure ou nos derruba. Ele nos coloca em uma situação muito estressante por um curto período de tempo e exercita nossa capacidade de voltar à homeostase — nosso estado padrão.

A hormese faz bem em pequenas doses porque faz você perceber seu potencial e aumenta seu senso de realização e confiança. Ajuda a perder peso, ficar mais forte e parecer mais jovem. Alguns exemplos podem incluir a terapia do frio, como banhos de gelo ou chuveiros gelados, que são ótimos para o controle do estresse.

Coisas pequenas não são pequenas — são traumas

Agora, vamos falar sobre estresse crônico. Grande parte do estresse crônico vem dos traumas que experimentamos quando crianças e que continuam a se repetir em nossa vida adulta. Seu corpo "guarda as marcas", como diz a expressão popular. Ele se lembra de situações estressantes do passado e da infância, e qualquer lembrança desencadeia uma resposta de estresse.

O que os médicos costumavam pensar como trauma eram guerra, desastres naturais, agressão física ou acidentes graves, que podem levar ao TEPT, o transtorno de estresse pós-traumático. Mas a maioria de nós experimenta trauma sem nunca ter ido à guerra. Hoje, especialistas como o doutor Gabor Maté, um renomado médico e autor de *The Myth of Normal*, e o doutor Bessel van der Kolk, autor do apropriadamente chamado *The Body Keeps the Score*, perceberam que essa definição é incompleta, e trabalharam para redefinir o entendimento popular de trauma.

Maté define trauma como "qualquer experiência que sobrecarrega nossa capacidade de suportar e nos deixa nos sentindo impotentes, desamparados e sem controle. Trauma não é apenas sobre as coisas ruins que podem ter acontecido com você; ele pode ocorrer como resultado do que não aconteceu (como não ser visto, ouvido ou compreendido)".

Ele argumenta que o trauma acontece quando somos deixados sem apoio emocional e sem conexão com nossos cuidadores em um evento aparentemente pequeno. Então, anos depois, quando estamos em uma experiência que de alguma forma se assemelha, tendemos a ter uma reação desproporcional a um evento aparentemente pequeno porque isso desenterra um trauma maior que não foi curado.

O que é muito comum é desprezar espiritualmente nossas experiências não tão difíceis com pensamentos desdenhosos como "Bem, outras pessoas passam por coisas piores" ou "Como você pode se estressar com o trabalho quando outras pessoas não têm o que comer?".

Infelizmente, não reconhecer nossos próprios desafios da vida real e nossa própria capacidade de dar conta delas torna essa experiência ainda pior.

Sentimentos não expressos criam estresse

A ideia de "desprezo espiritual" refere-se ao processo de ignorar experiências difíceis com comparações ou banalizações que diminuem a validade de nossa própria dor. É um tipo de esquiva que ignora o processo real e muitas vezes necessário de enfrentar e trabalhar com nossas emoções.

Veja Alex, que, quando menina, muitas vezes tentava compartilhar suas conquistas com seus pais. Porém, sempre que ela se aproximava deles com esse intuito, os pais estavam ocupados demais ou simplesmente não se interessavam. Eles nunca reconheciam os esforços da vida ou comemoravam seus sucessos, o que a levava a se sentir ignorada e desimportante.

Avancemos para a vida adulta de Alex. No local de trabalho, quando suas contribuições são menosprezadas, ou seus colegas não a escutam durante as reuniões, ela experimenta uma reação emocional intensa. O fato de seu chefe não notar seus esforços poderia levar ao estresse crônico no trabalho. Olhando de fora, essas experiências atuais desencadeiam sentimentos de inadequação e invisibilidade enraizados na infância. O trauma original não foi um evento único e de ameaça à vida, mas uma série de momentos em que a falta de atenção a fez sentir-se desvalorizada e sem apoio. Sua reação não é apenas sobre o momento presente de ser ignorada; é amplificada por uma história de experiências semelhantes. Comparar sua situação com aquelas pessoas em circunstâncias mais extremas ("E quanto às crianças passando fome nos países em desenvolvimento? Sua infância foi incrível comparada a isso; do que você pode reclamar?") invalida seus sentimentos e pode agravar a angústia.

O "e quanto aos" é na verdade uma técnica de propaganda usada para desconsiderar a ideia ou a dor de alguém. Você pode se importar profundamente com as crianças famintas *e* se sentir profundamente chateada por Lauren do RH falar algo sarcástico sobre você no trabalho. Você pode ser grata por ter filhos *e* sentir falta de sua vida de solteira. Você pode amar seu marido *e* saber que merece mais. Você pode amar seu corpo e querer fazer biohack para se sentir ainda melhor. Você tem o direito de sentir o que sente, mesmo que seja conflitante às vezes. Sufocar as emoções difíceis com uma gratidão tóxica não está fazendo um favor a ninguém.

Ao reconhecer seus sentimentos enraizados, você pode começar a entender seus gatilhos e trabalhar para curar o trauma que surge de padrões de comportamento repetidos e dolorosos. E é assim que mudamos este planeta para melhor: não passando uns por cima dos outros com nossos traumas e sofrimentos, mas reconhecendo que essa é uma realidade em tantas vidas e depois trabalhando para curá-la.

Sinta para curar

Qual gênero é mais culturalmente programado para reprimir a raiva saudável e para servir como "pacificador" e "cuidador"? O feminino, claro.

Da mesma forma, qual gênero, de acordo com a American Autoimmune Related Diseases Association (AARDA), representa 80% dos pacientes com doenças autoimunes nos Estados Unidos? O feminino novamente. Doenças como lúpus, artrite reumatoide, fadiga crônica, fibromialgia, síndrome de Hashimoto e doença inflamatória do intestino são todas marcadamente mais altas em mulheres do que em homens. Existe uma conexão entre emoções não expressas como raiva e ressentimento e o sistema imunológico atacando seu próprio corpo?

Há muitas teorias, mas a pesquisa sobre trauma do doutor Maté o levou a concluir que as mulheres adoecem devido a emoções não processadas. Nós, mulheres, tendemos a estar hiperconscientes das necessidades emocionais dos outros, em vez de nossas próprias. Tendemos a reprimir a raiva saudável porque fomos treinadas para sermos "boas meninas". Também tendemos a acreditar que somos responsáveis por como outras pessoas se sentem e que nunca devemos decepcionar ninguém — "Duas crenças fatais", diz Maté. De acordo com a pesquisa, as "meninas atenciosas e agradáveis" (você é uma delas?) são mais propensas a desenvolver doenças autoimunes do que as mulheres que não colocam as necessidades dos outros antes das suas próprias.

Cure o estresse sendo uma megera

Se há uma coisa em que realmente acredito é que nenhum biohack funcionará se não cuidarmos e aprendermos a expressar nossas emoções de maneira saudável. Toda doença é uma manifestação de uma doença em nosso corpo, incluindo (principalmente?) os gatilhos emocionais. Todas nós já passamos por isso. Um término de relacionamento horrível que te deixa com o nariz escorrendo. Ficar doente ao sair de férias com a família ou ao voltar de uma viagem para visitar parentes.

Frequentemente somos encaixadas em papéis de sermos eternamente doces e amáveis — com medo de desagradar ou decepcionar. Mas vamos encarar a realidade: nós não somos responsáveis por cuidar das emoções de todos. Você não pode "deixar alguém com raiva". Adultos são responsáveis por suas próprias emoções.

Esforçar-se para ser sempre "a melhor pessoa" pode ser uma gaiola sufocante. As mulheres frequentemente sentem que precisam ser doces e atenciosas, e nunca ferir os sentimentos de ninguém ou ofender alguém. Eu entendo; também vivi essa realidade exaustiva. Desejar tanto ser querida por todos me fez perder muito tempo, paz interior e, acima de tudo, a mim mesma.

A sociedade muitas vezes tem um rótulo duro para as mulheres que ousam dizer "não", que se priorizam; elas são rapidamente rotuladas como "megeras". Esse rótulo me deu gatilhos e me feriu muito no início. Eu me esforçava ao máximo para não decepcionar ninguém: meus seguidores, minha família, meus amigos e minhas outras pessoas queridas.

Mas então, após explorar o trabalho do doutor Gabor Maté e do doutor Bessel van der Kolk sobre trauma e me aprofundar no mundo do biohacking, eu compreendi algo. Muitas mulheres lidam com inchaço e problemas digestivos ao mesmo tempo que são as principais cuidadoras e protetoras, e essa compulsão por "ser legal" é mais uma armadilha que está literalmente nos matando.

Portanto, aqui está meu convite para você: pelo bem de sua saúde, aprenda a assumir ser uma "megera", se é assim que a sociedade chama uma mulher livre da gaiola que se liberta dessas correntes. Se a atitude de defender a si mesma, estabelecer limites e priorizar seu bem-estar lhe render esse rótulo, então que seja. Use-o com orgulho.

Diga "não" a algo sem importância e aumente a autoconfiança para que você possa dizer "não" ou "chega" para algo muito maior. Porque, se você não fizer isso, seu corpo fará por você. Você é poderosa, capaz e merecedora de respeito e autocuidado. Abraçar seu verdadeiro eu, com todas as suas forças e vulnerabilidades, é a forma mais autêntica de bravura. Lembre-se de que cada passo que você dá em direção a afirmar suas necessidades e emoções é um passo em direção a uma você mais saudável e realizada.

Você não está sozinha nessa jornada — há uma comunidade inteira de mulheres trilhando esse caminho a seu lado. Juntas, vamos redefinir força não como estar emocionalmente disponíveis e resilientes para todo o mundo, mas como honrar a nós mesmas. Você consegue!

Cure o estresse com raiva

"Eu nunca fico com raiva, só faço crescer um tumor."

—*Woody Allen*

Há muito julgamento contra mulheres que ficam com raiva na sociedade de hoje. E não estou falando apenas de julgamento externo; também podemos *nos* punir com culpa e vergonha por "explodir".

O que tendemos a fazer em vez disso? Reprimir essas emoções "inaceitáveis"— especialmente a raiva. E qualquer emoção que você reprima se manifestará como uma doença. Isso poderia ser um assunto para um livro inteiro, mas sinto que é importante tocar nesse tópico. Eu não percebi como minha própria raiva não resolvida era séria até ter problemas constantes de estômago durante um período extremamente emocional de minha vida.

Marquei uma consulta com um amigo meu, um terapeuta holístico e especializado em curar energia chamado doutor G, e contei a ele sobre meus problemas de estômago. Em vez de perguntar o que eu vinha comendo ou se eu tinha feito exames de sangue ou testes de sensibilidade alimentar, ele me perguntou sobre meu passado, meu relacionamento com meus pais, quando foi a última vez que havia chorado e como era minha relação com minhas emoções.

O doutor G se ofereceu para me ajudar a processar minhas emoções, e fiquei intrigada. Eu tinha começado recentemente um treinamento para ser uma coach somática ("somática" significa conectada ao corpo). Eu sabia que a pessoa pode ter a dieta mais perfeita, mas, se não processar suas emoções, elas ficam armazenadas no corpo e se manifestam como doenças. A medicina tradicional chinesa fala muito sobre isso, e eu estava muito ciente da correlação — mas não das questões somáticas em minha própria vida.

Seguindo as instruções do doutor G, eu me deitei na mesa de massagem e soltei o grito mais alto que consegui, vindo do fundo de meu estômago. Fiz o melhor que eu pude, mas minha voz não durou mais de dez a 15 segundos. Ele tocou minha barriga e me pediu para me evocar qualquer pessoa que me viesse à mente. Então ele perguntou quando fora a última vez que eu ficara com muita raiva de algo ou alguém.

Falei que não sou uma pessoa muito brava. Ele quis saber: "Seu pai era um homem bravo?"

Ah...

Sim, na verdade, ele era.

Depois de uma hora e meia de trabalho com o doutor G, ele comentou: "Sou ótimo em ler pessoas. Posso olhar para alguém em uma festa e dizer se está triste, fraco ou com raiva sem nem mesmo falar com ele, mas com você foi diferente. Eu nunca a identificaria como uma pessoa que tem a raiva profundamente reprimida. Você se tornou muito boa em escondê-la."

Então, de repente, o doutor G começou a rosnar e sacudir um travesseiro em minha direção. Esse sinal de raiva me fez recuar, assustada. Ele deixou cair o travesseiro e voltou a seu tom e postura normais. "O fato de minha raiva te deixar desconfortável é porque você não enfrentou a sua própria."

Levantei uma sobrancelha. Ele continuou: "Tudo o que você sabe sobre raiva tem a ver com aquela que seu pai direcionava para outras pessoas (você ou sua mãe), e essa é uma das emoções mais incompreendidas. A raiva é saudável se for sentida em um lugar seguro. Ela nos faz agir e querer mais, e não aceitar dinâmicas medíocres ou abusivas. Sem raiva, nenhuma mudança social jamais aconteceria."

O doutor G me passou um dever de casa. Eu tinha que montar uma estação de raiva em minha casa para ter um lugar seguro para liberar a raiva de meu corpo. Podia ser qualquer meio seguro para liberar a raiva, como um taco de espuma para bater em algumas almofadas, um saco de pancadas ou até mesmo apenas um espaço para pegar uma almofada e gritar nela o mais alto possível. Eu segui as instruções, e quer saber? Liberar raiva saudável no ambiente certo me fez sentir muito menos estressada e sobrecarregada. Foi um ótimo biohack, e eu recomendo fortemente que você experimente.

Cure o estresse com perdão

"Guardar rancor é como beber veneno e esperar que a outra pessoa adoeça."

—Autoria desconhecida

Quando Dave Asprey me convidou para participar de seu programa 40 Years of Zen, imediatamente comecei a procurar voos para Seattle. Eu estava com isso em vista desde que Dave esteve em meu podcast, e mal podia esperar. O programa promete condensar 40 anos de meditação em cinco dias e mostrar a uma pessoa normal (ou seja, que não é monge) o que é se sentir zen. "Estou prontíssima para a Aggie 2.0", eu disse a ele. "Estou pronta para dar menos importância às coisas." *Não estamos todos?*

Na semana anterior, seguindo o conselho dele, evitei cafeína, redes sociais, e-mails de trabalho — qualquer coisa que pudesse me distrair de estar totalmente presente. Quando cheguei lá, eu me sentia totalmente pronta para começar. A primeira coisa que a coordenadora fez ao me receber foi me oferecer chinelos e café à prova de balas descafeinado.

O grupo era superintimista: três pessoas, incluindo eu, mais nossa coach Heather. Fizemos uma varredura cerebral para saber qual era nosso parâmetro e, em seguida, nos preparamos para passar a maior parte da semana dentro de um conjunto de cápsulas futurísticas com nossos cérebros conectados a um enorme computador. Cada sessão duraria entre 90-120 minutos, e faríamos várias sessões diárias. Dentro da cápsula, havia uma cadeira tão confortável que me dava sono, então optei por me sentar no chão, com uma caixa de lenços a meu lado (muito necessária, como descobri depois); spray para jogar no rosto com o intuito de ajudar a me manter alerta se eu ficasse sonolenta; um cobertor para me ajudar a sentir segura e escondida, se necessário; e um botão de pânico para chamar a equipe, se viesse a precisar. O tempo todo, nosso cérebro se mantinha conectado a uma máquina que o preparava para o estado alfa.

Existem cinco tipos principais de ondas cerebrais, cada uma associada a diferentes estados de consciência, atividades ou humores.

Ondas Delta (0,5—4 Hz): Elas indicam sono profundo e sem sonhos ou inconsciência.

Ondas Theta (4—8 Hz): Um pouco mais rápidas do que as ondas delta, as ondas theta geralmente estão associadas ao sono leve ou sonhar acordado.

Ondas Alfa (8—14 Hz): Você as experimenta quando se encontra acordado, mas relaxado, como quando está descansando com os olhos fechados, mas sem estar dormindo ou meditando.

Ondas Beta (14—30 Hz): Essas são as ondas cerebrais de "fazer coisas", como durante o pensamento ativo, a resolução de problemas e a tomada de decisões. Também aparecem quando você está ao celular ou após beber café.

Ondas Gama (30—100 Hz): A frequência mais alta, essas desencadeiam percepção, resolução de problemas e criação de associações mentais. São as ondas cerebrais do momento "Ahá!".

Heather diz que nosso objetivo para a semana é ficar em alfa o máximo de tempo possível, e então ela nos guia pelo processo de reinicialização.

Passo 1. Convoque seu guia

Ele costuma ser alguém ou alguma coisa que você não conhece pessoalmente. Você o deixa vir até você para ajudá-la a entrar no processo. Para algumas pessoas, pode ser Jesus; para outras, pode ser um tigre. Para mim, era um carvalho.

Passo 2. Vá para a situação

Lembre-se de um momento de sua infância que a chateou — que a fez se sentir triste, irritada ou oprimida. Onde você estava? O que estava usando? E a outra pessoa? Qual era a temperatura no ambiente? Lembre-se do maior número de detalhes possível.

Passo 3. Faça a acusação

Imagine chegar até a pessoa e fazer uma acusação como se fosse uma criança de cinco anos magoada. Diga: "Mãe, quando você compara constantemente minha aparência com as das outras garotas na escola, isso faz com que eu me sinta sem valor e sem amor"; ou "Abusador, quando você me machucou e me ameaçou, você me fez me sentir insegura em meu próprio corpo". (De uma perspectiva espiritual, ninguém pode fazê-la sentir nada. Nós permitimos que as pessoas nos façam pensar de uma certa maneira porque bem no fundo sentimos aquilo sobre nós mesmas, mas sua criança interior de cinco anos de idade não sabe disso ainda, então vamos nos manter em expressões como "Você me fez sentir X, Y e Z".)

Passo 4: Sinta os sentimentos

Permita que sua criança interior machucada sinta qualquer coisa que surgir. Essa foi a parte mais difícil para mim, porque eu sempre aprendi a experimentar a vida do pescoço para cima — pensar sobre meus sentimentos, analisá-los em minha cabeça e tentar dar sentido a eles ao revirá-los em minha mente. Mas acontece que os sentimentos também estão no corpo. "Uau, esse comentário fez meu peito doer e apertou minha garganta." "Aquele incidente fez meu estômago revirar e minhas pernas ficarem paralisadas." Todas essas são sensações que eu nunca me permiti experimentar. Deixar-nos sentir qualquer coisa sem a necessidade de enxotá-la, mudá-la ou nos julgar por isso — nos dar permissão para ser "fúteis", e permitir que todo o espectro de emoções fosse tão amedrontador ou tão libertador.

Passo 5: Encontre a dádiva

É aqui que somos encorajadas a *mergulhar no "por quê?" e procurar alguma coisa mais profunda que saiu daquele momento na infância.* Acredito que atraímos todas as situações em nossa vida porque nossas almas querem que sintamos, cresçamos e nos orientemos em direção a nossa verdadeira natureza. Há sempre uma dádiva — sempre uma razão —, mesmo quando não conseguimos ver ainda. Algo tão simples como "Isso me ensinou que eu nunca mais quero me sentir assim" ou "Essa pessoa sendo cruel comigo me tornou mais gentil a longo prazo" pode ser uma dádiva se considerarmos como esses eventos dolorosos nos moldaram em alguém melhor.

Passo 6: Perdoe todo o caminho até o amor

Agora que já nos deixamos sentir tudo e vimos a dádiva da situação, nós permitimos que o brilho do perdão lentamente suavize nossos corações.

Passo 7: Pergunte a seu guia: "Já terminamos?"

Antes de acabar, cheque com seu guia para ver se está tudo resolvido. Algumas vezes a resposta é "não", e você precisa mergulhar um pouco mais profundo. E tudo bem.

No primeiro ou segundo dia desse treinamento, senti que não havia ninguém para eu perdoar. Fiquei pensando no que eu faria pelo resto da semana, enfiada nas florestas de Washington sem telefone.

Mas no terceiro dia, eu desabei.

Eu não só tinha muito o que perdoar dos outros (embora eu estivesse sempre dando desculpas por eles em vez de responsabilizá-los), mas também tinha que me perdoar. E essa foi a parte mais difícil.

Tive que me perdoar por não ter começado nessa jornada de cura mais cedo.

Tive que me perdoar por não trabalhar o necessário e por trabalhar tanto.

Tive que me perdoar por nem sempre fazer o meu melhor.

Tive que me perdoar por não me despedir de meu avô antes de ele morrer.

A lista era interminável. Eu chorei e chorei e, uma vez que liberei essa dor represada, as ondas de meu cérebro finalmente fizeram o movimento para um estado de alfa mais relaxado. Eu estava conseguindo meus quarenta anos de zen, afinal! Eu estava permitindo que meu corpo liberasse o que o mantivera tenso, preocupado e assustado por tantos anos, e ele aprendeu como estar presente com a dor enquanto permanecia em um estado alfa de calma.

Na sexta, eu saí do treinamento mais leve e mais apaixonada por mim mesma, porque aceitei minha humanidade. Por mais que eu tente fazer o meu melhor, seja na boa forma, nos relacionamentos ou até mesmo escrevendo este livro, eu sou apenas humana. E não tenho que me perdoar por isso.

Cure o estresse com amor (próprio)

Lembra que eu disse que a parte mais difícil do treinamento 40 Years of Zen foi me perdoar? Quem, exatamente, eu estava perdoando quando olhei para dentro de mim?

Eu estava falando sobre meu Eu Perfeito e meu Eu Superior. Meu Eu Perfeito é a parte de mim que deseja a perfeição porque acredita que a perfeição vai ser igual a amor. Ela aparece como uma voz muito autoritária e cruel: "Vamos, Aggie, isso devia ter sido perfeito."

E então há meu eu da alma, meu Eu Superior. Quando me conecto com esse Eu Superior, sinto-me muito mais relaxada. Eu me amo, não apesar de meus erros, mas por causa deles. Mesmo se meus relacionamentos não forem perfeitos, ou minhas finanças não estiverem como eu gostaria, ou meus seguidores ficarem desapontados por causa do que eu disse ou deixei de dizer, posso escolher agir a partir de um lugar de meu Eu Superior em vez do meu Eu Perfeito, porque o Eu Perfeito definitivamente me estressa.

O Eu Perfeito é a energia masculina tóxica e ferida dentro de você (não deve ser confundida com a energia masculina saudável). Ela busca um corpo perfeito, seguindo à risca um plano alimentar insano e se obrigando a ir à academia independentemente de seu cansaço. Ela é a garota má na escola, a Cruela Cruel ou a general no treinamento da Marinha. Ela não dá a mínima para como você se sente, ela só se importa com seus resultados. Claro, ela consegue realizar o trabalho, mas faz você se ressentir de si mesma ao longo do caminho. Ela não está disposta a te perdoar por nenhum erro, mas insiste em mantê-la refém.

Por outro lado, seu Eu Superior é sua alma, que está esperando que você comece a desfrutar ao máximo a vida, sabendo que não dá para chegar lá sem um corpo saudável. Ela também está superconsciente de que esse é seu propósito, seu estado de espírito, e viver em seu potencial máximo é o que coloca a "cereja no topo" da vida. É assim que você se torna ilimitada, minha Rainha. É assim que mudamos o sistema. Seu Eu Superior perdoa com generosidade, mas também percebe que você nunca precisou se perdoar, em primeiro lugar. Ela mantém uma mentalidade espiritual, como descrito em *Radical Forgiveness*, de Colin Tipping. Ela vê o cenário como um todo e está cheia de compaixão e benevolência.

Cure o estresse com a comunidade

No mundo acelerado de hoje, onde a tecnologia promete conectividade, com frequência nos vemos mais isolados do que nunca. Essa sensação crescente de desconexão (que é um paradoxo em uma era de hiperconectividade) tem implicações significativas em nossos níveis de estresse. A ironia de nossa era atual é que, embora estejamos constantemente em contato digitalmente, conexões genuínas e significativas estão se tornando mais raras. As redes sociais, em vez de nos aproximar, às vezes podem aprofundar nossa sensação de isolamento, levando ao aumento do estresse e da ansiedade. A ênfase no sucesso individual e na autossuficiência na cultura moderna muitas vezes ignora a necessidade humana inerente de comunidade e experiência compartilhada.

A comunidade desempenha um papel crítico na mitigação do estresse. Fazer parte de um grupo nos proporciona uma sensação de pertencimento e de identidade compartilhada, o que pode reduzir significativamente os sentimentos de solidão e isolamento. Em uma comunidade, encontramos não apenas interação social como também apoio emocional, um espaço seguro para nos expressarmos e um conjunto compartilhado de sabedoria e estratégias de enfrentamento para lidar com os desafios da vida. Este sistema de apoio comunitário é essencial para nosso bem-estar mental e emocional, pois nos ajuda a controlar e aliviar o estresse.

Sempre desejei uma comunidade real, e devo dizer que estou pouco a pouco construindo um maravilhoso grupo de amigos que enchem meus dias de muita alegria, tanto em Bali quanto em Los Angeles. Isso requer trabalho? Claro que sim. Mas encontrar-se com seu melhor amigo enquanto escreve sobre isso como uma técnica de cura é um movimento poderoso.

Cure o estresse com a respiração consciente

Respiração? Sim. É esse biohack sem glamour que é o mais barato que existe — mas essa foi minha promessa para você, que conversaríamos sobre dicas que fazem a diferença sem que seja necessário abrir a carteira. A respiração consciente é barata, eficaz e (curiosamente) revolucionária de verdade. Aprendemos um pouco sobre respiração antes, mas vamos dar um mergulho mais profundo agora.

A respiração consciente ganhou um espaço em meu desafio *Fit as F*uck* por uma boa razão, mas acredite em mim, ela não me convenceu logo de início. Ao me conectar pela primeira vez com Lukis Mac e Hellè Weston, a respiração consciente, para mim, não passava de algo entediante. Pensar em uma maratona respiratória de duas horas em Venice, na Califórnia, soava como uma chatice só, mesmo com esses dois profissionais.

Hellè e Lukis são os mestres de respiração das estrelas; eles trabalharam com Travis Barker, as Kardashians, Megan Fox e Jake Paul, só para citar alguns. Você pode esperar que eles pareçam aqueles velhos hippies ou algum tipo de espírito orgânico da natureza, mas Lukis, que é coberto de tatuagens dos pés à cabeça, tem a aparência de alguém que você não quer encontrar sozinho em um beco escuro. Admito que fui pega de surpresa na primeira vez em que o vi, porém, ele é um dos seres humanos mais amáveis, gentis e sensíveis que conheço. Hèlle, agora uma querida amiga, é um anjo em forma humana e uma facilitadora realmente da pesada.

Mas mudei de ideia depois que os conheci de verdade. Primeiro, eu estava operando em minhas velhas suposições, e quando eles nos deitaram todos no chão lado a lado e nos disseram que nas próximas duas horas nós íamos respirar apenas pela boca o tanto quanto possível, não consegui imaginar nada mais entediante. No entanto, depois de 20 minutos, as coisas se tornaram reais. Formigamentos estranhos, mãos se entortando como garras por causa das cãibras — está bem, então não foi entediante, mas também não foi exatamente minha ideia de uma sessão relaxante.

O que aconteceu em seguida foi que as emoções começaram a aflorar. Hellè ficava caminhando em volta calmamente, nos incentivando a continuar. Como se viu, ela estava certa — aquilo era mais do que apenas respirar. Depois, Hellè explicou: "Cada vez que temos uma emoção não processada ou um evento estressante para o qual não temos tempo, energia ou consciência para processar completamente, nós o armazenamos em nosso corpo como um nó emocional. Quando fazemos um trabalho de respiração, nós massageamos esses nós emocionais assim como um bom massagista pode fazer para liberá-los em nossas costas. Muitos desses sentimentos não processados aparecem como doenças, tais como problemas no intestino. No momento em que começo a respirar, eu não tenho mais SII ou indigestão."

Ah. Uau. Bem, quando você coloca dessa forma...

A maioria das pessoas evita esses exercícios de respiração como fazem com uma dieta saudável ou meditação; é sempre uma coisa "para depois". E tudo bem; conversamos sobre o poder do "ainda" lá no Capítulo 5, lembra? Eu entendo; eu também estava relutante, mesmo quando *Breath: The New Science of a Lost Art* entrou em meu radar. "Um livro inteiro sobre respiração? Tenha dó...", pensei. "Como alguém pode escrever 300 páginas sobre a atividade humana mais básica? Deveria ser apenas um comentário: 'Ei, você devia respirar mais. Quanto mais oxigênio, melhor. Fim.'."

Bem, o livro não apenas acabou se tornando um de meus preferidos: quando fui ao show de Beyoncé que marcou a inauguração do Atlantis The Royal em Dubai, levava o livro guardado na bolsa porque não conseguia parar de ler!

A surpresa? Respirar menos é a chave para uma saúde melhor, como abandonar o hábito de lanchar, mas com oxigênio. (Mas você precisa fazer isso de maneira consciente, não escolher pular, como deve ser com os lanches. Definitivamente não abandone a respiração para ter uma saúde melhor. Não é assim que funciona. Olhe, apenas acredite em mim que desenvolver bons hábitos de respiração é um biohack sólido, está bem?)

O número mágico a que almejamos chegar é por volta de 5,5 respirações por minuto. Respirar pelo nariz é seu modo de relaxar — pense em manter-se centrada, calma e tentando uma postura ainda melhor.

Respirar pela boca, por outro lado, é seu pontapé de energia — um pouco de estresse deliberado pra treinar seu corpo a relaxar na hora certa. (Lembra-se da discussão sobre hormese?)

E já que entramos nesse tema, vamos falar das narinas — esquerda e direita. Tudo se trata de equilíbrio, como yin e yang. Esquerda para calma, direita para energia, e seu corpo é inteligente o suficiente para alternar entre as duas sem um manual. Não é necessário nenhum equipamento sofisticado; isso é apenas você e sua respiração, aproveitando uma mistura de relaxamento e um minitreino para seus pulmões.

Em resumo, a respiração consciente não é apenas inalar o ar — é sobre reiniciar seu organismo, livrar-se do estresse e sincronizar com o ritmo da vida.

Se você quer respiração para estresse, a respiração de caixa é uma ótima técnica para controle do estresse. Esse exercício simples requer inspirar devagar pelo nariz por quatro segundos, prender a respiração por quatro segundos, exalar suavemente pela boca por quatro segundos, e depois prender a respiração de novo por mais quatro segundos.

Repetir esse ciclo por alguns minutos pode acalmar sua mente de forma significativa. É particularmente benéfico para alívio de estresse, já que ajuda a regular seu sistema nervoso, transformando seu modo de "lutar ou fugir" para um mais relaxado estado "descansar e digerir". Isso a torna uma prática ideal para momentos em que você precisa aliviar o estresse rapidamente.

Cure o estresse com meditação

"A verdadeira medida do sucesso é um sistema nervoso calmo."

—Drew Barrymore

Lembra quando falamos sobre jejum? Gosto de pensar na meditação como o jejum para a alma e a mente. Trata-se de separar um momento para parar o consumo constante de informação e pausar para simplesmente estar em sua energia feminina.

A meditação é uma verdadeira revolução. É simples, mas seus efeitos são tudo menos simples. É o biohack que não grita por atenção e não exige equipamentos especiais, mas reprograma seu cérebro, acalma sua resposta ao estresse e aguça seu foco. É como levantar pesos para sua saúde mental. Sério, *é tão potente assim.*

Eu costumava tentar várias meditações, experimentando esse estilo ou aquele. Comecei com os clássicos, como a meditação transcendental — sabe, aquele tipo onde você ganha seu próprio mantra secreto e o repete como uma palavra mágica? Legal, claro, mas não se encaixou como uma luva para mim. Depois veio a Meditação Ziva, cortesia de minha amiga Emily Fletcher, e foi aí que tudo fez sentido.

Adoro que a Ziva incorpore atenção plena, meditação *e* manifestação. Combina comigo porque eu amo a filosofia de Emily de que "Nós meditamos não para ficarmos melhores na meditação; meditamos para ficarmos melhores na *vida.*"

Explore os vários tipos de meditação disponíveis para encontrar um que funcione para você. E se você não gosta de meditar, sentar-se e dar uma pausa a sua mente do constante consumo de imagens, músicas e conteúdos, simplesmente mantendo os olhos fechados, pode ser incrivelmente útil e curativo.

Cure o estresse com brincadeiras

Tenho que admitir que ainda sou uma aprendiz quando se trata de brincar. Eu me lembro de como amava brincar o tempo todo quando era criança, mas em algum momento no meio do caminho, todos os "deverias" pareceram atrapalhar. Eu deveria estar trabalhando mais. Eu deveria agir como uma adulta. Eu deveria estar focando em meu trabalho. Eu deveria ___. Tenho certeza de que você pode preencher a lacuna. É parte da lavagem cerebral em nossa sociedade que é melhor fazer, fazer, fazer.

A triste verdade é que, quando perdemos nossa capacidade de nos divertir e brincar, endurecemos.

Acredito que a brincadeira é uma das peças que faltam para muitas pessoas. É absolutamente essencial para uma vida plena. Se você está lendo este livro, provavelmente é uma super-realizadora, multitarefas o tempo todo, o que é fantástico. Sorte sua!

Mas, por favor, permita-me fazer uma pergunta séria: quando foi a última vez que você se permitiu se soltar e brincar livremente por um dia inteiro

230 | A REVOLUÇÃO DA BIOLOGIA FEMININA

— sem telefone, sem e-mails, sem agenda oculta ou secretamente planejando outra coisa em sua cabeça —, apenas brincar escancaradamente? E agora permita-me fazer outra pergunta na sequência: quando foi a última vez que você se permitiu um dia assim — *sem nenhuma culpa associada*?

Amo tanto meu trabalho que eu costumava sentir que não precisava de um dia de folga. Eu simplesmente seguia, seguia, seguia o tempo todo, sem nunca parar para respirar ou me permitir uma chance de me afastar por um minuto. Mas isso levou a um esgotamento extremo que me fez temer se eu poderia algum dia ser criativa novamente. Então, parei totalmente de querer trabalhar. Deixei a autodisciplina se confundir com estar esgotada por tentar fazer demais o tempo todo. Achava que, se eu tirasse um tempo de folga, estaria sendo preguiçosa.

Nunca priorizei brincar. Isso era algo que outras pessoas faziam quando não sabiam o que fazer da vida enquanto comigo rolava o "Tudo em ordem por aqui. Eu só estou trabalhando muito, como uma adulta responsável". Então, comecei a ouvir Brené Brown e suas discussões sobre a importância de brincar — e a pesquisa por trás disso. Aquilo chamou minha atenção! Eu pensava: "Se eu apenas fizer essa coisa de brincar por 30 minutos, serei mais produtiva. É isso o que diz a pesquisa." E essa foi a abordagem que tentei no início, e ajudou — um pouco. Mas um intervalo de 30 minutos para brincar de vez em quando não é suficiente para recarregar e revitalizar você completamente de todas as maneiras que te esgotaram por você se exigir fazer sempre mais.

Ao longo dos anos, aprendi como é verdadeira a frase: "Não paramos de brincar porque envelhecemos; envelhecemos porque paramos de brincar." Comecei a perceber que idade é apenas um número, e a juventude vem de nossa energia. A vida é curta demais para ser sempre séria. Eu não queria mais ser uma mulher estressada e irritada. Queria ser brincalhona, boba, a pessoa que alegra a sala com sua habilidade de brincar. Essa alegria é o que atrai os outros para nós. Essa energia feminina ajuda a fundamentar nossa identidade em algo além do que produzimos.

Uma dica comum de "autoaperfeiçoamento" é ouvir um podcast no caminho para o trabalho em vez de ouvir música, para aprender constantemente uma nova habilidade ou expandir seu conhecimento sobre um determinado assunto. Nós nos tornamos máquinas superprodutivas, onde todas as nossas ações precisam fazer sentido. Cada atitude que tomamos tem que estar ligada a criar valor. Onde literalmente cada segundo do dia precisa contribuir para nosso crescimento.

Isso é literalmente o oposto de brincar.

Procurei a definição de brincar: "Brincar é uma ação que traz uma quantidade significativa de alegria *sem* oferecer um resultado específico. Precisa parecer bobo, improdutivo e consumir tempo."

O melhor conselho que posso oferecer para despertar um senso de brincadeira em sua vida é começar uma lista de *coisas-a-sentir* que você trata com a mesma importância de sua lista de *coisas-a-fazer*. Inclua-a em sua rotina diária para ajudá-la a se sentir mais criativa e renovada.

Se você não souber por onde começar, observe as crianças brincando; é natural para elas. Deixe-as ensinar como ser criança novamente e lembrar que você é apenas uma criança grande também.

Entre em contato com sua criança interior. O que você adorava fazer quando criança? Ouça aquela vozinha dentro de você que quer brincar — o que vai preencher sua alma? Tire um tempo para fazê-la feliz e recarregar suas energias. O papel de parede de meu telefone é uma foto minha aos sete anos; este é meu lembrete de que a pequena Aggie é a única pessoa que eu quero deixar orgulhosa.

À medida que envelhecemos, nosso ego não quer parecer bobo, principalmente perto dos outros, mas nossa criança interior ainda só quer ser boba e brincar. Se outras pessoas rirem de você ou fizerem críticas, lembre-se de que elas provavelmente estão falando com a própria criança interior da mesma forma, e merecem nossa piedade. Talvez elas até tenham como objetivo constranger gentil e delicadamente as pessoas e deixá-las um pouco desconfortáveis na esperança de trazer de volta sua criança interior reprimida.

Cure o estresse com prazer

Uma grande parte de assumir meu poder e cuidar de minha saúde foi reivindicar meu prazer e minha boceta. Não coloquei "*" na palavra de propósito, nem chamei de "vagina", "vulva" ou qualquer outra coisa. Essa foi uma ação intencional inspirada no trabalho de Regena Thomashauer (também conhecida como Mama Gena). Seu livro, *Pussy: A Reclamation*, é um de meus favoritos, porque ela usa intencionalmente a palavra "boceta" por ela ter sido historicamente utilizada em contextos depreciativos ou de objetificação para envergonhar as mulheres, especialmente na sociedade patriarcal em que vivemos. Seu objetivo é que recuperemos nosso poder, recusando-nos a ser envergonhadas por pressões sociais ou ideias machistas. Aqui estamos nós, donas orgulhosas de nossas bocetas, corajosas, fortes — mas a palavra nos provoca medo e gatilhos. Não se sinta mal; ela também me provoca gatilhos, mas estou trabalhando nisso. Não valeria a pena desafiar a vergonha e o estigma muitas vezes associados não apenas à palavra, mas aos corpos femininos em geral?

Para mim, que fui criada em um ambiente conservador na Polônia, o prazer foi um tópico tabu na infância e adolescência. Por muito tempo, coloquei o prazer dos outros na frente do meu, seguindo a crença profundamente arraigada de que o altruísmo era o único caminho para ser amada. Em minha jornada ao explorar o tantra, entendi que preciso reivindicar meu poder de volta, e eu não conseguiria fazer isso sem reivindicar de verdade meu prazer de volta. Após uma massagem profissional yoni, desbloqueei meu "teto de vidro" sexual. Agora sei que os orgasmos podem durar horas, e posso ter até 40 em uma noite. (E se eu posso, você também pode; só requer um pouco de prática e muita respiração!)

Aqui estamos nós, mulheres adultas, assustadas e envergonhadas por nosso próprio prazer, nos sentindo tão inseguras na cama que fingimos orgasmos (*sim, já passei por isso*), assumindo a culpa quando não conseguimos atingir o clímax com um parceiro. E o pior de tudo, ficamos lá deitadas pensando: "Está tudo bem, eu posso viver sem prazer." Mas e se mudarmos o prazer da categoria "Não seria bom?" para "São ordens médicas"?

Do ponto de vista biológico, orgasmos reduzem o estresse. Pesquisas publicadas no *Journal of Biological Psychology* mostram que a atividade sexual pode baixar a pressão arterial e reduzir o estresse. A liberação de oxitocina durante o orgasmo é particularmente influente na promoção do relaxamento e na redução do hormônio do estresse, o cortisol. Orgasmos também podem atuar como analgésicos naturais. Um estudo publicado na *Public Library of Science* descobriu que a estimulação vaginal aumentou significativamente o limite de dor de uma mulher. Isso é devido à liberação de endorfinas durante o orgasmo, que são os analgésicos naturais do corpo.

A liberação de hormônios como oxitocina e prolactina após o orgasmo pode promover relaxamento e sonolência. Um estudo no *Journal of Sleep*

Research sugere que a atividade sexual e o orgasmo podem ajudar a melhorar a qualidade do sono, que sabemos ser crucial para a saúde geral. A atividade sexual regular, incluindo os orgasmos, também pode trazer benefícios para melhorar o sistema imunológico. Um estudo da Wilkes University descobriu que indivíduos que faziam sexo uma ou duas vezes por semana tinham níveis mais altos de imunoglobulina A (IgA), um anticorpo que ajuda a proteger contra infecções. Também há evidências que ligam a atividade sexual à melhora da saúde mental. As endorfinas liberadas durante o orgasmo podem elevar o humor e criar uma sensação de bem-estar, potencialmente ajudando a reduzir sintomas de ansiedade e depressão.

Então, se alguma vez você pensar que seu prazer é secundário, desimportante ou negociável de alguma maneira, quero que se lembre de que ele é *literalmente* parte de viver de forma saudável. Não tenha medo de pedir (ou receber) o prazer que você merece. Priorize a boceta!

Cure o estresse com o pensamento

Sabe o que é estressante? Pensar em toda a porcariada que está acontecendo e que ameaça atrapalhar seus sonhos. Não consigo nem dizer quantas vezes a vida *deste* livro foi sabotada.

Minha primeira reação foi: "Por que isso está acontecendo comigo?!" Sim, a mentalidade de vítima é minha reação automática, mas estou aprendendo a reformular meus pensamentos. As coisas não acontecem somente "para você" ou "para mim". Elas acontecem *por* nós. Lembre-se de que você tem arbítrio, então acredite em sua capacidade de controlar sua vida e os eventos que te afetam.

Pense na diferença entre um barco a vela e uma jangada. (Isso vindo de alguém que passou um ano velejando pelo Pacífico, do México à Austrália.) Uma jangada é levada pelas correntes e pelo vento, flutuando sem rumo. Não tem controle sobre sua direção ou destino, que são determinados por forças externas.

Ao contrário, um barco a vela tem uma vela e um leme, então ele pode usar a força do vento e dos mares para navegar na direção em que deseja ir. A pessoa que navega no barco tem controle sobre a velocidade, o curso e o destino da embarcação.

Você pode escolher se quer ser uma jangada, lançada pelas circunstâncias externas e sentindo-se como uma vítima, ou o marinheiro de seu barco a vela, controlando sua direção e seu destino ao navegar em direção a seus resultados desejados, usando as circunstâncias de sua vida como as coisas que a impulsionam adiante.

Todos nós que definimos metas temos uma visão, e parte de criar uma visão para nós mesmos é pensar em como pegar o invisível internamente e torná-lo visível externamente. Nosso pensamento é sobre moldar a lente que usamos para olhar o mundo.

Quando as coisas dão errado

Meu alarme toca como sempre por volta das seis da manhã em Los Angeles. Quando o desligo, meu coração se aperta ao ver uma mensagem em meu telefone — da qual vou me lembrar para sempre.

"Estou com câncer", diz a mensagem. Nada mais.

Minha melhor amiga estava com câncer de mama. O tumor veio depois de uma longa batalha com hormônios.

Como é justo que uma das pessoas mais legais do mundo, que nunca reclama e nunca se irrita, fique tão doente tão jovem?

Não importa se tiver a ver com a nutrição, com as emoções ou seja lá o que for, eu não quero jamais receber outra mensagem como aquela. Nunca mais quero ver outra pessoa sofrer daquela maneira — ou sentir minha própria dor enquanto sofro junto com ela.

Não posso fazer promessas sobre como exatamente sua saúde estará no futuro, mas posso encorajá-la a buscar a rota mais saudável e benéfica que conheço. Se eu posso ajudar nem que seja uma mulher a resolver seus problemas hormonais, suas cólicas menstruais ou uma vida lutando com seu corpo, então vou continuar escrevendo livros como este, entrevistando especialistas em meu podcast e postando o que aprendi nas redes sociais.

Só o que peço é que você escute seu corpo e reivindique seu poder sobre sua saúde. Dê os passos que puder, seja mudando a maneira de comer, tentando uma nova rotina de sono ou liberando seu trauma emocional reprimido. Até mesmo uma mudança mínima pode ter um impacto gigante em sua saúde a longo prazo.

Energia de personagem principal

Feche os olhos e imagine sua vida como um filme. Afaste um pouco e você vai se ver lendo este livro de cima, como uma diretora.

Insira uma música com clima de suspense no fundo, jogue uma luz bonita em seu rosto, depois aproxime de novo para dar um close em seus olhos se animando de repente ao perceber que *você não é uma personagem secundária*.

Na verdade, não apenas você tem um papel com falas — você é a personagem principal de um filme chamado *Minha Vida Maravilhosa*! Você não percebeu até agora, mas está tudo bem. Estamos apenas começando.

Agora, vamos fazer esse filme — e seu papel — serem dignos do Oscar.

Comece levando energia de personagem principal a cada situação única de sua vida no dia a dia, porque a equipe de filmagem a está seguindo para todo lugar. Você está em um mercado escolhendo seus legumes? Na academia se exercitando? Tendo uma conversa com seu chefe? Ande com confiança, fale o que acredita e aja como se soubesse de seu valor. (Estamos chegando lá.)

A verdade é que sua liberdade, seu Eu Superior e sua vida de abundância estão do outro lado do que faz sentido ao mundo. As opiniões dos outros não importam. As decisões só precisam fazer sentido na *sua* história de vida de uma mulher brava, confiante e corajosa, que finalmente foi com tudo.

Pense nisto: quais são os pontos altos de sua vida? Apaixonar-se? Viajar sozinha pela primeira vez? Fazer uma jogada significativa para o bem de seus sonhos? Não são essas coisas que não "fazem sentido" de verdade? Mesmo que você não tivesse se colocado em primeiro lugar e fizesse alguma coisa ridícula pelos padrões da sociedade, que tal uma reviravolta?

Se você se vê como fracassada ou uma vítima, cuja vida está acontecendo *com* você, e a vida dos outros parece ser mais fácil, diferentes problemas vão continuar a aparecer em seu corpo. Se nós nos tornarmos as vitoriosas de nossa vida e de nossa saúde enquanto adotamos esses princípios de biohacking — bem, minha querida, estamos nos encaminhando direto para o Kodak Theater para pegar nosso Oscar, o sonhado carinha dourado.

Você é a personagem principal de sua vida. Traga essa energia de personagem principal para todas as situações. E comece a trabalhar em seu discurso de agradecimento por todas as coisas boas que você merece.

Principais conclusões

✓ **Reconheça o valor de "não fazer nada":** Às vezes, a melhor ação é a falta de ação. Como a história de Molly demonstra, incorporar momentos de descanso e relaxamento em sua rotina pode levar a melhoras significativas no bem-estar e até mesmo na perda de peso.

✓ **Reconheça o impacto do estresse crônico:** Entenda que viver em um estado de estresse constante afeta seu corpo e sua mente. Não é apenas sobre reconhecer estresse agudo, mas também abordar o estresse sutil e permanente que impacta a saúde e a felicidade.

✓ **Potencialize o poder da respiração e dos suspiros:** Use técnicas de respiração, como o suspiro fisiológico, para envolver seu sistema nervoso parassimpático e controlar o estresse em tempo real.

✓ **Encare e cure traumas emocionais:** Tratar traumas e emoções enraizadas, conforme demonstrado em minha própria experiência com o doutor G, pode levar à profunda cura pessoal e ao alívio do estresse.

✓ **Aproveite a comunidade e as conexões sociais:** Enfatize a importância de conexões genuínas e da comunidade em mitigar sentimentos de isolamento e estresse, como visto em minha experiência em Bali e em Los Angeles.

✓ **Adote um pensamento positivo e proativo:** Mude de vitimização para arbítrio, aproveitando os desafios da vida como oportunidades para crescimento e direção, parecido com a analogia do barco a vela.

✓ **Brincadeira, prazer e saúde sexual:** Adote as brincadeiras e reconheça os benefícios de saúde do prazer sexual e dos orgasmos, desafiando estigmas sociais e adotando bem-estar pessoal.

✓ **Energia de personagem principal e autoempoderamento:** Veja a si mesma como a personagem principal de sua vida, tomando decisões que priorizem seu crescimento, sua saúde e sua felicidade.

10

E agora?

"O ato mais radical em uma sociedade doente é se curar. E depois gentilmente ajudar os outros a se curarem também."

—*Autoria desconhecida*

Henry Ford uma vez disse: "Se você pensa que pode ou se pensa que não pode, você está certo."

Seu pensamento determina seu resultado, então é sua responsabilidade consigo mesma desfazer as mentiras que podem ter sido ensinadas sobre você e que você pode até ter repetido para si mesma ao longo da vida. Considerar uma ideia não significa que seja verdade, significa apenas que você está dando seu foco e energia nela. É seu papel, como sua própria melhor advogada, redirecionar o foco das crenças autolimitantes.

Quero que você reserve um momento para refletir sobre tudo o que discutimos ao longo dos últimos nove capítulos, e pense sobre quais mudanças de mentalidade estão reverberando em você agora. Desde os ajustes à ordem e ao tempo de suas refeições até os tipos de alimentos que você prioriza, até as maneiras de trabalhar com seu ciclo menstrual, até potencializar resultados para as formas como você integra descanso, exercícios e cura de todos os tipos — cada um desses níveis exige uma mudança de mentalidade.

Mas lembre-se de que uma mudança não precisa ser global. Talvez você só esteja pronta para focar em controlar seu sono e seu estresse no momento — maravilha! Vá em frente! Pode ser que, no momento, você só se sinta capaz de focar em entrar em sintonia com seu ciclo de forma a poder ficar pronta para implementar mais mudanças ao longo da estrada. Excelente!

Meu ponto é simples assim: ao entrar em uma mentalidade de crescimento em vez de permanecer em uma mentalidade fixa, você está dando aquele primeiro passo essencial. Esse é o mais difícil de dar em uma jornada inteira, e eu *estou tão orgulhosa de você* por decidir fazer isso. Desse ponto em diante, não há literalmente nenhum limite para onde você pode ir. Apenas continue escolhendo *a si mesma* todos os dias.

Quando comecei o Travel in Her Shoes, meu perfil de viagens no Instagram, as pessoas me chamaram de "motivacional" e "inspiradora". Afinal de contas, eu era apenas uma garota que saltava de aviões, velejava atravessando o Pacífico em um minúsculo barco a vela, escalava os picos mais altos do mundo, vivia com tribos remotas na Floresta Amazônica ou na Tanzânia, e nadava com tubarões.

Eu sinceramente não entendia por que as outras pessoas não faziam as mesmas coisas — ou quaisquer aventuras que elas quisessem buscar em suas vidas. Para mim, parecia muito simples simplesmente avançar se de fato se quer alguma coisa. Até meus problemas de saúde começarem.

Fui de saltar de aviões para não ser capaz de sair da cama de manhã sem apertar o botão de soneca pelo menos três vezes. Enquanto antes eu estava pronta para qualquer coisa, agora eu não conseguia atravessar o dia sem inúmeros cafés. Ir do Lower East Side de Nova York, onde eu morava na época, para o centro era como escalar o Kilimanjaro: insuportável e exaustivo. E eu não me sentia incrível depois, também. Nada parecia simples, e eu definitivamente não me sentia com vontade de "avançar" para nada além de dormir ou assistir à Netflix.

Por que esse era o caso? Porque meu corpo e minha biologia estavam fora de controle. Foi quando percebi que nenhuma quantidade de motivação pode tirar da fossa alguém com uma biologia desequilibrada. Equilibrar sua biologia vai tornar muito mais fácil conquistar qualquer de seus sonhos — e uma vida de conquista desses sonhos é exatamente o que eu quero para você.

Olhe, por treinar mulheres, aprendi que "treinar mentalidade" é meio que uma bobagem se a biologia da pessoa não for levada em conta. Você pode dar uma de palestrante motivacional o quanto quiser, mas se você tiver picos de glicose por causa do consumo de carboidratos e açúcar constantes, comer alimentos que a deixam doente e não se exercitar, não verá nenhuma mudança. Você se sentirá inspirada e animada por um momento, mas seu estado de mudança não vai durar.

Acredito que o biohacking é apenas um meio para um fim. Não quero que seja seu objetivo final. Descobrir como potencializar que seu corpo prospere não conta tanto se você não sair por aí e *realmente prosperar, ora*. Eu amaria que seu objetivo final fosse tomar seu poder e viver sua expressão máxima. Quero vê-la não dar a mínima para o que seus amigos, seguidores ou família pensam de você e de seu estilo de vida. Quero vê-la viver tão assumidamente que tudo o que você faz, por menor que seja, se torne um ato de rebelião contra a lavagem cerebral popular que está fazendo as mulheres modernas se sentirem pequenas, estressadas e inseguras de seu poder.

Mas, para isso, você precisa focar em sua biologia, em seu cérebro, em sua insulina, em seus hormônios do sexo e em sua dieta — até mesmo se sua biologia natural estiver contra você (a minha estava).

Antes de começar o biohacking, eu não tinha ideia de que a depressão, a falta de atenção e o foco distraído eram um problema do cérebro, não um problema de mentalidade.

Quando o doutor Daniel Amen participou de meu podcast, *Biohacking Bestie*, ficou intrigado com meu cérebro. "Sua família tem casos de depressão, obesidade e vício?", ele perguntou. "Olhando apenas para sua genética, você deveria estar encolhida no sofá, viciada em drogas, extremamente acima do peso e com medo de sair de casa." Mas obviamente, esse não foi o caminho que eu segui.

Em vez disso, sou coach mental e motivacional, tenho 15% de gordura corporal, ensino mulheres a se manterem em forma, pratico paraquedismo em meu tempo livre e, embora use alucinógenos em um ambiente cerimonial, não bebo álcool nem tenho nenhum vício em drogas. Minha genética estava contra mim... mas eu decidi lutar contra *ela*.

Usei o biohacking para construir uma vida melhor para mim. Nunca foi sobre "me tornar uma biohacker"; eu só queria me tornar uma versão melhor de mim mesma.

O biohacking não é um objetivo final. É comum ficarmos obcecadas demais com biohacks, eliminando cada vez mais "vida" de nosso dia e preenchendo-o com biohacking. Por quê? Bem, primeiro, porque é empolgante; parece que você está fazendo alguma coisa grande. Em segundo lugar, muitas de nós têm medo de se entregar e precisam de controle. E, em terceiro lugar, porque muitas vezes sentimos a necessidade de competir com os outros.

Nós usamos o biohack para viver melhor e por mais tempo; não vivemos para fazer biohacking.

Se algo do biohack está te deixando triste, estressada, julgando os outros ou te fazendo se sentir superior a alguém por causa do que você faz e eles não (ou vice-versa), então é melhor dar um passo para trás no biohacking por um instante, porque ele não está melhorando nem um pouco sua vida — ou você.

Não estamos nas Olimpíadas do biohacking. Ninguém ganha um prêmio por "vencer no biohacking". O objetivo do biohacking não é criar mais uma gaiola para controlar o comportamento de uma mulher ou fazer outra mulher se sentir mal — incluindo a que está se olhando no espelho.

Às vezes, em nossa busca por um estilo de vida ou dieta perfeitos, acabamos piorando nossas vidas. Se sua lista de afazeres é tão longa, com todos os hábitos e todos os alimentos que você sente que precisa incorporar, que você acaba estressada todos os dias — não vale a pena. A maneira como você come não deve fazê-la se sentir triste. E quando algo parece bom, em geral pensamos: "Então isso não pode estar funcionando. Devia ser ruim."

O ego do biohacking, assim como o ego vegano ou o ego fitness, é uma coisa real. Por favor, não termine este livro para depois constranger suas amigas por tomarem pílula anticoncepcional, fazerem preenchimento labial ou comerem um donut logo de manhã.

Para mim, o ideal seria que toda mulher fizesse menos biohacks e fosse mais feliz, em vez de fazer mais e odiar sua vida. O objetivo é ter mais energia para ser uma amiga e um ser humano melhor. É assim que começamos a curar o mundo.

"Você estourou"

Aqui está a cena: é maio de 2022, e estou jantando com minha amiga Masha quando ela comenta que trabalha com uma mulher chamada Adriana, que mora na Colômbia, que tecnicamente é uma terapeuta, mas, na realidade, é mais uma coach espiritual.

Fico intrigada. Preciso falar com alguém porque amo meus amigos, mas eles conhecem minha versão antiga bem demais para me ajudar a transitar por todas as mudanças estilo tsunâmi que aconteceram dentro de mim este ano.

Entro em contato com Adriana, e ela me oferece uma sessão introdutória gratuita para que eu possa "entender seu trabalho".

Imediatamente, mando uma mensagem em resposta: "Confio em minha intuição, e algo me diz que você é exatamente a pessoa que preciso. Vamos direto para uma sessão."

Uma semana depois, quando nos conectamos pelo Zoom, encontro uma mulher de quarenta e poucos anos com a cabeça enrolada em um turbante. Descubro depois que ela está passando por um tratamento contra o câncer.

— O que você espera de nossas sessões? — pergunta ela.

— Adoro terapia, e tenho testado terapeutas diferentes há um ano — explico. — Todos me fazem sentir bem comigo mesma e também ouvida, mas tudo se resume a "Ah, seu parceiro não está prestando atenção a você. Aqui estão algumas maneiras de conversar que você poderá usar na próxima vez que brigarem." Não preciso de um tapinha nas costas, e não quero aprender a brigar melhor. Quero saber qual é minha parte nessa relação que está causando conflito. Não quero terminar com Jacob e culpá-lo por não me entender e não atender a minhas necessidades, apenas para repetir o padrão com alguém novo.

Adriana respira fundo e então responde:

— É *você* que não está se entendendo. É *você* que não está prestando atenção a suas necessidades. Você está projetando. Projetar é ficar chateada com as pessoas por não nos entenderem, não prestarem atenção a nossas necessidades, não escutarem o que temos a dizer, não serem gentis conosco ou ignorarem o que estamos dizendo, quando, na verdade, nós estamos fazendo isso conosco. Você não está ouvindo suas necessidades. Está ignorando sua voz interior e sua criança interior. Se isso não fosse verdade, você não se mostraria abalada quando sente que Jacob não está fazendo essas coisas.

Na hora em que ela fala essas palavras, sei que está certa. Não presto atenção a mim mesma. Não escuto aquela voz dentro de mim. Não atendo consistentemente a minhas próprias necessidades. Então, por que espero que os outros façam isso por mim?

Adriana prossegue:

— Na realidade, você não se sente vista por si mesma. Você não se leva a sério; por que alguém mais faria isso? Você provavelmente não se sentia vista por seus pais, e nenhuma quantidade de atenção de um parceiro jamais preencherá esse vazio. A única pessoa que pode fazê-la se sentir vista é você. Agora, qual parte de si mesma você realmente não está vendo?

A sessão começou há cinco minutos, e sinto que Adriana já abalou meu mundo. Percebo que estou ficando um pouco na defensiva, mas isso é exatamente o que eu queria: alguém brutalmente honesto que me convocasse para sair de minha merda.

Agora, quase dois anos depois, espero ansiosamente por minha sessão com Adriana todas as semanas. Ela me ajuda em meu relacionamento com Jacob e comigo mesma, e também a integrar minhas sessões de ayahuasca.

Percebi que ainda não aceito uma parte de mim que é espiritual. Sinto que não me encaixo. Quanto mais espiritual me torno, menos me encaixo no mundo convencional, que é o que minha carreira nas redes sociais deveria representar. Supostamente.

Fiz muitas coisas corajosas, mas ser eu mesma sem pedir desculpas é a mais corajosa de todas. Ainda está em minha lista de coisas a fazer. Ainda tenho medo de meu poder e de minha grandeza. Espero que um dia desses eu chegue lá.

***

É final de outubro em LA, e acabei de voltar da Polônia depois de dançar no *Dancing with the Stars* polonês. Fui convidada para uma cerimônia de ayahuasca por meu amigo Jacek, um participante de um programa de tevê que apresentei no ano anterior em Marbella, na Espanha.

Depois da primeira sessão, mal posso esperar para me encontrar novamente com a avó (como a ayahuasca é chamada pelo povo quíchua, porque às vezes ela é carinhosa e amorosa, e outras vezes ela te derruba com uma verdade dura que você não aceitaria de mais ninguém). É uma mistura estranha de manhã de Natal e "Que montanha-russa é essa em que estou prestes a andar?".

Decidi fazer uma sessão privada com outro xamã em Malibu e, dessa vez, a avó me manda uma linda mensagem: "Você não precisa de mais um pedaço de papel para começar a fazer o que está fazendo. Seus ensinamentos e o modo como você ajuda se encontram além de qualquer coisa que você possa aprender com outra pessoa. Você também não precisa que um milhão de indivíduos entendam seu caminho. Pare de viver pequeno em nome de estranhos na internet que você nunca vai conhecer."

Sei muito bem a que ela está se referindo. Recentemente, comecei a compartilhar minha paixão pelo biohacking, mas continuo recebendo comentários negativos.

"É melhor você ficar só nas viagens." Tradução: "Continue pequena e se limite a apenas uma coisa. Você não tem permissão para amar muitas coisas."

"Eu gostaria que você voltasse a ser a antiga Aggie." Tradução: "Não cresça; seu crescimento me incomoda porque mostra que não estou mudando nada."

Esses são apenas alguns dos tipos de mensagens que recebo hoje em dia.

Sinto-me muito dividida porque às vezes também sinto falta da antiga Aggie. Uma parte de mim gostaria que ela se sentisse confortável apenas viajando e tirando fotos bonitas. Mas esse é o problema com o crescimento. Uma vez que você vê as coisas, não consegue mais deixar de ver. Uma vez que você experimenta a sensação de liberdade, você sempre terá o ponto de referência de como a verdadeira liberdade realmente é. Uma vez que você sai da gaiola, nunca mais quer voltar.

"Você é como pipoca", Adriana me disse naquela semana em nossa sessão. "Você estourou, e não pode se tornar um grão de milho novamente. Você vai ser eternamente infeliz se viver a vida de sua antiga Aggie. Pode tentar se encolher, se encaixar, mentir para si mesma que ficará tudo bem se fizer concessões em relação a seus sonhos. Mas essa voz se tornará cada vez mais alta. Em dez anos, será insuportável, e você provavelmente começará a se entorpecer apenas para silenciá-la. Irá trabalhar mais, fazer mais compras, assistir à Netflix, beber ou, pior de tudo, projetar os sonhos não realizados em seus filhos."

É difícil de ouvir, mas eu sei que ela está certa: eu estourei. E não posso desestourar.

Estranhamente, uma parte de mim gostaria de ser feliz vivendo a vida convencional que a sociedade espera de mim — que é esperada de todas as mulheres. Parece muito mais fácil às vezes permanecer pequena, mas eu também sei que nunca me respeitarei se me esconder da luz.

Algumas semanas depois, quando me sentei com a ayahuasca mais uma vez, a sessão me mostrou brutalmente todas as histórias que contei a mim mesma sobre permanecer pequena. A avó começa a nomeá-las: "Você é muito baixa, muito jovem, não é inteligente o suficiente, e não é bonita o suficiente. Seu inglês não é bom o suficiente para ser digna de todo esse sucesso."

Mais tarde, foi sobre minha aparência novamente: "Você não é bonita o suficiente, e aí você ficou muito velha para fazer X, Y e Z. Agora você deve achar que não é legal o suficiente ou espiritual o suficiente para falar sobre espiritualidade, ou não tem o conhecimento para ser uma coach."

Olho para minhas mãos e meus braços, e eles parecem casca de árvore. Eu me vejo me transformando em uma árvore com raízes, plantando-se profundamente dentro da Mãe Terra. Ela me mostra cada pessoa que conheci nos últimos dez anos: um taxista em Hong Kong, um guia turístico nas Filipinas que me mostrou uma cachoeira, e a família no Brasil que me deixou ficar com ela na floresta. Vejo suas vidas e como meus posts e *stories* os impactaram, e quantas pessoas fizeram viagens que mudaram suas vidas por causa dos lugares que compartilhei online.

Não quero ver isso. Quero ver algo mais profundo, algo misterioso, algo que vá me transformar.

Deve ser meu ego, penso. Achei que estava aqui para ver meu verdadeiro eu. Meu Eu Superior. Mas meu ego está entrando no caminho.

Porém, aqui está a questão sobre a avó. Ela tem uma habilidade incrível de te lembrar de seu poder e impacto neste planeta — e depois te colocar de joelhos para te manter humilde.

"Não é ego", ela me diz. "Sua alma quer que você se lembre de seu poder e de sua força. Seu 'remédio', o que você precisa agora, não é humildade, é coragem. Esqueça todas as histórias que a sociedade fez você acreditar sobre si mesma. Você está aqui para jogar alto. Reconheça o impacto que você já tem neste planeta — você, a imigrante, a feia, a baixa, a muito velha Aggie, ou qualquer que seja a história que você tenha sobre si mesma. Porque é só isso que elas são — histórias."

Saio dessa experiência com uma nova apreciação por quem eu sou e o que, exatamente, estou construindo com minha vida. A verdade é, minha irmã de biohacking, que a mensagem da avó não é só para mim. Você escolheu acreditar nessas histórias limitantes para justificar não dar o salto para a verdadeira abundância também. Mas a verdade é que não importa se você teve uma origem pobre, tem sotaque, ou seus pais não estão mais juntos.

Na realidade, tudo isso que me fez ser *eu* e fez você ser *você* são as coisas que nos tornaram absolutamente perfeitas para sermos líderes. Um líder não é alguém que tem uma vida perfeita ou não tem medo. É alguém que segue seu próprio caminho sem reagir às expectativas dos outros sobre ele.

Você precisa se tornar a líder de sua vida. Eu também. Vamos continuar avançando juntas.

Se você não tomar posse de seu poder, outra pessoa o fará.

Então vá... ocupe espaço. Viva grande. Estamos apenas começando.

O que vem a seguir?

Não vou mentir, este livro é apenas a ponta do iceberg quando se trata de biohacking. Meu foco principal foi provar a você que você não precisa gastar mais nenhum dinheiro para investir em si mesma e em sua saúde.

Agora, minha próxima pergunta é: há algo melhor do que sua saúde para investir dinheiro?

Eu acho que não. Você é seu melhor ativo e seu melhor investimento.

Quanto melhor você se sentir, menos provável será que você queira passar a noite inteira acordada ou ficar bêbada, o que pode ser assustador por alguns meses, mas em algum momento você encontrará novas maneiras de se conectar ou vai conhecer novos amigos que reflitam seus novos objetivos e a nova você. E se você não puder, por favor, venha se juntar a minha comunidade de rainhas. Você é muito bem-vinda para se juntar a nossas chamadas quinzenais, ao biohacking e mais ainda.

E você vai continuar se perguntando: o que vem a seguir?

Bem, você vai entrar no mundo da verdadeira personalização. Não é incomum para os biohackers tomarem até 80 suplementos diferentes por dia. Nossas dietas não têm os nutrientes e vitaminas de que precisamos para nos sentirmos o melhor possível, e os suplementos são a maneira mais rápida e direta de compensar esse déficit.

Os suplementos são como dirigir um Bugatti em vez de caminhar para algum lugar; eles tornam sua jornada de saúde mais rápida e te ajudam a fugir de uma dieta não tão perfeita de comer fora, pedir Uber Eats, ou o que seja.

Posso ser tendenciosa, pois tenho uma empresa de suplementos (Biohacking Bestie), e sou obcecada por criar fórmulas em conjunto com Shawn Wells, que é (em minha opinião) o melhor especialista nessa área do mundo.

Quais suplementos são os melhores? Bem, eu encorajaria fortemente que você testasse seus hormônios, intestino e DNA para combinar a dieta perfeita, ajustando seu programa de suplementos a suas necessidades bioquímicas individuais. Porque é isto o que o biohacking é: personalização extrema.

Algumas das fórmulas no cardápio da Biohacking Bestie incluem *Drop it Like It's Hot* e *Fit as Fuck* (ambas como suporte ao metabolismo), *Not Your Sugar Mama, Glucose Bestie* (vinagre de maçã em cápsulas para não danificar seus dentes), *All You Can Eat* (enzimas e amargos digestivos para ajudar a decompor glúten, laticínios e gorduras), e nosso absoluto best-seller, *Unbloat Me* (para inchaço). Também lançaremos em breve um suplemento para a pele que ajudará a tirar manchas de sua pele através do intestino (a conexão pele--intestino é poderosa!). Mas minha criação favorita é o *Cycle Bestie*, a fórmula reguladora de hormônios mais avançada do mercado. Há uma fórmula diferente para cada fase de seu ciclo; nosso objetivo é ajudá-la a regular seu ciclo de uma forma tão confiável que você possa usar anticoncepcionais naturais.

Você pode querer explorar algumas das técnicas avançadas de biohacking que muitas vezes estão na vanguarda da ciência e da otimização pessoal. Talvez você não possa gastar 2 milhões de dólares por ano em diferentes tratamentos, como algumas pessoas fazem, mas pode querer explorar a crioterapia, a terapia de oxigênio hiperbárico, o neurofeedback, as saunas infravermelhas, a terapia de campo eletromagnético pulsado (PEMF, na sigla em inglês), a fotobiomodulação, a terapia de células-tronco, a nutrigenômica e a terapia com ozônio.

E, finalmente, se você gostou de passar esse tempo junto comigo tanto quanto eu, adoraria que você se juntasse a minha comunidade. *Fit as F*ck* é meu desafio de biohacking de 21 dias, onde temos vídeos que mergulham mais fundo em tudo que compartilhei aqui com você.

Apenas lembre-se de que, como sua melhor amiga, você pode sempre entrar em contato comigo no Instagram em @aggie.

Principais conclusões

✓ Sua saúde é seu melhor investimento; priorize-a, e o resto se seguirá.

✓ O biohacking é sobre personalização extrema: é o ajuste de suas escolhas alimentares, técnicas e possivelmente até suplementos a suas necessidades únicas.

✓ Abrace a autoaceitação e o crescimento pessoal, mesmo que isso signifique sair de sua zona de conforto.

✓ O biohacking avançado oferece técnicas de ponta para aqueles que buscam otimizar seu bem-estar.

✓ Junte-se a uma comunidade de apoio e continue sua jornada rumo a uma você mais saudável e mais empoderada.

AGRADECIMENTOS

O problema de publicar um livro é que a autora leva todo o crédito enquanto as pessoas que tiveram que aturá-la durante esse tempo não levam nenhum. Então aqui está minha tentativa de compensar com esses meros agradecimentos.

Primeiro, obrigada a meu noivo, Jacob. Obrigada por perder o dengo e as caminhadas matinais porque eu acordava às 5h30 todas as manhãs para trabalhar neste livro. Sei que eu não teria nem perto da paciência que você teve se os papéis estivessem trocados. Obrigada por me lembrar de minha força sempre que duvidei de mim mesma. Obrigada por me mostrar que ser uma biodesleixada... é tão divertido. Adoro comer coisas deliciosas pelo mundo com você.

Agradeço a minha equipe incrível, principalmente a meu braço direito e esquerdo, a incrível Charlotte. Você sabe que eu não estaria aqui se não fosse você. Administrar um negócio e escrever um livro ao mesmo tempo visitando 30 países por ano não seria possível sem seu apoio e sua flexibilidade com meus fusos horários insanos. Charlotte, obrigada por sempre dizer: "Você escreve o livro; eu tomo conta de todo o resto." Obrigada, também, por me mostrar que está tudo bem em ser gentil, mas eu também não devo aceitar nenhuma merda das pessoas.

Obrigada a meus pais, Anna e Krzysztof Lal, que têm sido exatamente o que eu precisava para me tornar a pessoa que eu deveria me tornar. *Kocham was bardzo.*

Obrigada a minha irmã mais velha, Magda (também conhecida como Kiki). Você sabe que tudo o que eu faço é para te impressionar. Você me inspira com seus mais de 25 mil passos por dia, por cozinhar as comidas mais deliciosas do mundo (deveríamos fazer um livro de receitas a seguir?) e por ser um modelo incrível para eu me inspirar.

Agradeço a minha editora, Tiffany, que entrou neste projeto nove dias antes do prazo final e me ajudou a descobrir a mensagem do livro por trás de tantas palavras que eu amo tanto usar.

Obrigada, Lara Hemeryck e sua equipe, por me abordar no início de 2023 e me assegurar que tudo o que mora em minha cabeça está respaldado pela ciência. Eu amo nossas conversas sobre ciência em Bali.

Obrigada a meus amigos, especialmente a John, por me lembrar que "eu já cheguei lá".

Obrigada a meus seguidores e sobretudo às mulheres em minha comunidade. Nossas chamadas quinzenais me lembram de por que eu faço o que faço. Nada me inspira mais do que vê-las prosperar.

Obrigada a cada mulher lendo este livro e agindo em direção a sua versão mais saudável. É assim que tornamos o mundo um lugar melhor.

Obrigada a todos os especialistas cujos trabalhos inspiraram este livro.

Obrigada a minha amiga doutora Amy Killen por me ensinar os termos "biodesleixada" e "descansar e receber". Você me inspira imensamente.

Obrigada a Shawn Wells, o melhor especialista em formulação de suplementos do mundo e meu parceiro de negócios, por concordar em criar fórmulas complexas de suplementos que nunca tinham sido feitas antes e por acreditar em minha visão. Vamos mudar o mundo juntos.

Se eu cheguei longe, é só porque algumas pessoas andaram para que eu pudesse correr. Menciono muita da sabedoria dos gurus dessa área: Dave Asprey (a otimização), Jessie Inchauspé (glicose), doutora Mindy Pelz (jejum), Alyssa Vitti (hormônios), Anna Cabeca (hormônios femininos), Jim Kwik (cérebro e mentalidade), doutor Andrew Huberman, doutor Matthew Walker, doutor Gabor Maté, doutora Gabrielle Lyon e Emily Fletcher, só para citar alguns. Se você se aprofundar no biohacking, essas são ótimas pessoas para seguir. A maioria delas também dá aula em meu curso online de biohacking, *Fit as F*ck*, que você está sempre convidada a conhecer.

SOBRE A AUTORA

Aggie Lal é uma renomada figura pública, autora best-seller, coach certificada em nutrição e saúde, apresentadora de podcast, personalidade de tevê e palestrante do TEDx. Com mais de 1,5 milhão de seguidores nas redes sociais e vasto público em múltiplos canais, Aggie se tornou uma grande influenciadora nas áreas de saúde, biohacking, desenvolvimento pessoal, empreendedorismo, viagem e estilo de vida.

Sua jornada de sucesso é uma prova de sua resiliência e determinação. Nascida em uma Polônia pós-comunista, Aggie encarou diversos desafios, incluindo um acidente de carro que mudou sua vida e deixou sequelas. Mas, apesar dos obstáculos, Aggie estava determinada a forjar o próprio caminho em vez de ser definida por suas circunstâncias.

De navegar atravessando o Pacífico em 2012 a fundar o blog *Travel In Her Shoes*, que cativou milhões de seguidores ao redor do mundo, Aggie construiu uma presença nas redes sociais que narrou sua descoberta pelo amor por aventura, como aproveitar o momento e encorajar outras pessoas a viverem suas vidas da melhor forma possível.

O sucesso de Aggie, entretanto, não se deu sem desafios. Determinada a se curar da depressão, da ansiedade e dos ataques de pânico — e a ajudar outras pessoas que encaravam problemas semelhantes —, Aggie começou a redefinir seu propósito e impacto. Começando com seu primeiro TEDx talk em 2019, onde compartilhou sua história de resiliência e transformação, Aggie começou a explorar novas maneiras de se expandir, inclusive com o biohacking — a prática que aperfeiçoa o corpo e a mente através de métodos holísticos e científicos.

O compromisso de Aggie para empoderar mulheres a levou a fundar a *Higher Self Academy*, onde criou múltiplos cursos que transformaram a vida de mais de 20 mil alunas nos âmbitos de saúde, desenvolvimento pessoal e biohacking. Seus cursos, incluindo *F*ck the Struggle, Fit as F*ck, 10-Day Hormone Challenge* e *The Anti-Aging Challenge*, empoderam mulheres para explorarem seu mais alto potencial, atingirem seus objetivos de saúde e reverterem o processo de envelhecimento. Sua linha de suplementos Biohacking Bestie™ é formulada por alguns dos maiores especialistas do mundo em nutrição e tecnologia biohacking. Seu podcast, também chamado *Biohacking Bestie*, apresenta conversas com muitas das mais proeminentes vozes na indústria de bem-estar e saúde de hoje, assim como entrevistas com especialistas em psiquiatria, saúde do cérebro e desenvolvimento pessoal.

Como palestrante e apresentadora natural, Aggie promove a alegria de viver e a saúde pessoal em aparições na tevê ao redor do mundo, tais como *Dancing With the Stars*, e muito mais.

Hoje, Aggie é uma biohacker visionária, que empodera mulheres millennials e da geração Z globalmente, para melhorar sua saúde, fitness e bem-estar geral. Com uma década de presença nas redes sociais como uma das primeiras criativas virais no Instagram e mais de 1,5 milhão de seguidores nas plataformas até hoje, ela inspira mulheres a viver vidas abundantes e plenas com uma perspectiva holística fundamentada em mindfulness e espiritualidade.

O primeiro livro de Aggie, *InstaTravel*, é um best-seller mundial que conta suas extraordinárias viagens e experiências como uma renomada personalidade viajante. Este é seu segundo livro, e mergulha no mundo do biohacking de uma perspectiva unicamente feminina ao fornecer percepções inestimáveis para melhorar a saúde e o bem-estar em rotinas e práticas potencializadas para os corpos das mulheres. Com sua dedicação ao bem-estar holístico, Aggie Lal está na vanguarda de empoderar mulheres para melhorar sua saúde e prosperar em todas as áreas da vida.

Encontre Aggie em:

www.instagram.com/aggie

www.instagram.com/biohackingbestie

higherselfacademy.co

biohackingbestie.com

REFERÊNCIAS BIBLIOGRÁFICAS

Este livro possui mais de 30 páginas de referências bibliográficas. Você pode encontrá-las no site da Faro Editorial ou por meio do QRCode abaixo:

ASSINE NOSSA NEWSLETTER E RECEBA INFORMAÇÕES DE TODOS OS LANÇAMENTOS

www.faroeditorial.com.br

CAMPANHA

Há um grande número de pessoas vivendo com HIV e hepatites virais que não se trata. Gratuito e sigiloso, fazer o teste de HIV e hepatite é mais rápido do que ler um livro.

FAÇA O TESTE. NÃO FIQUE NA DÚVIDA!

ESTA OBRA FOI IMPRESSA EM NOVEMBRO DE 2024